近代・イスラームの教育社会史

オスマン帝国からの展望

秋葉　淳
橋本伸也　編

昭和堂

近代・イスラームの教育社会史——オスマン帝国からの展望

目次

第Ⅲ部　接続する帝国、交錯するネットワーク

60°
ロ シ ア 帝 国
カザン
ウファ
トロイツク
オレンブルグ
ヴォルガ川
ウラル川
アストラハン
カスピ海
アラル海
タシュケント
ブハラ
サマルカンド
エチミアズィン
バクー
エルズルム
テヘラン
バグダード
イ ラ ン
(ガージャール朝)
カーブル
デリー
メディナ
メッカ
紅海
サナア
イ ン ド 洋
セルビア
ルーマニア
ルセ
タルノヴォ
ソフィア
ブルガリア
黒海
エディルネ
マナストゥル
サロニカ
テキルダー
イスタンブル
ブルサ
バルカン半島南東部拡大図

オスマン帝国と周辺世界（1909年）

注：海岸線、国境線は概略である。
　　小松久男『イブラヒム、日本への旅』刀水書房、2008年、4-5頁の地図を参考に作成。

海・湖　　オスマン帝国領　　事実上、外国の統治下にあるオスマン帝国領

序章

秋葉　淳

はじめに

イスラームと教育、と聞いて何を思い浮かべるだろうか。最近の話題であれば、銃撃にも屈せずに、女子教育の必要性を訴えるパキスタンのマララさんのことだろうか[1]。注意深くニュースを追っている人であれば、まさに彼女を襲ったターリバーン勢力が、「神学校」（マドラサ）の学生を母体にして現れたことを知っているかもしれない。あるいはまた、フランスなどで論争となったスカーフ問題、すなわち、女子生徒が宗教的理由からスカーフで頭髪を覆って公立学校に通うことの是非をめぐる論議を思い起こす人もいるだろう。他方で、メディアから得られる情報とは別に、日本の大学の学生や教員の読者であれば、イスラーム圏からやってきた留学生に会ったことが一度ならずあるのではないだろうか。イスラーム圏の諸国に今日、日本と同じような学校制度が存在することは、よく知られているはずなのである。

こういった断片的な情報やイメージは、それぞれの文脈を無視してつなぎ合わされてしまうと、著しい誤解や偏見を生みかねず、かえって危険である。イスラーム社会における教育、とくに近代以降における教育を、適切に理解するためには、まず、イスラーム社会が一つではないことを認識したうえで、個々の地域における歴史的展開を知ることが不可欠であろう。つまり、近代的教育制度がどのように導入されたか、またそれによって伝統的な教育のあり方がどのように変わったかを、当該地域の歴史的脈絡に即して見ていかなければならない。だが、こうした歴史的事実は、どの程度知られているのだろうか。

これまで日本における教育史学界のなかでは、中東・イスラーム地域の教育史が占める場所はほぼ皆無であった。例えば、一九七四年から一九七八年にかけて刊行された全四〇巻の『世界教育史大系』は、当時の教育史研究の視野の広さを示す包括的なシリーズであったが、東南アジアやラテン・アメリカの巻はあっても、西アジアや中東は対象外だった。(2) それでもなお、東南アジアの巻（第六巻）にインドも含まれ、インドネシアとマラヤ（マレーシア・シンガポール）、そしてインドにおける教育が扱われ、近代教育成立史を中心としつつ、イスラームの伝統的教育とその変容についても若干言及されていることは、この時点での成果であったと言えるかもしれない。(3)その後、東南アジアのムスリム社会の教育については、比較教育学や人類学の方法論によるものだが、現地語に通じた研究者によって、歴史的パースペクティヴをもつ本格的な単行書もすでに何冊か刊行されている。(4) ただし、現地語を利用しない現状報告・事情紹介的なものであれば、東南アジアに限らず比較教育学や開発教育の分野でイスラーム地域に関するサーベイを多く見いだすことが可能である。

また、東洋教育史学会という学会が戦後まもなくの一九四九年に創設され、一九九一年にアジア教育史学会と名称を変えて現在に至っている。しかし、この学会の関心は、圧倒的に中国と朝鮮半島にあり、「アジア」の範囲は、せいぜいインドまでのようである。一九七七年から『東洋教育史研究』、そして一九九一年からは『アジア教育史研究』という会誌を毎年刊行しているが、これまで中東地域を扱ったのは、イランに関する桜井啓子の論文一本のみである。[5]

さらに、二〇〇三年から二〇一〇年まで全七巻刊行され、第一期が完結した『叢書・比較教育社会史』のシリーズは、教育の問題に着目した歴史学研究者が先導した教育社会史研究の成果であったが、地域的にはヨーロッパ・北米と日本・東アジアにほぼ限定されていた。この叢書が「比較」を掲げていただけに、欧米や東アジア、あるいはアジアやアフリカの植民地化された地域とも異なる歴史的体験をもつ中東・イスラーム地域が抜け落ちたのは、いかにも残念なことであった。

しかし、教育学の教育史分野の研究者がイスラームにさほど関心をもたなかったとしても、日本における中東・イスラーム史研究において、教育に関連するテーマが決してマイナーだったわけではない。ただし、その関心はどちらかと言えば、前近代の教育的分野に集中していた。おそらくそれが、近代的学校教育制度に焦点を当てる教育史研究者とあまり接点をもたなかった理由であろう。歴史研究者たちは、歴史的なイスラーム社会におけるウラマー（学識者）の文化的、政治的、社会経済的役割の大きさゆえに、彼らの受けた教育や教育活動にも注目してきたのである。その関心の高さは、イスラーム「中世」（中期）[6]のウラマーとその教育に関する日本語の概説書がすでに二冊刊行されていることからも明らかであろう。[7]近年刊行された論文集、『アジアにおける「知の伝達」の伝統と系譜』（山本正身編）は、イスラーム史研究者が多く参加している点に特徴があるが、そこにもウラマーの教育に関連する論考が三本収録されている。[8]

一方、中東・イスラーム諸国の近代教育史については、国際的な研究動向を見ても、長らく近代化論的アプローチが支配的だった。しかし、一九八〇年代頃から、ブルデューやフーコーの理論的影響、ネーションやナショナリズムの問題への関心の高まり、それに続くポスト・コロニアリズム論の流行などを背景として、伝統教育から近代教育への移行を批判的に考察する研究が現れた。代表例として、D・F・アイケルマン『モロッコにおける知と権力』（一九八五年）[9]、T・ミッチェル『エジプトを植民地化する』（一九八八年）[10]、B・メスィック『カリグラフィー国家』（一九九三年）[11]が挙げられるだろう。これらは教育学でも歴史学でもない分野から出てきた研究であり、アイケルマンとメスィックは人類学、ミッチェルは政治学の専門家である。そうした分野でむしろ、一九世紀から二〇世紀にかけての知と社会、知と政治という問題が論じられるようになり、その文脈で教育が新しい角度から検討されたのだった。

日本においても、一九九〇年代以降、中東・イスラーム研究の裾野が広がったことを背景として、ナショナリズム論の隆盛などとも連動しながら、単なる現状報告を超えた、近代教育や近代におけるイスラーム教育に関連する歴史研究あるいは歴史的パースペクティヴをもった研究がおこなわれるようになっている。ただし、単著としては桜井啓子『革命イランの教科書メディア――イスラームとナショナリズムの相剋』（一九九九年）[12]が唯一の例と思われ、それ以外は学会誌や紀要などに散らばって存在している。[13]つまり、研究文献は一定程度存在するのにもかかわらず、中東・イスラームの専門家以外にあまり知られていなかった。

こうした状況を受けて、『叢書・比較教育社会史』の第二期（展開篇）の発刊にあたっては、中東・イスラーム地域を議論のなかに組み込むことが課題の一つに含まれた。その最初の試みとして、『福祉国家と教育――比較教育社会史の新たな展開に向けて』（二〇一三年）では、筆者（秋葉）による、一九世紀オスマン帝国史を、「福祉国家と教育」という問題系から捉え直した一章が収録された。[14]また、展開篇の第二巻にあたる『保護と遺棄の子ども史』（二〇一四年）には、山﨑和美による、近代イランの女性による慈善・孤児救済活動を扱った論考が含まれた。[15]

そしていよいよ本巻では、オスマン帝国を中心とする中東・イスラーム地域に特化した形で教育社会史の論集を編むこととなった。これは、ここまでディシプリンや対象地域の異なる研究者を一つのテーマのもとに集めて論集を編んできた『叢書・比較教育社会史』の方針には合わないが、上述のような教育史学界における中東・イスラームへの関心の不在に対する問題提起にもなりうるとして、あえてこの編集方法が採択された。本論集では、「教育」を社会における知識の伝達や継承の問題として広く捉え、狭い意味での学校や教育だけでなく、出版の社会的役割やその影響についても扱い、この地域の近代における教育と出版文化に関する基本的情報を提供するとともに、最新の研究成果をふまえて、さまざまな論点を呈示することをめざしている。それによって、比較教育社会史研究のパースペクティヴの拡大と更なる深化に貢献することが、本書のねらいである。

本書の射程

さて、イスラームの「中世」を対象とする歴史研究者は、学識者たるウラマーの権威の源泉が、知識という文化資本を獲得する際の固有の様式、すなわち知の伝達のあり方にあることを明らかにしてきた。つまり、知識は師から弟子へ直接、口頭で伝達されねばならないとされ、こうした人格的関係を通じて知識を獲得することがその人物に権威を与えたのである。これは、製紙技術導入後の、手写本という形での書物の流通や、学校という、教育に特化した施設の普及以後も、原則的には変わらなかったとされる。限られた識字人口と書物の稀少性という条件が、それを成り立たせていたのであり、学校も、それが機関や団体として教育を制度化することはなかった（本書第I部イントロダクション参照）。

ここまでくれば、出版の普及と、国家による制度的学校教育の導入が、こうした知の継承の伝統を支えていた条件を覆す可能性をもつことは、容易に理解されるだろう。イスラーム世界においては、この転機は一八世紀末に始まる「長い一九世紀」の間に生じた。もちろん、およそ一五世紀頃までを目安とするイスラーム「中世」から、一九世紀まで何の変化も生じなかったわけではないし、また、上述のような知の継承に依拠するウラマーのみが知識階層だったわけでもない。それをふまえたうえでもなお、長い一九世紀が中東・イスラーム社会の歴史において重要な転換点であったことは疑いを入れない。世界的に見ても、ヨーロッパをはじめとする各地で教育に積極的に介入する国家が現れたのは、まさにこの時代であり、制度化された学校教育は、国民国家の形成に深く関わるとともに、階級関係の再生産の機能も担ったことはよく知られている。出版の導入は、確かにヨーロッパと比べると遅いが、ヨーロッパにおいても、交通手段の発達と通信技術の革新によって、情報の流通が量及び速度の面で飛躍的に増大したのは一九世紀であった。まさしく、そのように世界的に同時進行的に推移する状況のなかで、中東・イスラーム社会がいかなる変容を遂げたのかを探ることが、本書の目的である。

本書では、とりわけオスマン帝国の経験を中心に採り上げるが、それは、一九世紀のイスラーム世界において、オスマン帝国が中心的、先進的地位にあったからにほかならない。西欧列強への従属を強めていたとはいえ、オスマン帝国は中東・イスラーム地域の主要部に広大な領土を有し、当時の国際的環境のなかではムスリム王朝唯一の大国として、第一次世界大戦で降伏するまで独立を保った。そのため、近代の道のりは、植民地化されたアジア・アフリカの他の諸地域とは異なるものとなった。むしろ、ロシアや日本などと共通する点も多いが、イスラーム世界に位置することが、オスマン帝国の事例を独自で、興味深いものにしている。

とはいえ、オスマン帝国における教育や出版の特徴が、すべてイスラームに起因すると考えてはならない。比較史的な議論の場で、ときどき、「イスラームはどうなのか」と聞かれることがあって辟易してしまうのだが、当然ながら、中東・イスラーム社会は、イスラームによってのみ規定されているわけではない。また、イスラーム社会は地域的、歴史的に実に多様であり、その特質がイスラームによってのみ説明されうるはずもない。

その理由もあって、本書は、イスラーム教育やイスラーム的知識のみを採り上げるのではない。むしろ、近代的学校教育制度の導入と出版の普及が、国家、社会の変容とどのように関係していたのか、という点が本書全体に関わるテーマである。イスラーム教育やイスラーム的知識の変容や連続性についても、それとの関連で論じられることになろう。本書はイスラームを本質主義的に捉えることはしないので、イスラームと近代、イスラームと西洋といった対立の図式が前提となることはない。むしろ、イスラーム教育の改革や、近代教育におけるイスラームなどが議論されることになるだろう。

また、ムスリムの教育や出版活動のみが扱われるのでもない。オスマン帝国に限らず、イスラーム世界にはキリスト教徒やユダヤ教徒などの非ムスリムが生活していたのであり、本書は、オスマン帝国における非ムスリムの教育や出版についても視野に収めている。本論集は、新旧の教育双方を扱い、そのうえ非ムスリムをも対象に組み込んでいる点で、類書にない包括性を特色とする。それだけでなく、本書は、オスマン帝国との関係が深い近接地域から、ロシア領のヴォルガ・ウラル地域のテュルク系ムスリムと、ハプスブルク帝国に占領され、のちに併合された旧オスマン領ボスニアのムスリムにおける教育改革をそれぞれ扱った論考を含む。これらから、オスマン帝国内とそれら近接地域との比較・連関を探るだけでなく、国境を越えたネットワークやオスマン、ロシア、ハプスブルク三帝国の歴史の接続についての考察へと展開する構成になっている。

本書のタイトル『近代・イスラームの教育社会史』は、大塚和夫の『近代・イスラームの人類学』[16]に倣ってつけたものである。大塚は、タイトルの由来について、近代の多義性ゆえに、研究対象を「近代イスラーム」と措定できないが、かといって「近代」をとってしまえば、歴史性・地域性を無視した単一のイスラームを措定してしまうため、近代とイスラームをナカグロでつないだと説明している。さらに大塚は、「近代」の所産たる人類学というディシプリンを用いてイスラーム社会を認識することの問題性をも喚起したいとしている。本書の場合、すでに説明したように、イスラーム教育にもムスリムにも特化するものではなく、あえて言えば、近代のイスラーム社会ないしイスラーム地域を対象としている。しかし、それではタイトルとして据わりが悪いうえに、実際に本書で扱う地域を正確に表してもいない。そこで、「イスラーム教育の近代」、「近代教育におけるイスラーム」、「近代イスラーム社会における教育文化」、あるいは「イスラーム社会から見る近代教育社会史」などと融通無碍に解釈可能なタイトルとして、「近代・イスラーム」を採用するに至った。もちろんこれは、近代イスラーム社会における知識の問題についても鋭い議論を提起してきた故・大塚和夫に対する執筆者たちの敬意を表すものである。(17)

構成の紹介に移る前に、本書の研究史上の位置づけについて確認しておこう。オスマン帝国の近代史研究は、一九八〇年代頃から近代化論の見直しや、いわゆる衰退史観の克服を図ってきたが、一九九〇年代には、世界的同時性を強調し、末期のオスマン帝国を西欧諸国やロシアや日本などと同じ水準に並べて論ずる傾向が顕著になった。「近代帝国としてのオスマン帝国」論と筆者が名づけたこの潮流の代表者の一人、S・デリンギルの『加護された領土――オスマン帝国におけるイデオロギーと権力の正統化(一八七六年〜一九〇九年)』(一九九八年)(18)(19)においても、教育は重要なトピックの一つであり、国家の正統性を強化する手段として多角的に論じられた。

地域は異なるが、特筆に値するのは、同年に刊行されたA・ハーリドの『ムスリム文化改革の政治――中央アジアのジャディーディズム』(一九九八年)である。(20)中央アジアのムスリムにおける改革運動「ジャディーディズム」においては、学校と出版を武器にして社会改革、文化的価値の再定義が提唱されたのであり、著者はそれを、旧来のエリートに対する「文化資本」をめぐる闘争であると論じている。ハーリドは理論的にブルデューとアイケルマンに多くを負っており、上述のミッチェルやメスィックの研究の流れにも位置づけられる。

オスマン帝国史及び中東・イスラーム史研究の新しい流れを受けて、二〇〇〇年代初めにはオスマン帝国近代の教育史の専著が二点、S・A・ソメルとB・C・フォートゥナによって刊行され、教育というテーマが注目を集めることになった[21]。その後も研究はますます増えていると言えるだろう。近代の教育を印刷メディアの問題と絡めて論じたものとして、フォートゥナによる、読本教科書に関する新しい研究も現れた[22]。

本書もまた、こうした研究動向を背景に成立したものであり、例えば、教育改革の動きが、「西洋近代」の「衝撃」を受けて一方向的に近代化の道を進むものとして論じられることはなく、当該社会の歴史的・政治的・社会的文脈に位置づけて捉えることが重視される。実際、一九世紀の西欧においてすら、近代的学校教育制度は新奇なものであり、試行錯誤の途上にあったことを考えれば、オスマン帝国もその一連の世界的な動きの一部として見るべきなのである。本書に収められた論考のうち比較を正面から試みるものは必ずしも多くないが、研究対象が孤立した事例ではなく、他地域との連関や世界的な共時性のなかに位置づけることの重要性は、つねに念頭に置かれている。そして、序章に続く各論考においては、執筆者のオリジナルな研究はもちろん、こうした学界の最新の研究成果が反映されている。

なお、以下に示すように、本書は互いに密接な関係にある章から構成されている。論文集が統一感を欠くことはしばしば見受けられることであるが、本書では、執筆者間で議論を重ねることで、全体の一貫性を高めるよう努めた。本文中では、各章が互いに他の章を参照しているので、相互の連関性が明瞭に読み取れるだろう。各章をばらばらに扱うのではなく、本書を一冊の書物として読んでいただければ幸いである。

本書の構成

本書は三部構成で、序章と終章を加えて全一一章からなっている。第Ⅰ部はイスラームの知的伝統（第1、2章）、

第Ⅱ部はオスマン帝国における教育と出版（第3～6章）、第Ⅲ部は、オスマン帝国と他地域とにまたがるネットワークや隣接する諸帝国との連関（第7～9章）を扱う。各部の冒頭には、イントロダクションを挿入し、とりわけイスラーム史やオスマン帝国史に馴染みのない読者を想定し、読み進むうえでの助けとなるように、前提的知識を提供し、論点の提示をおこなった。

第Ⅰ部「イスラームの近代——知の伝統と変革」は、一九世紀から二〇世紀初めにかけて、近代国家の形成にともなう学校教育制度の導入と、出版の普及とによって、伝統的なイスラームの知識やその伝達・継承のあり方がどのように変容したか、あるいは変容しなかったのか、という問題を扱う。

イスラーム世界では、伝統的に、初等学校に相当するマクタブ、専門的なイスラーム諸学の教育を担うマドラサという学校が存在した。オスマン帝国で教育改革が始まり、新しいタイプの学校が設立されるようになってからも、これら旧来の学校は存続した。第1章「「伝統教育」の持続と変容——一九世紀オスマン帝国におけるマクタブとマドラサ」（秋葉）では、旧来の学校と新式学校が正面から対立するのではなく、緩やかに共存していたことが示される。ただし、イスラーム教育の伝統は持続するものの、社会的な意味合いを大きく変化させたのであった。

法学や神学などを中心とするイスラームの学知に対して、内面的信仰や直観的体験を重視する思想・信仰形態をスーフィズムというが、この担い手たちは、特定の導師を中心にいくつもの教団（タリーカ）を形成するようになっていた。第2章「スーフィズムの知と実践の変容——エジプトの事例から」（高橋圭）は、オスマン帝国下のエジプトにおいて、タリーカの組織化やその活動領域の明確化が、一九世紀前半に成立した教団管理制度に端緒をもつことを指摘する。これはイスラームの学知に特化していくアズハル学院と相補的関係にあり、ここでは「領域化」という語によって説明される。これがある種の「創られた伝統」として、その後の批判的言説や改革論を方向づけることになる。

第Ⅱ部「一九世紀オスマン帝国の改革と展開——変容する知識空間と社会構造」では、オスマン帝国の改革という文脈のなかで学校教育と出版が論じられる。第3章「オスマン帝国の新しい学校」（秋葉）は、一九世紀以降のオスマン帝国における教育改革を概観し、国家による学校教育制度の導入と展開を、政治的・社会的文脈に即して解説する。これまで日本語で書かれたオスマン近代教育史の概説は存在しなかったので、最新の研究をふまえた見取り図を提示する第3章は、日本の読者にとって有益なものとなろう。

「教育」を社会における知の伝達の問題として広く捉える本書では、学校教育と並んで出版文化がもう一つの重要なテーマである。第4章「ジャーナリズムの登場と読者層の形成——オスマン近代の経験から」（佐々木紳）は、多種多様な言語・文字が織りなすオスマン社会における新聞の普及とジャーナリズムの形成を活写する。ここでは、新聞雑誌の「読まれ方」にも着目して、クラーアトハーネと呼ばれる一種の読書喫茶についても扱われる。そこは単に「読む」場であっただけでなく、「聴く」場でもあり、また、慈善活動や公論形成の場ともなりえたのだった。

第1章がイスラーム教育、第3章がオスマン政府による公立学校教育を扱っていたのに対し、オスマン社会に住む非ムスリム、とくにアルメニア人に視点を置くのが第5章「アルメニア人オスマン官僚の教育的背景」（上野雅由樹）である。オスマン帝国では、一八五六年の改革勅令によって、非ムスリムに対して官界と公立学校の門戸が開かれた。アルメニア人官僚の「人事記録簿」を分析した第5章は、彼らが、自宗派、他宗派、官立、宣教団、そして外国など実に多様な運営主体による教育機関で学んでいたこと、それゆえ教育を受ける側にも、そのような彼らを官吏に任用するオスマン政府の側にも、ある種の柔軟性があったことを明らかにしている。

第6章「歴史教科書に見るオスマン帝国の自画像」（小笠原弘幸）は、一種の応用編で、教育の内容に踏み込んで分析をおこなう。取り上げるのは、オスマン帝国の公立学校で用いられていた歴史教科書である。各生徒に無償あるいは有償で配布される教科書は、近代的学校教育制度の産物であり、印刷技術の発達を前提とする。国家事業としての公教育制度において教科書は、桜井啓子によれば、「国家的メディア」として、国家的統合を促進する役割を担う。歴史教科書は、まさしくその目的に相応しい媒体である。第6章は、国家が歴史教科書を通じて、いかなる自画像を描き、そこに国民（臣民）を統合しようとしていたかを検討するとともに、教科書の視覚的な形式の発達についても論ずる。それは「読む」、「学ぶ」という行為の形式が変化したことをも示すだろう。

第Ⅲ部「接続する帝国、交錯するネットワーク」では、視野をオスマン帝国の外に広げ、帝国の内と外との連動性を見ていく。取り上げられるのは、ロシアとハプスブルク帝国それぞれの統治下のムスリム社会における教育改革や出版活動（第7、8章）、そして、オスマン帝国の外部に広がる多言語の出版ネットワークである（第9章）。

ロシア帝国下のムスリム社会における教育改革と言えば、クリミア・タタール人のガスプリンスキーの創始した新方式教育運動がよく知られている。しかし、彼が考案した新方式教育の具体的内容やその起源については、必ずしも十分な研究がなかったように思われる。第7章「ロシア帝国ヴォルガ・ウラル地域ムスリム社会の「新方式」の教育課程」（磯貝真澄）は、まずその点を、オスマン帝国での改革と比較対照して明らかにしたうえで、ヴォルガ・ウラル地域で展開した新方式教育の諸相を描く。その地のムスリムたちは、ロシア帝国の教育制度や地方行政に条件づけられながらも、ガスプリンスキー流の新方式教育やオスマン帝国の教育改革から着想を得つつ、マクタブやマドラサを改良していったのである。

ハプスブルク帝国によって一八七八年に占領され、一九〇八年に併合されるボスニアのイスラーム教徒の教育改革運動を論ずるのが第8章「ハプスブルクとオスマンの間で——ボスニアの「進歩的ムスリム」による教育改革論」（米岡大輔）である。ボスニアでもまた、帝国に支配されたイスラーム教徒の改革派は、帝国の提供する教育制度のなかにおいてではなく、マクタブやマドラサを改革することで自らのアイデンティティの保持と地位の向上を図った。それゆえ、彼らがロシア帝国下のムスリムの新方式運動を参照したのも必然的だった。彼らが「民族言語」の教育の必要性を訴えた点も、ガスプリンスキーがトルコ語の識字を重視したこととパラレルな関係がある。

第9章「帝国のメディア――専制、革命、立憲政」(藤波伸嘉)が考察対象とするのは、オスマン帝国の内外にまたがる多言語的な出版網である。すなわち、帝国の言語トルコ語、イスラームの言語アラビア語、そして正教徒の言語にしてギリシア国民国家の国語でもあるギリシア語のそれぞれの出版ネットワークと、そこで展開された帝国、宗教、民族をめぐる政治的言論が分析される。藤波は、一九世紀においては各言語の自律的な出版網の併存という状況であったのが、第二次立憲政下のオスマン帝国で、それらが互いに交錯し合い、共通の言論空間が生まれたと論ずる。しかし、オスマン帝国の崩壊とともに、そうした一つの世界が終焉し、それに対する想像力も失われてしまう。

終章として、もう一人の編者である橋本伸也による「オスマン・ハプスブルク・ロシア――帝国空間における知と学校の比較社会文化史への射程」が本論集全体を締めくくる。ここでは、多民族・多宗教という共通性と、越境する多様なネットワークの存在とを軸に、隣接するこれら三帝国が教育文化上の一つの連続体として描かれる。本書の各章で取り上げられた個々の事例は、まさにこのような広い枠組みのなかにこそ適切に位置づけることができるであろう。本書は、イスラーム史における教育社会史・文化史研究の成果を総括するとともに、そこから、より広い世界へ向けた比較史、関係史を構築するための問題提起をすることをねらいとしている。終章を、本書の総論としてだけでなく、新たな比較史研究のための出発点として読むこともできるはずである。

本書は、イスラームやオスマン帝国を必ずしも専門としない読者を想定して作成されたため、現地語文献についての細かい注記を省いたところもある。また、固有名詞や専門用語については統一性を図った。「ウラマー」や「マドラサ」など、イスラーム世界に共通して存在する概念や事象については、現地語発音や現地での用法にかかわりなく、アラビア語の発音を元にしたカタカナ表記の用語を採用している。

注

(1) マラーラ・ユースフザーイ氏は、二〇一二年一〇月（当時一五歳）、ターリバーン勢力の襲撃によって頭部に銃弾を受けた。懸命の治療によって命をとりとめた彼女は、二〇一三年にはノーベル平和賞の候補にもあがった。

(2) 梅根悟監修『世界教育史体系』全四〇巻、講談社、一九七四～七八年。

(3) なお、これに先立って、一九六九年、七五年に多賀秋五郎編著『近代アジア教育史研究』上下巻が岩崎学術出版社から刊行されており、東アジア以外に、東南アジアとインドの教育史が扱われている（ここでも、インドは東南アジアに含まれている）。インドネシア、マラヤ、インドの執筆者は、世界教育史体系第六巻と同じである（戸田金一、津田元一郎、弘中和彦）。

(4) 西野節男『インドネシアのイスラム教育』勁草書房、一九九〇年、服部美奈『インドネシアの近代女子教育――イスラーム改革運動のなかの女性』勁草書房、二〇〇一年、久志本裕子『変容するイスラームの学びの文化――マレーシア・ムスリム社会と近代学校教育』ナカニシヤ出版、二〇一四年。

(5) アジア教育史学会については、古垣光一編『アジア教育史学の開拓』アジア教育史学会、二〇一二年、に詳しい。

(6) 「中世」というヨーロッパ史の用語をイスラーム史に用いることには異論があり、より中立的な「中期」という語をおよそ西暦一〇〇〇年から一五〇〇年頃までの時期にあてる研究者もいる。J・バーキー（野元晋・太田絵里奈訳）『イスラームの形成――宗教的アイデンティティーと権威の変遷』慶應義塾大学出版会、二〇一三年参照。

（7）湯川武『イスラーム社会の知の伝達』（世界史リブレット）山川出版社、二〇〇九年、谷口淳一『聖なる学問、俗なる人生――中世のイスラーム学者』（イスラームを知る）山川出版社、二〇一一年。

（8）山本正身編『アジアにおける「知の伝達」の伝統と系譜』慶應義塾大学出版会、二〇一二年。また、ウラマーに関する論考を含む比較史の論集としては、伊原弘・小島毅編『知識人の諸相――中国宋代を基点として』勉誠出版、二〇〇一年も参照。

（9）D. F. Eickelman, *Knowledge and Power in Morocco: The Education of a Twentieth-Century Notable*, Princeton, 1985.

（10）T. Mitchell, *Colonising Egypt*, Cambridge, 1988. 邦訳、T・ミッチェル（大塚和夫・赤堀雅幸訳）『エジプトを植民地化する――博覧会世界と規律訓練的権力』法政大学出版局、二〇一四年。

（11）B. Messick, *The Calligraphic State: Textual Domination and History in a Muslim Society*, Berkeley / Los Angeles, 1993.

（12）桜井啓子『革命イランの教科書メディア――イスラームとナショナリズムの相剋』岩波書店、一九九九年。

（13）なお、田中哲也はエジプト近代教育史についてすでに本二冊分ほどになる数の論文を発表している。例えば、田中哲也「一九世紀エジプトにおける近代教育制度」『福岡県立大学紀要』第三巻二号、一九九五年、四二～五六頁、同「近代教育制度とイスラーム社会の変容――エジプト民衆教育制度の事例から」『比較文明』二四号、二〇〇九年、一五七～一七五頁など。

（14）秋葉淳「オスマン帝国における近代国家形成と教育・福祉・慈善」広田照幸・橋本伸也・岩下誠編『福祉国家と教育――比較教育社会史の新たな展開に向けて』昭和堂、二〇一三年、一四一～一五七頁。

（15）山﨑和美「慈善行為と孤児の救済――近代イランの女性による教育活動」沢山美果子・橋本伸也編『保護と遺棄の子ども史』昭和堂、二〇一四年、二一五～二四一頁。

（16）大塚和夫『近代・イスラームの人類学』東京大学出版会、二〇〇〇年。

（17）大塚前掲書、第八章「ネイション――脱宗教的共同体と聖なる言語」、同『異文化としてのイスラーム――社会人類学的視点から』同文館、一九八九年、第八章「いかにしてイスラーム的知識を獲得するか――四つのムスリム類型」など参照。大塚がアイケルマンとミッチェルの翻訳を手がけているのは、無論偶然ではない。

（18）秋葉淳「近代帝国としてのオスマン帝国――近年の研究動向から」『歴史学研究』七九八号、二〇〇五年、二二～三〇頁。

（19）S. Deringil, *The Well-Protected Domains: Ideology and the Legitimation of Power in the Ottoman Empire, 1876-1909*, London, 1998.

(20) A. Khalid, *The Politics of Muslim Cultural Reform: Jadidism in Central Asia*, Berkeley/Los Angeles, 1998.

(21) S. A. Somel, *The Modernization of Public Education in the Ottoman Empire, 1839-1908: Islamization, Autocracy and Discipline*, Leiden, 2001; B. C. Fortna, *Imperial Classroom: Islam, the State, and Education in the Late Ottoman Empire*, Oxford, 2002. ほぼ同時期に，M・Ö・アルカンの論考も刊行された。M. Ö. Alkan, "Modernization from Empire to Republic and Education in the Process of Nationalism," in K. H. Karpat, ed., *Ottoman Past and Today's Turkey*, Leiden, 2000, pp. 47-132.

(22) B. C. Fortna, *Learning to Read in the Late Ottoman Empire and Early Turkish Republic*, Houndmills/New York, 2011.

第 I 部

イスラームの近代
——知の伝統と変革——

マクタブの様子（17 世紀イスタンブル）
生徒が一人一人教師の前に出て読み方のチェックを受けている。筆記具が見当たらないので、読みの練習をしていると考えられる。
出典：F. Taeschner, *Alt-Stambuler Hof- und Volksleben: ein türkisches Miniaturenalbum aus dem 17. Jahrhundert*, Osnabrück, 1978, table 54.

イスラーム世界の学識者

イスラームには聖職者はいない、と言われる。もちろん、これは「聖職者」の定義によるので、ここでは、宗教上の能力や義務において「平信徒（俗人）」と明確に区別される、特権的な身分を有する職能集団としておこう。イスラームにおいては、神と人間の間には絶対的な断絶があるため、理念的には、預言者を除けば人間はみな平等である。それゆえ、そのような「聖職者」の存在も認められていなければ、教会組織も存在しない。

だが、イスラームが宗教である以上、それは現世と来世に関する知識の体系であり、それが継承されなければ宗教として存続しえない。とはいえ、すべての信徒が均しく知識を得ることは不可能であり、実際、イスラーム世界には宗教的な知識を習得し、伝える専門家が存在する。それが、**ウラマー**と呼ばれる知識人、学者である。ウラマーという語は、イルム（学識）を有する者という意味のアーリムの複数形である。イルムは狭義には「神の授けた確かな知識」を意味するとされ、究極的には神に源があるような知識をいう。**クルアーン**（コーラン）、**ハディース**（預言者の言行の伝承）、イスラーム法学、神学などの知識や学問がその代表である。ハディース学や法学などの学問は、八世紀後半から九世紀にかけて成立し、その頃にはこれらの学問に従事する人々が「ウラマー」として一つの社会層を形成するようになったと考えられている。

ウラマーは教会組織をもたないので、任命したり資格を与えたりする機関や権威者が存在するわけではない。学を修めたと認められた者は誰でもウラマーになりえたのであり、ウラマーは職業ではなかった。商人かつウラマーというのは、よく見られた存在形態だった。とはいえ、ウラマーに固有の職は存在し、説教師や教師などの宗教・教育関係の職、そしてもう一つ重要なのは、法律関係職である。実際、ウラマーは第一義的に法学者であり、法学はイルムのなかでも中心的な地位を占めていた。イスラームにおける法、つまり**シャリーア**とは、神が現世に生きる人間に対して定めた規範の総体であり、それは、礼拝、断食などの宗教的義務から、婚姻、相続、契約、刑罰などに至る、信徒の生活に関わる全領域を包摂する。法学者たるウラマーは、神の規範は何か、何が正しい行為や判断なのかを解釈し、それを人々に示す役割を果たしていた。とくに、人々の質問に対して法学的な見解（ファトワー）を提示する資格をもつ法学者を**ムフティー**と言う。ムフティーは国家によって任命されることもあるが、しばしば在地のウラマーの代表者が指名された。他方、国家による任命が一般的なのが、シャリーア法廷で裁判官を務める**カーディー**である。

カーディー法廷で議論するウラマー

ティムール朝庇護下で活躍したビフザードの作品(1488年)。
出典：E. Bahari, *Bihzad: Master of Persian Painting*, London, p.107.
原典：エジプト国立図書館（カイロ）、Adab Farsi 908、サーディー作『果樹園』写本、ヘラート。

イスラームにおける知の伝達

ところで、学を修めたと認められた者がウラマーとなると書いたが、それは具体的には、権威ある師から直接教わり、その師によって修得が認定されることによった。知識の伝授においては、師から弟子へと直接、口頭で伝達されることが重視され、師は、学生に学んだ内容を読誦させて確認した。そうして学生が特定の書物や学問分野を修得すると、それを証明し、その知識を人に教えることを許可する免状（イジャーザ）が師から与えられた。免状には、書物の著者や学問分野の祖にまで遡る師弟関係の系譜が記されており、そのような系譜に名を連ねることこそが、その人の知識を権威づけたのである。八世紀後半の製紙技術の伝播以降、イスラーム社会は書物の普及した社会であったが、書物から独学で得た知識は信用されず、教える資格はないと見なされた。これには、クルアーンがそもそも「読み上げられるもの」という意味で、初期の時代に聖典が暗誦されて伝えられてきたこ

カースミーエ学院

15世紀、アクコユンル朝によってトルコ南東部のマルディンに建設された。秋葉淳撮影（2000年）。

とども関係していよう。だが、出版の普及以前の社会ではどこにおいても、読誦や暗誦の重視は広く共通して見られ、そのような社会では、書物は声に出して読まれ、周囲の人々に共有されるのが普通だったのである。

初期においては学問の伝授はウラマーの自宅やモスクの一角などでおこなわれていたが、一〇世紀のイランに、イスラーム諸学の教育のための学校が現れた。**マドラサ**（学院）と呼ばれるこの種の学校は、その後各地で建設されるようになり、法学、神学、クルアーン解釈学、ハディース学などの宗教諸学、天文学、数学、医学などの「外来の学問」、また、基礎学問としてのアラビア語文法学、論理学、修辞学などが教授された。一般に、マドラサは寄宿制の学校で、講堂と学生のための寄宿舎を備えていた。学生への給付金、教授や助手その他の吏員の俸給、そして施設の維持管理費は、ワクフ制度によって支えられていた。

ワクフとは、イスラームの寄進制度であり、寄進された財産（一般には不動産）から得られる収益（例えば、店舗や住宅の賃借料）が、善行のために（ここでは、マドラサに）支出されるという仕組みである。支配者層の者たちはマドラサ自体も、自らの財産で建設した。マドラサ建設には、イスラーム的な正統性の確保や、ウラマーの支持の獲得、あるいは、統治に必要な法学者らの養成という目的があった。もちろん、マドラサの名称に自分の名を残すことは、現世での名誉と来世での報賞を期待してのことであったし、そもそも、寄進者はワクフ管財人に自分自身やその子孫を指名できたので、ワクフは実質的に自らの財産を守る方法でもあった。

マドラサの普及は、しかし、教育方法を大きく変えることはなかった。明確なカリキュラムは存在せず、入学や卒業に何らかの規定があるわけでもなかった。師から直接学ぶことの重要性も従来通りであり、教師は個人の資格で学生に免状を与えたのであって、学校が機関として卒業証書や学位を授けることはなかった。それゆえ、マドラサでの修学と、モスクや私宅での学問伝授とは同価値であり、どこで、ではなく、誰に学んだかが重視された。高名な師から教えを直接乞うための遊学は、政治的な境界を越えて広くおこなわれ続けた。

マドラサはムスリム男性であれば誰にでも開かれていたことが特徴であるが、当然ながら、誰もがマドラサで学んだわけではない。ただし、とくに学を志さない者でも、クルアーンや基礎的な教義について知る必要があると考えられていたので、それら初歩的な知識が子供たちに教えられていた。そのような初等教育の学校をアラビア語で**マクタブ**あるいはクッタープという。庶民にも開かれたマクタブは、イスラーム世界各地に普及し、クルアーンの暗誦を中心に、教義、読み書き、算数などが教えられた。個別に学習する子供たちに対して一人の教師が指導するという形式が一般的であった。地域・時代によって異なるが、女子もマクタブに通うことがあった。男子と同じ学校で、女子用に仕切られた区画で学ぶ場合もあれば、女子専用のマクタブも存在した。高貴な家柄やウラマー家系の女子であれば、自宅で親や家庭教師から初歩的教育を受けた。

スーフィズムとタリーカ

さて、ウラマーやマドラサの学知であるイルムが、啓示にもとづきつつ、論理的に組み立てられた知識であり、なかでも行為規範を体系化した法学がその中心的学問であったのに対して、むしろ内面の信仰を深めて神に近づくという神秘的、直観的体験を重視する思想が存在する。清貧・禁欲の生活を送り、修行を通じて神の存在に接しようとする実践をおこなう者をスーフィーと言い、彼らの思想・信仰形態が**スーフィズム**という学術用語で呼ばれる。九世紀頃に生まれたスーフィズムは、個人の宗教実践として始まったが、一二世紀頃には、すぐれたスーフィーを導師（シャイフ）として、そのもとに弟子たちが集まることで「教団（**タリーカ**）」が形成されるようになった。教団のメンバーたちは、ザーウィヤ、ハーンカー、テッケなどと呼ばれる修行場で、教団の流儀に従って修行や儀礼をおこなった。そこには、普段は生業に従事す

リファーイー教団のズィクル儀礼（18世紀イスタンブル）

出典：S. Theolin et al., *The Torch of the Empire: Ignatius Mouradgea d'Ohsson and the Tableau général of the Ottoman Empire in the Eighteenth Century,* İstanbul, 2002, p.184.

る一般の人々も、特定の日時に集まって勤行に参加した。タリーカの活動は、イスラームを都市や農村の民衆に浸透し、さらに、中央アジア、インド、バルカン、アフリカなど各地のイスラーム化にも貢献した。

初期においてはウラマーとスーフィーが対立することもあったが、のちにスーフィズムは正統的イスラームの信仰の一形態として認められるようになった。ウラマーがタリーカに属することも一般的になった。マドラサでスーフィズム的知識が教えられることもあり、逆に修行場でハディースや法学の授業がおこなわれることもあった。教団の修行場は、信仰実践の体得の場であると同時に、スーフィズム的、イスラーム的知の教育の場でもあったのである。

近世イスラーム世界

以上が、本書第Ⅰ部を読み進めるうえでの大前提だが、それがそのまま一九世紀に直結するわけではない。一般の概説書であれば、ここですぐ近代に跳ぶことが多いが、間には近世イスラームの時代がある。オスマン朝、サファヴィー朝、ムガル朝の三国家が並び立ち、それぞれ固有のイスラーム的伝統を形成した。

オスマン帝国において、イスラーム法の最高権威たるシェイヒュルイスラーム（イスラームの長老）を頂点とするウラマーの官職階層制が成立し、マドラサ教育も制度化されることは、第1章で扱われるだろう。一方、イランでは、サファヴィー朝によるシーア派の「国教化」にともなって、シーア派教学の中心がイランに移り、そこに国家から自立したウラマーのヒエラルヒーが確立した。一八世紀にサファヴィー朝が崩壊すると、この中心は、オスマン朝下のイラクに移動することになる。

ところで、イスラームの伝統的な知の担い手は、ウラマーとスーフィーに限られるわけではない。書記術を身につけ、行政・財政的知識に精通した書記官僚と、詩を代表とする文学作品を書く文人が存在し、両者はしばしば重なり合っていた。これらとウラマー、スーフィーとの境界も曖昧であったが、ペルシア語文化圏では行政文書や韻文学がペルシア語で書かれるため、アラビア語文化の担い手たるウラマーと、ペルシア語文化を担う官僚・文人とは区別された存在だった。オスマン帝国でも、一六世紀頃からウラマーと書記層との分化が進み、それぞれ別々のキャリアパターンをもつようになった。主としてトルコ語で行政文書や詩・散文を書く書記層は、マドラサで教育を受けるウラマーとは異なって、幼いときから「親方」書記に弟子入りして徒弟制的に養成された。書記官僚層が成長し、ウラマーが司法・教育分野に特化していったことは、一九世紀に新しい学校制度が発展するかたわらでマドラサが存続しえたことの伏線となる。

一方、スーフィズムにおいても、新たな展開が見られた。ここでナクシュバンディー教団のムジャッディディー派について触れておくことは、当時のイスラーム世界の横のつながりを見るうえでも有益だろう。

ムジャッディディー派は、一七世紀初頭ムガル朝下のインドでアフマド・スィルヒンディーによって創始された。正統的スンナ派の復興を唱え、シャリーアの遵守を訴える点が特徴である。その孫弟子の一人で中央アジア出身のムラード・ブハーリー（一七二〇年没）は、インドで入門したのちメッカ巡礼の帰途、オスマン帝国内にとどまり、イスタンブルやシリアでムジャッディディー派を定着させた。その後、インドで学んだイラクのクルディスターン出身のハーリディー（一八二七年没）はハーリディー支派を形成し、クルディスターンからイスタンブルやカフカス地方まで影響を広げた。この派の思想は、一九世紀オスマン帝国のタンズィマート改革の思想的源泉の一つだとも言われる。北カフカスでロシアに対して長年にわたって抵抗したシャーミルも、この派の系統である。

一方、中央アジアのブハラでは、一八世紀末にマンギト朝（一七五六～一九二〇年）の君主自身がムジャッディディー派に帰依し、モスク、マドラサ、修行場などを積極的に建設してブハラを宗教都市として復興させた。ブハラには、一九世紀前半になると、ロシアのヴォルガ・ウラル地域のムスリムが多数留学するようになる。そのなかにはインドにまで足を延ばして、ナクシュバンディー教団のロシア領内における基礎を築いた者もいた。

❀一九世紀の展開——学校教育と出版

ムジャッディディー派の伝播という現象は、もはや「近代」の一部と言えるかもしれないが、一九世紀に、イスラーム的な知のあり方は、新しい局面を迎えることになる。

第一に、オスマン帝国やその属領エジプトで、中央集権化を通じて近代国家の形成が進む一方で、他の多くの地域は植民地化された。その過程で、国家あるいは植民地権力が、西欧由来の制度や学問を導入した学校の設立を始めた。そうした教育政策は、新しい知識とそれを支える文明や進歩といった価値観をもたらし、また、新しい知識の担い手を生み出した。その結果、従来のイスラーム的知識とその担い手は、それらの挑戦を受けることになったのであり、本書第Ⅰ部の各章は、オスマン帝国におけるその具体的事例を扱う。

第二に、出版の普及によって、人格的な関係を通じての知識の継承という伝統に変化が生じた。印刷技術は、書かれた情報の大量かつ短期間の流通を可能にした。当初、出版事業は政府や植民地支配者側によって専有されていたが、一九世紀半ば頃から、既成勢力に属さない知識人らが、活字メディアを自らの思想を広く公衆に向けて訴えるための手段として利用し始めた。出版を通じてイスラームの新しい解釈を唱える者も現れた。イスラーム改革論については、第Ⅰ部の各章でも触れるが、ここでは使用言語の重要性を指摘しておこう。従来、ウラマーの学術用語はアラビア語であったが、改革派の論者たちは、現地語で出版することによって発信力を強化した。他方、アラビア語はウラマーの共通語であるがゆえに、イスラーム的内容のアラビア語出版物はイスラーム世界全体に影響を及ぼしえた（もちろん、ペルシア語やトルコ語も一国にとどまっていたわけではない）。大量に印刷された出版物は、発達した交通網と結びついて、短期間で遠隔地に運ばれたのである。ラシード・リダーが一八九八年にカイロで創刊し、イスラーム改革思想を広めた『マナール』誌は、その代表例である。彼とその師ムハンマド・アブドゥフが誌上で回答するファトワーには、シンガポール、南アフリカ、ボスニアなど各地から質問が寄せられた。こうして、出版という新しいメディアは、イスラームに新しい活力を与えることになったのである。

（秋葉　淳）

参考文献

アイケルマン、D・F（大塚和夫訳）『中東――人類学的考察』岩波書店、一九八八年。

大塚和夫『近代・イスラームの人類学』東京大学出版会、二〇〇〇年。

小杉泰『イスラームとは何か――その宗教・社会・文化』講談社、一九九四年。

小松久男「危機と応戦のイスラーム世界」『岩波講座世界歴史21　イスラーム世界とアフリカ』岩波書店、一九九八年、三～七八頁。

近藤信彰「イスラーム知識人の肖像――シーア派ウラマーとイジャーザ」小谷汪之編『歴史における知の伝統と継承』山川出版社、二〇〇五年、一二八～一五六頁。

鈴木董『オスマン帝国の権力とエリート』東京大学出版会、一九九三年。

谷口淳一『聖なる学問、俗なる人生――中世のイスラーム学者』（イスラームを知る）山川出版社、二〇一一年。

湯川武『イスラーム社会の知の伝達』（世界史リブレット）山川出版社、二〇〇九年。

Abu-Manneh, B. *Studies on Islam and the Ottoman Empire in the 19th Century (1826-1876)*. Istanbul, 2001.

Berkey, J. *The Transmission of Knowledge in Medieval Cairo*. Princeton, 1992.

Weismann, I. *The Naqshbandiyya: Orthodoxy and Activism in a Worldwide Sufi Tradition*. London, 2007.

第1章　「伝統教育」の持続と変容

——一九世紀オスマン帝国におけるマクタブとマドラサ

秋葉　淳

……学校［マクタブ］には黒板もチョークもなかった。実際、その必要もなかった。というのも、生徒たちの学習段階はそれぞれ違っていたからだ。教師《ホジャ》は各自に別々の課題を与えた。子供は与えられた課題を暗記し、次の授業でホジャに［暗記した内容を］聞かせた。……マクタブでは子供たちが大きな声で課題を［読み上げて］暗記していた。四〇～五〇人の子供が入る教室で、いつもとてつもない騒ぎ声とうなり声が飛び交っていた。・・・子供たちは課題を暗記するとき、いつも前後に体を揺らしていたが、私にはその理由が今でも理解できない。（T・サーラム）(1)

さて、今やマドラサの一つに登録しなければならなかった。私たちはフェイズィエ学院に予備登録をした。今度は受ける講義と先生を選ばなければならなかった。……ファーティフ・モスクには講義をするおよそ百を超える数の教授がいた。ベヤズット、スレイマニエ、スルタン・アフメト、アヤ・ソフィアのモスクと他の多くのモスクで、たくさんの教師たちが講義をしていた。イスタンブルには一万人を超すマドラサ学生がいた。マドラサには彼らに対して十分な部屋がなかったので、多くは隊商宿や、私たちのように商店の階上の部屋に泊まっていた。……学生の多くは、地方に行かない［戻らない］ためにか、兵役を延期するためにマドラサに登録をしていたので、この混乱はずっと続いていた。（E・K・エルトゥル[2]）

はじめに

ムスリム社会において主要な教育の場であったマクタブとマドラサは、オスマン帝国においても重要な社会的役割を果たした。一八世紀末以降、軍人や官僚の養成あるいは臣民の教化を目的として政府主導で新しい学校が設立されるようになってからも、旧来の学校は存続し、帝国の滅亡まで社会的な影響力を維持した。つまり、黒板、机、椅子が備えられた教室で洋装をした生徒と教師が対面している学校から程近い場所で、子どもたちがめいめい体を揺らしながらクルアーンを朗誦していたり、あるいは、ターバンを頭に巻いた生徒たちが教師の周りに車座になって座って討論をしていたりしたのである。

しかし、これらのいわゆる伝統的教育は、たとえそれ自体に変化がなかったとしても、一九世紀を通じてその社会的位置づけを確実に変化させていた。実際、文官や軍人、そして新式学校の生徒たちがフェス帽を着用する社会になって初めて、ターバンをつけたマドラサ学生やウラマーが「伝統的」な存在と見なされるようになったのである。だが、そもそもマクタブとマドラサは、時代や地域を越えて共通する面も多いとはいえ、まったく同じだったわけではない。そこで本章では、まず、改革前夜のオスマン社会におけるこれらの学校の特質を捉えることを試み、そのうえで、近代的学校制度を発展させた一九世紀以降のオスマン帝国において、それらが置かれた状況や、それらに試みられた改革について見ていくこととしたい。

第1節　オスマン帝国のマクタブ

一般にマクタブは、モスクやマドラサなどからなる複合施設の一部として、あるいは、独立した建物として設立され、多くの場合ワクフという宗教的寄進制度によって運営されていた。豊かな財源をもつワクフに支えられていたマクタブは、しばしば二階建ての構造をもち、一階に水汲み場や店舗（ワクフの財源）が置かれ、二階は一つの教室とされていた（図1-1）[3]。教師や助手には寄進財産から俸給が支払われたが、必ずしもそれが十分でない場合も多く、教師が毎週子どもの親から謝金を受け取る慣習も普及していた。また、教師の自宅の一室に子どもを集めるような私的な「学校」も数多く存在した。

マクタブがどの程度普及していたのか、正確な数は不明だが、一つの指標として、一七八〇年代のイスタンブルにあった学校を示す文書を参照してみよう。それによれば、イスタンブルの城壁内（いわゆる旧市街）に一九一一のマクタブが存在した。そのうち二九校が女子学校で、その二七校で女性教師が教えていた[4]。女子学校の多くは、女性教師が自宅に児童を集めて教える私塾のような小規模のものだったと考えられるが、一九世紀以前のオスマン社会で女子も初等教育から排除されていなかったことを裏付けている。他方で男女共学が広く見られたことも知られている。

伝統的に、子どもが四歳四ヶ月になったら学校へ遣るというしきたりがあったが、年齢は必ずしも厳密でなかった。子どもを学校に初めて入れるときは、親の財力に応じて、アーミン・アライと呼ばれる一種の儀式が催された。入学する子どもは晴れ着を着てポニーなどに乗せられ、それを率いてマクタブの教師と子どもたちが行列をなして宗教歌を歌いながら町を練り歩いた。ときどき「アーミン」（アーメンと同義）と叫ぶのでこの名がある。

自宅に戻ると教師が招き入れられて教育開始の儀礼がおこなわれ、その後子どもたちにごちそうが配られた。こうして見てみると、マクタブに通うことは、男子にとっての割礼ほどではないが、それでも誰もが一度は経験すべき一種の通過儀礼、あるいは、ある種の宗教的義務と見なされていたと考えられる[5]。

マクタブで子どもたちは、まずアラビア文字のアルファベットを覚えさせられ、続いてクルアーンをいくつかの分冊に分けて読誦することを始めた。この際に、アラブ地域では木板にクルアーンの章句を書いて、覚えたら消し、また次の章句を書くという慣習があったが、トルコ語圏では木板の使用は一般的でなかったようである。教育の重点はあきらかに「読み」に置かれていた。子どもは各自のペースでクルアーンを声に出して読み上げることが日課であった。年長の生徒が助手（カルファ）として教師を補佐する慣行も一般的だったが、アラビア語のクルアーンの内容について教師や助手から解説されることはなく、生徒はほとんど意味のわからないアラビア語の章句を読み上げ、そして覚えることを求められた。クルアーンの読誦が一通り終わると、クルアーンの読誦法、教理（どちらもトルコ語のテキスト）、語彙集（アラビア語やペルシア語の語彙をトルコ語で説明した韻文）を読む（暗誦する）段階に進むことになっていたが、多くの児童はそこまで行かずに学校を去っていった。ま

図 1-1　イスタンブルの二階建てマクタブ（1732 年建設）

書記官長のイスマイル・エフェンディによって、カラキョイ地区のケマンケシュ・カラ・ムスタファ・パシャ・モスク（1642 年建設）の敷地内に建設された。秋葉淳撮影（2014 年）。

た、特別の教師が書き方を担当する学校もあったが、それは例外的で、書き方の教育はおこなわれないのがむしろ普通だった。意欲のある生徒は書き方の教師を別に探して手習いを受けた。

暗記中心、書き方教育の不在、トルコ語教育の不在などを特徴とするマクタブの教育方法は、とくに二〇世紀に入ってから、しばしば強い批判を浴びせられた。また、マクタブ教師にはとくに資格が必要とされなかったので、その無能ぶりが揶揄の対象にもなった。猥雑なマクタブの印象は、トルコ共和国初期に多数著されるようになる回顧録で頻繁に言及された。しかし、彼らは、有用性や効率性に高い価値をおく近代的学校教育システムを基準に断罪しており、たとえそれが現状改革をめざす彼らにとって真摯なものだったとしても、そのような評価はマクタブ教育を理解するには一面的に過ぎると言えるだろう。(6)

「ニュー・リテラシー研究」の理論家であるB・ストリートは、イランの農村のマクタブのフィールド調査をもとに、マクタブにおいても「マクタブ・リテラシー」と彼の名付けるある種の識字能力が習得されることを指摘している。それは話し言葉と文字との関係性や、また、アラビア文字が右から左に、そして上から下へ書かれるといったごく基本的な知識のことである。彼はこのような基礎的なリテラシーが、のちに農民たちが商業を始めるにあたって、売り買いの簡単な記録をつけるという意味での「商業リテラシー」に転用可能であったと述べる。(7)

他方、D・F・アイケルマンは、説明を加えずに章句を暗誦させるマクタブの教育方法が、知識とその「理解」に関する固有の考え方に基づいていると言う。すなわち、知識とは本質的に固定的で暗記可能な真理からなるという観念が根底にあり、「理解」の基準とは、暗記されたテクストを適切な場面で引用する能力、すなわち、広い社会的脈絡における活用の仕方なのである。(8)

マクタブのこの教育システムは確かに伝統的だと言えるだろうが、必ずしもイスラームに固有の特徴ではない点は注意を要する。Ｄ・ヴィンセントが一八世紀末頃のヨーロッパについて記している状況は、オスマン朝のマクタブについても十分に当てはまる。

読み方と書き方は、それぞれ異なる文化の伝統に属していたのである。読み方は宗教教育に必須だと考えられ、宗教教本の解読は授業の形式と同時に目的でもあった。これに対して書き方は、その技術の必要な職に就くと決められた子どもたちだけが身につける、手を使う技と見なされた。この書き方を学ぶのは就学して数年経ってからであった。そのため、同年代の子どもの大半が家業に戻っていくなかで、子どもを学校に残しておける経済力と熱意のある家庭の子どもだけが書き方を学ぶことができた。(9)

オスマン社会においても書き方はすなわち書道の技術であり、特別な師についたり、家庭教師をつけたりして学ぶものであった。専門的な書記官をめざす者は、役所などに見習いに入って徒弟制的実地訓練を通じて書記技術を身につけた。今日の理解とは異なって、書き方とは必ずしも学校で学ばれるものではなかったのである。社会生活のなかで文字が必要とされなかったわけではない。しかし、専門的な代書屋や書記の存在、そして、書物であれ布告であれ声に出して読むことで共有する慣習(10)のおかげで、地方の名士であっても、文字の読み書きを覚えずとも十分に社会的役割を果たせたのである。

第2節　新方式教育の誕生

マクタブ改革の始まり

一九世紀に至るまで、オスマン帝国政府は初等教育に介入することはなかった。たしかに、歴代のスルタンや王家の人々は積極的にワクフ制度を活用して学校を建設し、何を学ぶべきか指定したが、基本的に既存の教育慣行を踏襲する以上の介入はしなかった。しかし、一九世紀に国家の再編が本格化する過程で、国家に有用な臣民を育成する手段として初等教育に関心が向けられることになった。有用性という観点から、識字や教育の効率性が問題とされ始めたのである。

一八三九年に官報に掲載された公共事業評議会の意見書は、オスマン帝国における新しい知識・教育観を示すものとして興味深い[11]。それは知識と学問が富の源泉であると明言し、科学が産業と技術の発展に貢献すると説く。帝国の軍事改革は一八世紀末に端緒があり、この時期までに陸軍、海軍、幾何学（軍事技術）、医学の専門学校が設立されていた。しかし意見書は、それらの学校に入学する学生の「基礎知識、すなわち書くことと、直接にトルコ語の本を読む能力がない」という点を問題視する。そして、「この状況は、人民の子どもたち向けの小さな学校（マクタブ）において明らかになっている混乱と無規律から生じたことは明白である」と断ずる。意見書の提案は、「各学校の生徒を別々の学級に分割し、それぞれに別の課題を割り当て、一つの学級の生徒に一斉に授業をすること」というものであった。書き方の重視と学級制という、マクタブにはなかった発想が現れている。

なお、この学級は、一つの教室で授業を一斉に教わる単位の意味ではない。上位の機関からの質問に対して、評議会は、「児童を学級に分けるということの意味するところは、アルファベットを学ぶ者が一まとまり、他の授業については、ただクルアーンを読んでいる者が一まとまり、また、教理書やクルアーン読誦法を始めた者が一まとまり、というように、一つの学校の中で秩序だって列をなして座ること」と回答している。これは、英国で発祥し、当時欧米で一世を風靡していたベル＝ランカスター教授法を念頭に置いたものである。

ベル＝ランカスター教授法とは、英国のＡ・ベルとＪ・ランカスターがそれぞれ一八〇〇年前後に開発した、民衆の児童向けの教育方法であり、両者とも①多数の児童を効率的に指導、②優秀な生徒をモニター（助教）として用いる相互教授法、③学習段階別クラス編成（ただし、クラスとは長机の列のこと）、④３Ｒの重視、⑤規律（号令、監視、賞罰）の徹底などの特徴をもつ。この教授法は、一九世紀の最初の一〇〜三〇年間で瞬く間に世界に伝播し、欧米だけではなく、ランカスター方式普及のために設立された内外学校協会や、キリスト教宣教団を介して、アフリカやアジアにも広がった[12]。

オスマン帝国の首都イスタンブルに上述の教授法を伝えたのは、一八三一年にこの都市で本格的に活動を開始したプロテスタントの宣教団アメリカン・ボードであった。彼らの布教活動を通じてギリシア人とアルメニア人の間でそれぞれランカスター方式の学校が次々とつくられたが、オスマン政府の官僚や軍人も、早い段階から関心を示した。そして、政府はこの方式を兵営での兵士への教育や士官学校の幼年部に導入した。民衆教化の方法として編み出された教授法を兵営学校に応用することは、フランスやロシアでも実施されていた[13]。

公共事業評議会意見書の提案は、軍隊で活用されていたランカスター方式を、一般のマクタブにも応用させようとしたものであった。だが、意見書の内容は実行されなかった。その代わり、従来は徒弟制的訓練に頼っていた文官の養成を目的とする学校が二校、一八三九年に設置された。これらはマクタブですでに一定の教育を受けた生徒を対象としており、書道、アラビア語文法、ペルシア語などの学習から始めるものであったが、長机を一学級とする学級制がとられていたところにランカスター方式の影響が見られる。

一八四七年に再び初等教育の改革が日程にのぼった。政府は既存のマクタブの改革を図って、マクタブ教師に対する通達を発した。その第一条は、アルファベットの学習を始めた児童に、文字の読み方だけでなく、書き方も教えるよう指示している。そして、書き方を練習するための木板（石板）を政府が支給することが約束された。ここでは、クルアーンのアラビア語ではなく、トルコ語の書き方を学習させることが定められていた。また、教理書とクルアーン読誦法のトルコ語のテキストを読ませる際に、アラビア語起源の言葉を「父親の言語であるトルコ語」でわかりやすく説明するようにという指示もあった。これらは、トルコ語圏の子どもに、より実用的な読み書き能力をつけさせることが大事であると政府が考えていたことを示している。この通達の第一〇条は、「有能な児童のなかから、同一の課題を学ぶ児童に別々に助手を任命」することを定めており、相互教授法が意識されている。学級制への言及はないが、段階的学習過程を定めて年限を四年とし、修了時に試験を課して合格した者は中等学校《リュシュディエ》に進むことを義務とするなど、もはやランカスター方式にとどまらない、新しい学校制度の構想を見ることができる。

しかし、この通達もどれほど効力があったかどうか疑わしい。一八五〇年代に政府は各地に中学校を建設することに力を注いだが、マクタブについては教科書の支給が梃入れ策の中心だった。一八六三年になってイスタンブルのマクタブのうち三六校をモデル校として石板、石筆、筆箱を配布したことが、四七年通達第一条のようやくの成果であった。

新方式の導入

本格的な初等教育改革の動きは、一八六八年に始まる。この年に、小学校改革法案が作成された。これもほとんど実施されず、四七年通達を踏襲した部分が多かったが、学年制の導入、地理、算数、「有用な知識」などの新科目の追加などの新機軸が見られるほか、「新方式《ウスーリ・ジェディーデ》」を読み書き教育に採用するという形でこの用語が初めて登場した。この方針は六九年の公教育法に継承され、その第六条に、小学校の科目として「新方式のアルファベット」と明記された。そして七〇年には、セリム・サービトによる『教授指南』が著され、「新方式」教育が定式化されることになる[19]。

同書でセリム・サービトが提唱した新方式とは、相互教授法の改良に近い教授法であった。すなわち、生徒を学年集団（学級）に分割して、それを少人数の班に分けて長机に座らせたうえで、教師は班ごとに生徒を自分のもとに集めて黒板を使って授業をおこない、他の生徒が授業を受けている間は、級長と各班の班長が生徒の予習復習を指導・監督するものとされた。しかし、狭義の新方式は、法令の条文にあるように、識字教育の方法を指す。これは、文字や発音記号の各名称を暗記させる従来のやり方ではなく、文字の発音に即して、文字や単語の読み書きを同時に教えるという方法である。上記のほかに、『教授指南』にも示されている、算数、地理、歴史などの科目の導入や、授業時間や賞罰などの学校生活の秩序に関わる新しい方法を含む、新しい教授法の総体が、より広い意味での新方式であった。

一八七二年に、イスタンブルに新方式を導入した最初のモデル校がつくられ、以後徐々にではあるが新方式学校が増えていく。一八八〇年代以降、政府の設立した新方式学校や、新方式を採用したマクタブは「イブティダーイー」（初等）として旧来のマクタブと区別して呼ばれ、「スブヤン」（児童）学校という語が専ら後者を表すようになった。こうしてマクタブ（スブヤン）はますます「伝統的」な教育の場として位置づけられるようになる。

とはいえ、マクタブはオスマン帝国の滅亡に至るまで廃れることはなかった。その理由は次のように考えられよう。第一に、マクタブはすでにオスマン社会に、村レベルに至るまで広く普及していた。教師一人でも成り立つマクタブに対して、新方式学校の設立には費用がかかり、新規科目を教授できる人材を確保するのも困難だった。第二に、マクタブは四歳頃から通い始めるのに対し、正規の義務教育は六歳からだったので、新式教育への志向をもつ親でも、まず子どもをマクタブに遣ることが多かった。つまり、両者は併存可能だったのである。第三に、既述のようにマクタブへの就学はある種の通過儀礼となっており、誰もが一度は通うものとされていた。マクタブ教育は、オスマン社会の多くのムスリムによって、価値あるものと見なされ続けたのである。

第3節　オスマン帝国におけるマドラサとその変容

オスマン朝古典期のマドラサ教育システム

マドラサは、オスマン帝国において特殊な発展を遂げた。オスマン以前においてマドラサは、あくまでも教室と学生寮を備えた建物にすぎず、マドラサが機関として学位や卒業資格を授与することはなかった。しかし、オスマン帝国においては、マドラサの体系化、組織化が進んだ。それはおそらく、オスマン朝がイスラーム世界のフロンティアに成立したことと関係があるだろう。征服地にはもともとムスリムが居住していなかったため、国家がマドラサを建設してウラマーを自前で育成しなければならなかった。オスマン朝は、そのように養成したウラマーをカーディー（裁判官）として各地に任命するシステムを作り上げた。イスタンブル征服後、メフメト二世の時代に一定の完成を見たこのシステムは、彼の建設したファーティフのマドラサ群を頂点とし、教育内容と教授の俸給に応じて六段階に序列化されたマドラサのヒエラルヒーであった。その後マドラサの数が増えると一二段階に分かれた。学生は最下位のマドラサから始めて、段階的に上位のマドラサへと進学するものと定められ、各段階で学ぶテキストもおおよそ指定された。これは同時にマドラサ教授のランクにもなっており、マドラサを修了した後、低位のマドラサ教授職から段階をふんで昇進し、最高位の教授職を経た後に主要都市のカーディー職に昇格できる仕組みになっていた。このウラマーの官職階層制は「イルミエ制度」と呼ばれ、その頂点にはシェイヒュルイスラームというイスラーム法解釈の最高権威が位置した[20]。

当時、世界的に見てきわめて先進的であったマドラサの段階的教育システムが、どの程度実態をともなったか、必ずしも確証はない。というのも、知識は師から伝授されるものであり、それこそがウラマーの知識の正統性を保証するという、深く根付いた観念が変わることはなかったため、ウラマーの伝記には師についての記述はあっても、どのマドラサで学んだかという情報はほとんど記載されなかったからである。たしかに、低いランクのマドラサで最低限学ぶべき期間が法令で定められもしたが、逆にこれは中途段階を飛ばして上級のマドラサの学生身分を得る者が多かったことを示唆している。また、この教育課程では最下位のマドラサで神学のテキストを学ぶこととされていたが、神学書を読むためには相当の準備教育が必要であった。このことは、入学する学生と規定上の学習段階との乖離を進行させたであろう。なお、地方都市のマドラサは、一様に低いランクに位置づけられたが、オスマン以前から存在するマドラサなどは、ヒエラルヒーの外に置かれ、旧来の権威を保った。なかでも、エジプトのアズハル学院は、広くイスラーム世界の学問・教育の中心の一つであり続けた。

イスタンブルのマドラサは、学究の場である以上に官職を得るためのステップだった。それは、広く門戸が開かれた、社会的上昇のためのほぼ唯一のルートであったため、多くのムスリムの若者を惹き付けた。そのため学生数は過剰となり、一六世紀末には出世の道が閉ざされたことが一つの要因となって、アナトリア各地でマドラサ学生の反乱が発生するに至った。

マドラサの学寮化

結果的に、マドラサの序列は、教授職の序列としては意味をもったが、教育課程としては徐々に有名無実化し

図 1-2　ファーティフ学院（イスタンブル）

メフメト二世が 15 世紀後半に建設したファーティフ施設群。モスクの周囲にある（写真では手前に見える）ドーム群がそれぞれマドラサになっている。

出典：*İslâm Ansiklopedisi,* Ankara, 1940-88, Vol. 5-II, p. 122.

た。一般的に地方よりもイスタンブルのマドラサ教育の水準が高いという意味での序列は存在し、また任官の機会も多いため首都に学生が集中した。学生人口の増大の帰結として、授業の場はモスクに移動し、首都においてマドラサは単なる学生寮と化した。マドラサ教授職のポストは名目的となり、マドラサ教授の位階をもった「デルスィアーム」と呼ばれる教師が、モスクでマドラサ学生向けに講義をおこなうようになった。一連の変化は一八世紀には完了していたと考えられる。やはりその時期までに、アラビア語文法、論理学、哲学、神学からなる一連の定番のテキストを段階的に受講し、それと並行して修辞学や法学、法理論などを学ぶという課程が、慣行として主にトルコ語圏に広まっていた[21]。テキストの固定化はオスマン帝国にのみ見られた現象ではなく、例えばインドにおいても「規定の授業」（dars-i niẓāmī）と言われる一連のテキストが、一八世紀に確立したとされる[22]。ロシア帝国下のヴォルガ・ウラル地域のムスリム社会でも、オスマン朝とよく似た「規定の授業」（niẓāmī dars）が、「新方式」以前のマドラサで実施されていた[23]。

オスマン帝国に限らず、一般に一九世紀以前のマドラサの授業は、定められたテキストの一字一句に注釈をつけながら（しばしば注釈書をサブテキストとして使いながら）、講読するというスタイルをとっていた。マクタブにおける教育と同様に、これは、知識は固定的なものという観念を背景にしていた。学問とは先学の著した権威ある書物から知識を導きだすことなのだった。それゆえ、学者は権威ある書物に注釈をつけることでその能力を発揮した。授業の形態もその知識・学問観に合致したものであった。アラビア語文法学、論理学、修辞学などは、字義解釈をするための重要な手段であり、「道具の学問」と呼ばれて、法学、神学、クルアーン解釈学などのイスラーム諸学の基礎と見なされていた。一八世紀以降のオスマン帝国においては、下位のマドラサ教授職はほとんど名目的となっており、イスタンブルの教授職（位階）を得るための試験がウラマーにとっての最大の関門となっていた。当初の制度では最下位のマドラサでも神学を教えることになっていたのだが、一八世紀以降のイスタンブル教授資格試験は必ず修辞学のテキストから出題された。マドラサ教育の重点が基礎教育に置かれたことは、堕落や衰退と解釈すべきではなく、初等教育のマクタブと高度な学問とをつなぐ、いわば中等教育が存在しなかった状況の当然の帰結であった。さらに言えば、中等教育からリベラル・アーツ的段階が制度化されていくというオスマン朝での傾向は、大学の準備教育の場としてのコレージュが一七、一八世紀のフランスで発展したこととも比較することができよう。オスマン帝国の場合は、マドラサそのものが準備教育に比重をシフトさせたわけだが、規定の授業に含まれない、より高度に専門的な学問が完全に廃れたわけではなかった。宗教諸学だけでなく、「理性の学問」と呼ばれる哲学、数学、天文学なども学ばれ続けた。それゆえ、一八世紀末に軍事技術学校にヨーロッパの数学が導入されたときに、それを真っ先に理解できたのは、マドラサ出身のウラマーだったのである。(24)

第4節　マドラサ改革の試み

マドラサの膨張

一九世紀を通じてマドラサの教育システムそのものには、大きな変更はなかった。しかし、その間、マドラサを取り巻く環境は刻々と変化した。一九世紀後半における新式学校の発達によって、教育の場としてのマドラサの相対的地位は明らかに低下した。だが、学生数は、かつてない勢いで増加の一途をたどった。一八世紀末のイスタンブルのマドラサ調査では学生数は二六〇〇程度であったが、一八六九年には五三七六名、一八八五年には六七六九名となった。一八八〇～九〇年代には一万二〇〇〇や一万九〇〇〇という数字を挙げる資料もある。(25) 地方においても、村レベルに至るまで新しいマドラサが――多くは小規模であったが――、数多く建設された。

学生数増大の最大の原因は、徴兵忌避だったと考えられている。オスマン帝国では一八四六年から二〇歳以上のムスリム男子に対する徴兵制が施行されたが、マドラサ学生は試験によって免除資格を得ることができた。その試験も一八九六年を境に廃止され、青年トルコ革命後まで復活しなかった。それゆえ、兵役の免除を求めて若者がマドラサに殺到することになった。また、従来から学生身分とは、学寮への居住の権利に加えて、しばしば食事、まれに給費の権利をともなっていたので、これらの恩恵を求める者たちがマドラサに集まっていた。

もちろん、マドラサ教育を受けることで得られる就職機会も無視できない。たしかにウラマーとしての高い地位・官職への道は狭き門であったが、イマーム（礼拝導師）や説教師などであれば比較的見込みが大きかった。師範学校が需要に追いつかない間は、マドラサを出て新式の小学校の教師になることも可能だった。たとえ法、宗教、教育関連の職にありつけなかったとしても、マドラサで学を修めることによって、社会的な尊敬の対象となり得た。実際、マドラサ的教養、マドラサ的な知のあり方を尊重する人々の存在こそが、マドラサの存続を支えていたのである。[26] 一九世紀末には、人々の間に「教育熱」とでも呼ぶべき、学校教育の重要性への認識が広まっていた。しかし、新式学校の建設はコストもかかり、教師の確保も容易ではなかった。マドラサは新式学校の不足を補完し、人々の教育に対する需要に応えるものでもあった。

マドラサ批判

マドラサへの社会的な支持の一方で、一九世紀後半になると現状への批判の声も上がるようになる。第2節で述べたように、知識の有用性や教育の効率に対する新しい考え方も広まりつつあり、また、西欧から新しい学問や思想も流入した。とくに一九世紀後半以降に加速する出版の普及は、情報や知識の伝達を大量かつ迅速なものに変えた。もはやマドラサにおける教育実践は、社会の自明のコンセンサスではなくなったのである。マドラサは、一八六〇年代後半に現れた「新オスマン人」と呼ばれる改革派知識人たちによって、その「非効率性」を批判されることになった。[27]

従来、ウラマーは人的な関係に基礎を置く教育を通じて、テクストの「正しい」読み方を継承してきたことにその権威の根拠を置いていた。だが今や、クルアーンやハディー

図1-3 ソコルル・メフメト・パシャ学院の中庭（イスタンブル）

16世紀後半の大宰相ソコルル・メフメト・パシャが建設した施設群の一部。モスクの中庭をマドラサが取り囲む。現在はクルアーン教室として使われている。秋葉淳撮影（2014年）。

スなどの原典に直接あたってそこから独自の方法で、時代の要請にあった解釈を導きだそうとする者が現れるようになった。そのような改革主義者は、しばしば、出版という非人格的な回路を通じて「正しい」イスラームを広く公衆に訴えた[28]。注釈をつけることに労力を費やしてきた従来の学門・教育の方法を批判し、イスラームを根拠に立憲制を唱え、同時に、時代に適合しなくなったイスラーム法学の現状を批判した新オスマン人たちは、そのような新しいイスラーム知識人の先駆であった[29]。

一八八〇年代から九〇年代にかけて、マドラサの内部からも外部からも改革の必要性を訴える声が聞かれるようになった。ウラマーや学生の間にも、マドラサの教育水準が新式学校のそれを下回っている（のではないか）という状況に危機感を抱く者が多く現れた。改革論者たちは、近代科学の導入や、明確な学習プログラムの設定などを要求した。この問題は、徴兵忌避目的の学生増による質の低下の問題とも関係していたが、何らかの改革は必ずや既存の多くの学生と教師に不利益をもたらすこともまた明らかだった。そのため、彼らの反発を恐れたスルタン・アブデュルハミト二世は現状維持を選んだ[30]。一八七六年に、彼の伯父であるアブデュルアズィズの廃位から憲法発布に至る政変の発端となったのが、マドラサ学生のデモだったので、彼が学生の反乱を恐れるには十分な理由があったのである。

他方、オスマン帝国ではマドラサの改革が他地域ほど切実な問題にならなかったのではないかとも考えられる。植民地化された地域においては、現地人は西欧式の学校から排除されていることも多く、またそうでなくても異教徒の支配者のつくった学校に対する抵抗感が大きかった。それゆえ、植民地支配下のムスリムは、ムスリムとしてのアイデンティティを失わずに新しい知識を取り込むために、自分たちの学校、つまり、マクタブとマドラサの改革に積極的になる傾向があった[31]。

しかし、オスマン帝国の場合は、ムスリムの政府が新式学校を設立し、そこでは宗教的科目も教えられていたので、一般のムスリムにとって官立の学校に通うことは必ずしもアイデンティティの否定をともなうものではなかった。新式学校はマドラサ教育の一部であるアラビア語文法教育を取り込んだため、両者の間の行き来は容易であった。前節でマクタブから新式学校へというパターンに言及したが、マドラサで学んでから師範学校や法学校（後述の制定法裁判所制度の裁判官、検事、弁護士などを養成する学校）などに入る場合や、その逆に新式の高等小学校や中学校を出てからマドラサへ通うという例も珍しくなかった(32)。いずれにせよ、司法・教育分野におけるウラマーの活躍の場が縮小したわけではなかったので、新式学校がどれほど普及しようとも、ウラマーを育成するというマドラサの存在意義が薄れることはなかった。新式学校とは期待される役割が異なる以上、マドラサを改革して新しい学科を導入することは、国家的、社会的に喫緊の課題にはならなかったのである。

ただし、実務家養成という点では、事実上マドラサの改革は一八五五年に始まっていた。すでに見たように、一般的なマドラサ教育課程にイスラーム法学の占める場所は小さく、マドラサで基礎教育を受けただけではシャリーア法廷の裁判官を務めることはできなかった。実態としては、裁判官は実地での見習いを通じて養成され、法廷の書記などをすることによって、現場で訴訟の手続や法そのものを学んでいたのである。しかし、タンズィマート期の中央集権化の過程で、裁判官組織の一元的管理が課題となり、一八五五年にイスタンブルに裁判官養成のための学校が開設されるに至った。これは、マドラサでの法学教育と、法廷での実地研修とを組み合わせたような教育機関だった。その後、シャリーア法廷とは別に、国家の制定した法律を適用する制定法裁判所が設立されると、この裁判官養成学校は、新しい法律や訴訟法などもカリキュラムに組み込んでいった(33)。これは、実務教育に特化していたとはいえ、新しい制度に対応する必要性という現実的な要請を前にして、ウラマーが現状の変革を進んで受け入れる用意があったことを示す例である。

第二次立憲政期のマドラサ改革

一九〇八年の青年トルコ革命後、言論の自由化にともなってマドラサ改革も論壇をにぎわす話題の一つとなった。だが、最初に政治的な争点となったのは徴兵免除問題だった。一八九〇年代以来、マドラサ学生は無条件に兵役を免除されていたが、革命後の新政府は免除を受けるための試験の復活を早々に決定した。これに対して学生から激しい抗議運動が起こり、それは、革命後の新体制に不満を抱く諸勢力による一九〇九年四月の反革命、いわゆる「三月三一日事件」に合流した。しかし、反革命の鎮圧後、学生たちは弾圧され、多くが兵役にとられることになった。結果、学生数はおよそ半減し、約五〇〇〇名になった。

事件後の一九一〇年にマドラサ改革法が制定された(34)。多くの条文は、学生数の過剰への対処として、マドラサへの登録（入居）に関わる管理上の規定に割かれ、カリキュラムの根幹には大きな変更は加えられなかった。ただし、学年制や、進級・資格試験を定め、さらに、地理・歴史のほか理数系諸科目を新規に導入したことは、重要な新機軸であった。

だが、一九一〇年の改革は限定的で、新規科目も十分には開講されなかったため、改革論議はさらに活性化した。イスラーム主義系の雑誌『スラート・ミュスタキーム（真正の道）』やその後続誌『セビーリュル・レシャード（真正の道）』が改革論のフォーラムとなり、ウラマーやマドラサ学生は、マドラサの危機はイスラームの危機であるとして改革を強く訴えた。多くの議論は、マドラサの現状を時代遅れ（「中世」）、堕落、停滞、と見なし、批判はカリキュラムだけでなく教育法や学生生活など全般にわたった。メフメト二世の時代や、さらにはアッバース朝期に理想像が求められると同時に、ヨーロッパの大学が引き合いに出され、また、「時代の要請」に応える必要性が強く主張された。イスタンブルにおけるマドラサ改革の議論には、ロシア出身のムスリムも加わった。第7章（磯貝）で述べられるように、ロシア帝国下のクリミアやヴォルガ・ウラル地域のムスリムの間では、一八八〇年代から「新方式」学校の設立が始まっていた。教育改革、そしてそれを通じたイスラーム改革は、まさに彼らの直面していた問題であり、マドラサ改革については彼らの方が先んじていた。[35] マドラサ改革論を出版した、カザン近郊出身のタタール人ハリム・サービトはその一人で、ヴォルガ・ウラル地域の新方式教育のマドラサを出た後、イスタンブルに渡り、マドラサと新式学校双方で教育を受けたという学歴の持ち主であった。[36]

積極的な改革論の一方で、マドラサ廃止論や、マドラサを公教育省の管轄下に入れるべきだとする議論も公にされるようになる。[37] こうなると、現状の変革に賛同するウラマーのなかにも、政府の進めるマドラサ改革とは、その実、マドラサ廃止という本来の意図を隠蔽するための隠れ蓑なのではないかという疑念を抱く者も現れた。そのため、マドラサの改革は難航し、ようやく一九一四年一〇月の法律によって、その青写真が描かれた。それによると、イスタンブルのマドラサはすべて、「貴きカリフの都のマドラサ」《ダーリュル・ヒラーフェトゥル・アリイエ・メドレセスィ》の名で統合され、三段階一二年制の教育課程が定められ、その上には、いわば大学院に相当する「専門マドラサ」も設置された。授業は、机と椅子の置かれたマドラサの講堂でなされることとされた。カリキュラムには、化学、衛生学、社会学、経済学、教育学、地理学、歴史学など、従来のマドラサ教育にない科目が多数組み込まれた。他方で、イスラーム諸学については、従来以上に宗教的諸科目（クルアーン解釈学、ハディース学、神学、法学など）に高い重要性が与えられた。これには、社会学などの新しい方法論を用いて社会の現実に適合的なイスラーム解釈をめざすズィヤ・ギョカルプら先鋭的な改革派の思想[38]が反映していたが、改革の必要性を感じながらも自らの知的伝統がないがしろにされることに危機感を覚えるウラマーたちには、必ずしも快くは受け止められなかった。

いずれにしても、この野心的な試みは、見果てぬ夢に終わった。マドラサ改革法制定の翌月にオスマン帝国が第一次世界大戦に突入すると、マドラサ学生は戦場に駆り出され、マドラサは難民の避難所か、そうでなければ廃墟と化した。すでに一九一四年の改革は学生数を二八八〇名までに限ることを決めていたが、帝国が降伏した一九一八年の時点でイスタンブルのマドラサ学生数は千人を少し超える程度しか残っておらず、その後の休戦期間中もさらに減少した。そして、一九二三年にトルコ共和国が成立すると、オスマン的過去とイスラーム的伝統からの決別を急ぐ新政府は、翌年に教育統一法を制定し、マドラサと、ワクフによって運営されていた旧式のマクタブを廃止した。一九二五年にはシャリーア法廷が廃止され、司法と教育という伝統的なウラマーの活躍の場は消滅したのである。

おわりに

トルコ共和国においては、今やマドラサもウラマーも死語になった。イスラームの信仰生活を維持するために、ムフティーやモスクのイマームなどは存続したが、彼らはいずれ「宗教従事者《ディン・ギョレヴリスィ》」などと呼ばれるようになる。マドラサに代わって、そのような宗教従事者を養成する導師《イマーム》・説教師《ハティプ》養成学校が設立されたが、一九三二年までに閉鎖され、一九五〇年まで再開されなかった。シェイヒュルイスラームと彼を長とするウラマーの組織を廃止した共和国政府は、その権限を大幅に縮小させた「宗務局」を首相府直属の機関として設置し、宗教従事者の任命やその他イスラームの宗教的事柄を管轄させた。「宗教」を国家や社会の他の領域から切り離し、それを国家が徹底的に管理するというのが、トルコ共和国の「ライクリッキ（世俗主義）」の特徴なのである。それは、政府は宗教内部の事柄に介入しない代わりに支援も利用もしない、という意味での政教分離とは大きく異なるものであった[39]。

トルコ共和国がラディカルな政策をとった一方で、エジプト、イラン、パキスタンなどのムスリム諸国では、マドラサは存続し、今でも多くの学生を集めている。だが、そういった国々においても、マドラサは、国家主導の新しい学校制度との対比において自己定義をせざるをえないという事情は共通している。M・Q・ザマーンによれば、植民地期及びポスト植民地期のインド亜大陸においてウラマーは、マドラサの自律性を維持するために、宗教と宗教諸学（学知）の護持こそがその役割であるという論理をしばしば用いた。インドに植民地権力が持ち込んだ、社会生活の他の領域から明確に区別される「宗教」という概念が、こうしてウラマー自身によって再生産されるようになったのである。(40) 他の地域においても、ウラマーは否応なく、宗教的領域の護持者としての役割を担うようになった。現代におけるマドラサやウラマーがどれほど「伝統的」に見えようと、それらは、近代社会のさまざまな要請に応えるために変貌を遂げてきた、その所産なのである。

注

（1）T. Sağlam, *Nasıl Okudum*, İstanbul, 1991 (first published 1959), pp. 32-33. なお、原文では「黒板 siyah tahta」ではなく"siyah çanta"とあり、直訳すると「黒いカバン」になるが、誤植と考えて黒板と訳した。回想は一八九〇年代のイスタンブル。

（2）E. K. Ertur, *Tam Yelleri*, Ankara, 1994, p. 17. 回想は一八八〇年代のイスタンブルの様子。

（3）イスタンブルのマクタブ建築については、Ö. Aksoy, *Osmanlı Devri İstanbul Sıbyân Mektepleri üzerine bir İnceleme*, İstanbul, 1968 に詳しい。

（4）秋葉淳「タンズィマート以前のオスマン社会における女子学校と女性教師——一八世紀末〜一九世紀初頭イスタンブルの事例から」『オリエント』五六巻一号、二〇一三年、八四〜九七頁。

（5）アーミン・アライをはじめ、マクタブの慣習については、İ. Kara and A. Birinci, eds., *Bir Eğitim Tasavvuru Olarak Mahalle/Sıbyan Mektepleri: Hatıralar, Yorumlar, Tetkikler*, İstanbul, 2005.

（6）この点については、B. C. Fortna, “Education and Autobiography at the End of the Ottoman Empire,” *Die Welt des Islams*, 41(1), 2001, pp. 1-31 参照。

（7）B. V. Street, *Literacy in Theory and Practice*, Cambridge, 1984, pp. 152-180.

（8）D・F・アイケルマン（大塚和夫訳）『中東――人類学的考察』岩波書店、一九八八年、二八〇～二八四頁。

（9）D・ヴィンセント（北本正章監訳）『マス・リテラシーの時代――近代ヨーロッパにおける読み書きの普及と教育』新曜社、六九頁。

（10）このような慣習は、出版が普及してからも持続した。本書第4章（佐々木）も参照。

（11）この意見書については、とりあえず、S. A. Somel, *The Modernization of Public Education in the Ottoman Empire, 1839-1908: Islamization, Autocracy and Discipline*, Leiden, 2001, pp. 29-33. 意見書については、第3章も参照。

（12）ベル＝ランカスター教授法については、松塚俊三『歴史のなかの教師――近代イギリスの国家と民衆文化』山川出版社、二〇〇一年、柳治男『〈学級〉の歴史学』講談社、二〇〇五年参照。

（13）*Report of the British and Foreign School Society*, 1818, pp. 25-27, 48-49; 1820, pp. 11, 15.

（14）アラビア文字を使って書く、オスマン・トルコ語。

（15）日本語のなかに漢語が多くあるように、トルコ語、とりわけオスマン時代の書き言葉であるオスマン・トルコ語には多くのアラビア語起源の単語が含まれていた。

（16）元来、民衆教育の手段として導入されたランカスター方式は、子どもを上級の学校に進学させることを想定したものではなかったが、オスマン朝の初等教育改革は、はじめから後期初等・中等教育への接続が構想されていた。

（17）A. Berker, *Türkiye'de İlk Öğretim*, Ankara, 1945, pp. 38-42. 長谷部圭彦「オスマン帝国における義務教育制度の導入」『日本の教育史学』第五一号、二〇〇八年、八四～八六頁。

（18）Berker, *Türkiye'de İlk Öğretim*, pp. 59-60.

（19）Selim Sabit, *Rehnümâ-yı Mu'allimîn*, n.p., n.d. [1870]; Somel, *Modernization of Public Education*, 169-173. 詳細は、第7章（磯貝）参照。

（20）イルミエ制度について、日本語では、松尾有里子「オスマン朝中期におけるウレマー――専門職業的ヒエラルヒーの形成とその担い手たち」『お茶の水史学』三九号、一九九六年、四五～七四頁、秋葉淳「オスマン帝国近代におけるウラマー制度の再編」『日本中東学会年報』一三号、一九九八年、一八五～二一四頁参照。
（21）秋葉淳「オスマン朝末期イスタンブルのメドレセ教育――教育課程と学生生活」『史学雑誌』第一〇五編一号、一九九六年、六二～八四頁。
（22）Q. Zaman, *The Ulama in Contemporary Islam: Custodians of Change*, Princeton, 2002, p. 68.
（23）磯貝真澄「一九世紀前半ロシア帝国ヴォルガ・ウラル地域のマドラサ教育」『西南アジア研究』七六号、二〇一二年、一～三一頁。
（24）論理学の著作でも知られるマドラサ教授・裁判官イスマイル・ゲレンベヴィーは、対数や三角法の解説書を著した。彼は一七八〇年代に海軍技術学校の数学教師にも就任した。
（25）*Z. S. Zengin, II. Abdülhamit Dönemi Örgün Eğitim Kurumlarında Din Eğitimi ve Öğretimi, 1876-1908*, Adana, 2003, p. 157.
（26）秋葉淳「アブデュルハミト二世期オスマン帝国における二つの学校制度」『イスラム世界』五〇号、一九九八年、一八五～二一四頁。
（27）エジプトにおいては、ウラマーの内部からアズハル学院の学問・教育に対する批判が一八二〇～三〇年代から現れた。なかでも、アル＝タフターウィーは、三〇年代から政府の出版事業や学校改革に携わり、七〇年代には教育省の雑誌上でマドラサの学問と教育の現状への批判を展開した。I. F. Gesink, *Islamic Reform and Conservatism: Al-Azhar and the Evolution of Modern Sunni Islam*, London, 2010. アズハルについては、第２章（高橋）も参照。エジプトにおいてマドラサ改革の議論が早く現れたのは、官職に基盤をもつオスマン帝国中央のウラマーと違って、エジプトのウラマーがマドラサに権力基盤を置いていたことによると考えられる。
（28）大塚和夫『近代・イスラームの人類学』東京大学出版会、二〇〇〇年、一八三～一八五頁。D. F. Eickelman, *Knowledge and Power in Morocco*, Princeton, 1985, pp.167-169.
（29）新井政美『オスマン帝国はなぜ崩壊したのか』青土社、二〇〇九年、一三九～一四六頁。

（30）秋葉「二つの学校制度」。A. Bein, "Politics, Military Conscription, and Religious Education in the Late Ottoman Empire," *International Journal of Middle East Studies*, 38(2), 2006, pp. 283-301.

（31）例えば、インドにおいては、一八六七年に創立したデーオバンド学院が改革マドラサの嚆矢となり、各地にデーオバンド学派のマドラサが各地につくられた。ハディースと法学を重視したこの学院では、学年制や試験制度が導入されたほか、教育言語としてウルドゥ語が採用された。B. D. Metcalf, *Islamic Revival in British India: Deoband, 1860-1900*, Princeton, 1982, chap. 3; Zaman, *Ulama in Contemporary Islam*, chap. 3.

（32）秋葉「二つの学校制度」四八～四九頁。マドラサと新式学校双方で学んだ人々の中から、のちに近代主義的立場からイスラーム改革論を唱える者も現れた。新井政美「オスマン帝国におけるイスラム改革主義の展開——*İslâm Mecuması* を中心として」『東洋史研究』四五巻三号、一九八一年、八～一〇頁。

（33）J. Akiba, "A New School for Qadis: Education of Sharia Judges in the Late Ottoman Empire," *Turcica*, 35, 2003, pp. 125-163. マドラサ教育と異なり、この学校は卒業生に対して機関として証書を与えた。

（34）以下、第二次立憲政期のマドラサ改革については、H. Atay, *Osmanlılarda Yüksek Din Eğitimi*, İstanbul, 1983, pp. 214-334; A. Bein, *Ottoman Ulema, Turkish Republic: Agents of Change and Guardians of Tradition*, Stanford, 2011, Chap. 4.

（35）この点については、第9章（藤波）も参照。

（36）*Türkiye Diyanet Vakfı İslâm Ansiklopedisi*, İstanbul, 1988-, Vol. 15, pp. 336-337, s.v. "Halim Sabit Şibay"（A. Bilinci and T. Çavdar）.

（37）なお、日本語、英語の概説書などでは、一九一七年にマドラサが教育省管轄下に置かれたと記されていることがあるが、それは計画のみであって、実現はされなかった。

（38）新井「イスラム改革主義の展開」参照。上述のハリム・サービトもギョカルプとともに「社会的法源論」を唱えた。

（39）新井政美編著『イスラムと近代化——共和国トルコの苦闘』講談社、二〇一三年。ライクリッキとは、フランス語 laïque（俗人の、世俗の）からの借用語 laik から派生した名詞で、フランスにおける「ライシテ laïcité」に対応する概念である。

（40）Zaman, *Ulama in the Contemporary Islam*, chap. 3.

第2章　スーフィズムの知と実践の変容
――エジプトの事例から

高橋　圭

はじめに

カイロで見ることのできる最も興味深い夜の景色のいくつかは、ムスリム暦の三月に祝われる預言者の祝祭と呼ばれるものの期間に［現れる］。この祝祭に参加することなくして、エジプト文明の風変わりな有様やエジプト人の思考と我々の間の驚くべき違いについて、正しい概念を持つことはほとんど不可能である。エズベキーヤ広場を一時間ほど歩きまわれば、強い政府、憲法、実験学校、鉄道やその他の種類のものを通して、数年のうちに東洋人をヨーロッパ化しようと夢見ている慈善家たちの目を開かせることができるだろう。

エズベキーヤはカイロのハイド・パークであり、広い庭園からなり、［その中を］小道が横断し、アカシアやイチジクの街道や大通りで囲まれている。ヨーロッパの主要なホテル［が広場］を見下ろし、この場所のすべてのヨーロッパ人はその周囲に住んでいる。ムスリムたちが、それを嘲り笑うことを［自らも］理解している数千の眼前で彼らの最も奇妙な儀礼のいくつかを祝い続けているという事実は、彼らが外部の影響を受け付けないことを示しているように見える。[1]

一九世紀半ばにカイロを訪れたイギリス人旅行家のセント・ジョンは、当時西洋風の庭園が整備され、外国人向けのホテルが立ち並んでいたエズベキーヤ広場で、イスラームの伝統的な祝祭が開催されている現実を目の当たりにした驚きをこのように述べている。

「預言者の祝祭」とは預言者ムハンマドの生誕を祝う祝祭であり、カイロでは長らくこの広場で開催されるのが習わしであった。この祝祭では支配層や名士たちの後援のもとでさまざまな催しが開かれたが、とくにセント・ジョンが「最も奇妙な儀礼」と呼んだスーフィーたちの独特な儀礼はその目玉であった。会場に集まったスーフィーたちは、身体を前後や左右に揺らしながらひたすら神の名を連祷するズィクルと呼ばれる儀礼や、旗を持って練り歩くザッファと呼ばれる行進を観衆に披露した。ズィクルでは時に忘我状態に陥って錯乱した姿を晒す者がおり、またザッファには身体に刃物を突き刺したり、毒蛇、ガラス、燃える石炭などを飲み込んだりといった過激な行為を行うスーフィーたちの姿も見られた。

その中でも当時とくに人々の目をくぎ付けにしたのはダウサと呼ばれる儀礼であった。サアディー教団が行っていたダウサは、うつぶせの状態で一列に並んだ信徒たちの上を教団の導師が馬で踏みつけながら歩くという儀礼であり、導師が神によって与えられた聖なる力によって誰一人傷つくことがないと信じられていた。そしてこの儀礼は奇蹟を目の当たりにできる機会としてムスリム住民たちに熱狂をもって迎えられていたのである。[2]

一般に「イスラーム神秘主義」という訳語があてられるスーフィズムは、もっぱら一部の神秘家たちのみが追求する特異な――そしてそれゆえマージナルな――信仰の一様式とみなされることもあるが、実際にはより幅広い信仰・知・実践を内包する宗教伝統であり、少なくとも前近代のムスリム社会では為政者から下層民に至る幅広い社会層に受容されていた。その知には神秘思想に加えて倫理学としての側面があり、論理的・経験的な知である学知《イルム》を補完する内面《バーティン》の知としてスンナ派宗教諸学の一端を成していた。また、その実践を担ったスーフィー教団は単なる修行の場に留まらず、ムスリム住民の生活儀礼の場として、また教育の場として、あるいは娯楽や祝祭の提供者として、さらには時に政治・社会運動の担い手にもなるなど、さまざまな社会的役割を果たした。そして、エジプト社会の中では、一九世紀のメフメト・アリ（ムハンマド・アリー）政権下で一連の改革が着手されてからも、スーフィズムは長らくその宗教伝統として正統性を保持し、また教団がその社会的役割を喪失することはなかったのである。

　さて、依然として繁栄を享受し続けるスーフィーたちの姿を見たヨーロッパ人の多くは、その要因をムスリム社会の硬直性に求め、このような伝統を近代社会に抗してしぶとく残存する因習の一つとみ

図2-1　ダウサ

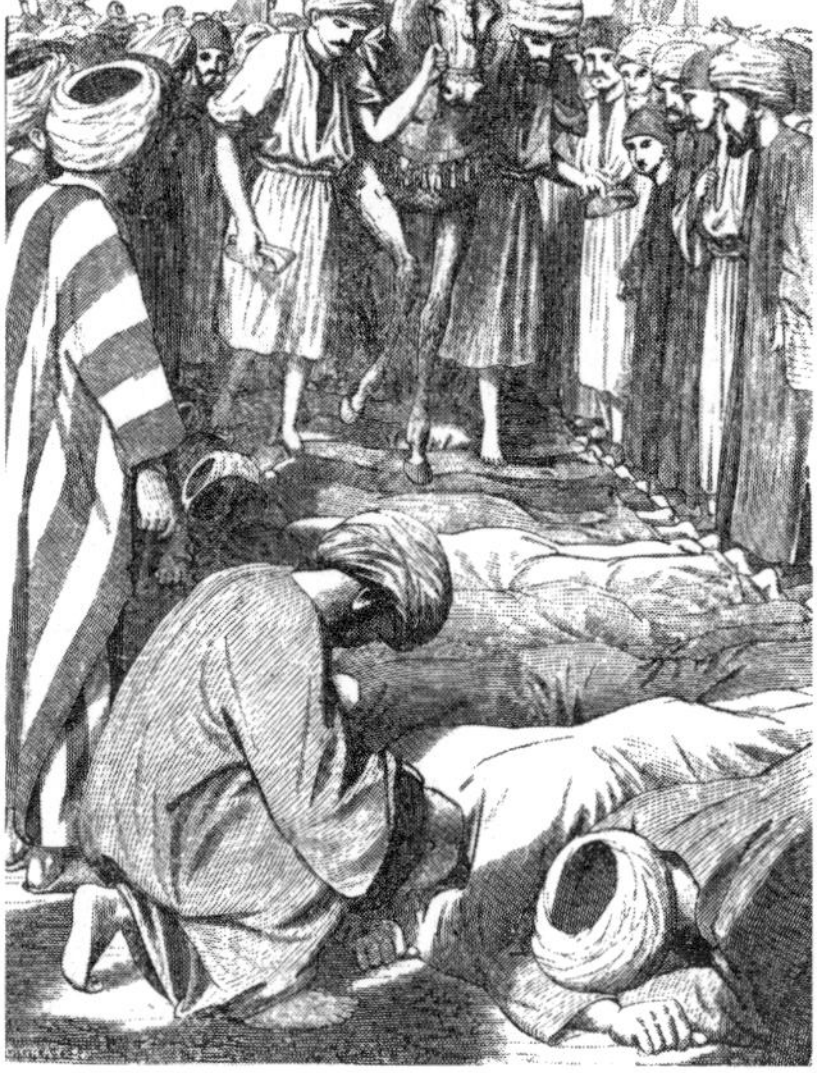

出典：E. W. Lane, *An Account of the Manners and Customs of the Modern Egyptians,* reprint, Cairo & New York, 2003, p. 452 (reprint of 5th ed., London, 1860).

なした。しかし実際にはこの「因習」の存続・繁栄は他ならぬメフメト・アリ政権の導入した新しい統治システムに支えられたものであり、また新しい統治システムは同時にその様式そのものを変革させてもいたのである。

それでは新政権の統治はいかにしてスーフィズムの存続を支え、また同時にそれを変革していったのだろうか。本章では、メフメト・アリ政権の対教団政策に焦点を当て、また、従来教団と密接な関わりを持ち、新政権下で同様の変革を経験したエジプト最大のマドラサの一つ、アズハル学院の展開にも目を配りながら、一九世紀を通じたスーフィー教団変革の過程をたどってみたい。

第1節　スーフィズムの知と実践

エジプト社会とスーフィズム

本論に入る前に、まずはスーフィズムの担う知と実践の内容と、それが一八世紀までのエジプト社会で果たしてきた役割を概観したい。冒頭で述べたように、スーフィズムは神秘主義に留まらず、より広く内面的な信仰の追求をテーマとして形成された宗教伝統と定義することができる。神との合一体験を核とする神秘主義運動として出発しながらも、スンナ派信仰の一つの様式として確立する中で、スーフィズムは宗教規範に込められた神意を探る知的営為と位置付けられ、したがって学知とは対立するものではなく、むしろそれを補完する知の体系としてその正統性を認められることになる。

神との合一体験を希求するスーフィーたちは、特定の人物を導師《シャイフ》と仰ぎ、その指導のもとで修行を行うことになる。この修行では禁欲を主体とするさまざまな行《ぎょう》をこなすことで修行者の魂を浄化することが目指されたが、このような「禁欲」や「魂の浄化」というテーマはスーフィズムが倫理学として展開する下地ともなった。また、修行の方法が体系化されてゆく過程で、特定の導師を開祖と仰ぎ、その方法論を継承しながら修行を行うスーフィーたちの流派とその共同体が誕生することになる。この流派・共同体をスーフィー教団（タリーカ）と呼ぶ。スーフィズムが単なる知的営為を超えた大衆的な信仰として確立する上で、教団の果たした役割は非常に重要である。間もなく教団には修行者のみならず一般の信徒も参加し、その拠点である修行場は地域社会の中で人々の日々の信仰生活を支える場となった。この大衆化を支えたのは、教団の導師を、修行の師というよりは、神に選ばれた聖者と見なし、彼らがもたらす恩寵や奇蹟に現世での利益や来世での救済を期待する民衆の側の信仰であった。この信仰形態をここでは聖者崇敬と呼ぶ。

一方ムスリム政権は、その支配の宗教的正統性を示し、ムスリム臣民統治の円滑化を図る手段として、人々の崇敬を集めるスーフィーたちの保護・支援を進めた。オスマン帝国も例外ではなく、スルタンをはじめとする支配層は修行場の寄進や教団への経済支援などを通じてこれを保護した。

一八世紀のエジプト社会では、教団は、街区、村落、ギルドなどとともに社会的結合の場の一つとしての役割を果たした。教団の修行場の多くは、モスク、マドラサ、そして教団の開祖や歴代の導師たちの墓廟（聖者廟）などを併設した複合施設を成し、地域住民の宗教実践や生活儀礼を担った。またウラマーも教団に所属して修行を行ったり儀礼に参加したりすることが常態となっていた。史料的裏付けは弱いものの、一説では一八世紀にはエジプトのムスリム住民のほとんど全員が何らかの教団に加入していたとも言われる(3)。

エジプト社会における教団の繁栄は聖者崇敬に支えられていた。一般信徒たちは、スーフィーたちを神から特別な恩寵を与えられた聖者として崇敬し、彼らが持つと信じられた聖なる力に引きつけられたのである。修行場に併設された聖者廟は、そこに眠る過去の導師たちへの祈願を行う住民たちの参詣地となり、また聖者の誕生日を祝して開催される聖者生誕祭《マウリド》は地域の「祭り」として活況を呈した。なかでも預言者ムハンマドは、預言者であると同時にムスリム聖者たちを代表する存在であり、その生誕祭はエジプトのみならずイスラーム世界全土で盛大に祝われた。カイロの預言者生誕祭は、支配者から下層民に至るあらゆる社会層の人々が一堂に会する国家的祝祭であり、政権がその支配の宗教的正統性を知らしめる場として政治的にも重要な意味を持った。

一方スーフィーたちにとっては、聖者生誕祭は自らの聖性を印象付け、教団の存在感を示す絶好の機会であった。ダウサをはじめとする「過激な」スーフィー儀礼は、彼らのもつ聖なる力を人々に誇示する演出の一つであったと考えることができる。

なお、こうしたスーフィー儀礼を宗教規範の観点からは認められない逸脱的な実践として批判的にとらえる見解もまた見られた。そして、時にこうした批判が聖典への回帰を訴える宗教純化運動へと発展することもあった。しかしながら、そこで問題となったのはもっぱら特定の行為の違法性に留まり、これがスーフィズムや教団そのものに対する批判につながることはまれであった。むしろ、こうした宗教純化運動の多くは実際にはスーフィーたちが主体となって展開された場合が多く、その点でこれはスーフィズムに対する批判というよりは、より内省的な性格を持つスーフィズム改革運動として理解すべき現象であった。

スーフィー教育

教団が社会の中で担った重要な役割の一つが教育である。一般にイスラーム教育はマドラサが担うウラマー養成のための教育であったと説明されるが、スーフィー教育はウラマー教育と関わりつつも、より広い社会層へ及んでいたことが特徴的である。

スーフィズムの「教育」とは一義的には「修行」を指し、これは前述のように「魂の浄化」をテーマとして、修行者が導師の監督のもとで禁欲的な生活や倫理的な言行の実践に励む形をとった。いわばスーフィズムの修行には倫理教育という性格があり、その点でスーフィー教育は、いわゆる神秘家たちだけでなく、ムスリムとしての模範的な生き方を追求する敬虔な一般信徒たちにも開かれたものであった。

他方こうした実践を知的側面から支えたのが、スーフィー思想家たちによって著された祈祷書、思想書、倫理書、聖者伝、神秘詩といった一連のスーフィー文学であり、その学習も修行の一環を成していた。さらに、スーフィズムの知はウラマーが備えるべき教養の一部としても扱われていた。例えばカイロのアズハル学院では、スーフィー文学もテクストとして読まれていたことが知られている[4]。

なお、一八世紀のアズハル学院では、宗教諸学のみならず、算数、代数、幾何学、天文学、哲学、音楽、医学といった非宗教系の学問も教授されており[5]、したがってこの学院は必ずしもイスラームの学知の学習のみに特化した教育機関ではなかった。その実態は不明であるが、おそらく他のマドラサでも同様の教育が行われていたと推測することができる。一八世紀のウラマーは宗教諸学以外にもさまざまな学問的素養を身に付けた教養人であった[6]。

また、スーフィーたちは、倫理教育や教養教育に加えて、非学識者を対象とするより基礎的な教育の担い手でもあった。近年のエジプト社会史研究では、学識者と非学識者の世界は、エリート対民衆といった図式で断絶していたわけではなく、そこには連続性が見られたことが指摘され、とくにそこで両者を接合させていたのがスーフィーたちであったとしている。例えばG・ドゥラノウは、「ウラマー」と括られる人々の中にその学識の程度に応じた階層性があったことを指摘しているが、その中で一定の教育を受けつつもマドラサの教師になるには至らず、また宗教書を読む能力はあるが自らものを書くことのない人々を[7]「準学識者 semi-lettrés」と呼び、無名のスーフィーたちがこのカテゴリーに含まれるとしている[8]。またN・ハンナは、修行場が、そこに集まる農民、職人、商人といった非学識者たちの基礎的な識字教育や宗教教育の場として機能していたとする[9]。

以上、スーフィー教団が一八世紀のエジプト社会で担っていた役割をまとめれば、それは、学識者と非学識者がともに参加する宗教実践や教育の場を提供することで、両者の世界をつなぐ媒介者としての役割を果たしていたことにあったと言えるだろう。

帝国のエジプト統治と宗教制度

エジプトは一五一七年にオスマン帝国支配に組み込まれ、以後形式上は一九一四年にイギリスの保護国となるまでその属州の地位にあった。この間帝国のエジプト支配は必ずしも安定を享受していたわけではないが、少なくとも一九世紀に入るまでは、他の属州と同様、通常一年の任期で中央から派遣された総督が、在地の政治勢力と駆け引きをしながらエジプトを統治する体制が維持された。

ここでは帝国統治の観点から、教団を含むエジプトの宗教制度全般の特徴を概観してみたい。第1章で述べられたように、オスマン帝国ではウラマー官僚の養成を担う機関として体系的・組織的なマドラサ制度が整備されたが、エジプトのマドラサはこの制度には組み込まれていなかったことが特徴的である。在地のウラマーは、その一部には地方都市等のカーディー職への登用の道も開かれていたが、大部分は在野で教師やムフティーとして活動を行っていた。同じく教団についても、それらを包括するような公的な制度は存在しなかった。総じて、この時期のエジプトの宗教的な権威や地位は、それが担う知識や聖性とともに師弟関係を通じて「継承」されるものという理解があり、基本的には制度によってではなく社会的な認知によって保証されるものであったと言えるだろう。

ただし、在地のウラマーやスーフィーが担う公的な宗教職も存在していた。なかでも一八世紀には、ハナフィー派、マーリク派、シャーフィイー派の三つの法学派の代表ムフティー、アズハル学院長、バクリー家家長、サーダート家家長といった職が総督の任命を受け、王庫から俸給も支給される公的な宗教職であり、帝国中央から派遣された大カーディーとともに総督の御前会議《ディーワーン》のメンバーを構成していた。

彼らはいわばエジプト在地社会の名士たちであり、こうした職に付随するワクフ財源への権益を通じて教団やマドラサの運営に一定の影響力を行使することができたほか、その宗教的な権威を背景に、しばしばムスリム住民、在地の政治勢力、オスマン官僚との間の調整役として政治的な影響力を持った。しかしながら、彼らの権威もまた基本的には社会的な承認によって保証されるものであり、またその職権の及ぶ範囲は限られていた。

例えばアズハル学院長は、名目上はアズハル学院のウラマーの頂点に君臨する職であったが、学院全体の運営権を掌握していたわけではなく、学院内部では法学派や学寮ごとの自立性が高かった。またアズハル学院長が他のマドラサの運営に介入することもなかった。[10] 一方バクリー家とサーダート家はそれぞれバクリー教団とワファーイー教団を率いるスーフィー導師の一族であり、前者はカイロの預言者生誕祭を、後者はフサインの生誕祭を代々取り仕切る立場にあったことから、こうした祝祭に参加する教団に対して一定の影響力を持っていた。[11] しかしながら、彼らに期待されたのは教団間の利害の調整役としての役割であり、教団を支配する権力を持っていたわけではなかった。[12]

第2節　宗教統制とスーフィー教団領域の形成

メフメト・アリ体制と教団管理制度

フランス占領を経て一八〇五年に総督に就任したメフメト・アリ（一八四九年没）のもとでエジプトの統治体制は大きな転換を迎えることになった。熾烈な権力闘争に勝利し、競合する政治勢力の排除に成功したメフメト・アリは中央集権支配体制を確立する。従来の徴税請負制度は廃止され、地方の直接支配を担うための行政機構も徐々に整備されてゆく。エジプトはあくまでも帝国の属州の地位に留まったが、一八四〇年のロンドン条約で総督位の世襲が認められたことで、メフメト・アリ一族は事実上の君主として国内で独自の政策を展開する一定の裁量権を与えられることになる。その後も歴代の総督は帝国政府と交渉を通じてこの裁量権の拡大に努め、一八六七年には「副王《ヘディーヴ》」の称号とともに大幅な自治権を獲得することに成功した。

メフメト・アリの改革は、一八世紀末に始まるオスマン帝国の軍制改革を範として開始され、まもなくその集権的な統治体制を支えるため、司法、行政、教育といったさまざまな分野への西洋式制度の導入という形で進められた。教育面では、一八二〇年の士官学校創設を皮切りに、医学校（一八二七年）、工科学校（一八三四年）、語学学校（一八三五年）といった各種専門学校が整備され、新体制を担う人材の養成が目指された。

他方マドラサや教団といった既存の宗教制度に対しても一九世紀を通じて政権による統制が図られた。そしてその結果、それらもまた大きな変革を経験することになる。なかでも教団は最も早い時期から統制が進められた分野であり、これは新政権発足から七年後、新式軍隊の編成に始まる一連の改革に先駆けて取り組まれたものである。

メフメト・アリの教団統制策は、バクリー家家長を頂点とする統制制度の整備という形で展開された。この制度を教団管理制度と呼ぶことにしよう。教団管理制度は一八一二年に導入され、一八九五年の法制化（教団法）まで一世紀近くをかけて確立した制度である。

バクリー家はスーフィー導師の有力家系であり、その家長職は原則的に世襲であったが、第1節で述べたように、形式上は総督の任命を受ける公職であった。そして、教団管理制度は、この総督による家長任命の慣行の中から誕生した制度であった。一八一二年に先代の家長が亡くなり、その息子ムハンマドが後継者として新家長に就任することになったが、その際に発布された任命令の中で、バクリー家家長が「スーフィーの集団、すべてのテッケ、ザーウィヤ、聖者廟」に対する監督権を有することが宣言された[13]。すなわち、この職は単なる有力家系の家長職に留まらず、教団とその施設を統括する行政権を持つ官職とされ、ここにバクリー家家長を頂点とする教団管理制度が成立することになったのである。

今や行政官となったバクリー家家長には、国内の教団やその施設の人事・財政・活動場所を監督する権限が与えられた[14]。まず人事面では、各教団の導師や施設の管理者の任命権がバクリー家家長の掌握するところとなった。財政面では、教団や施設の運営資金（大部分がワクフ財源からの収益）の受け取りがバクリー家家長を介してなされることとなる。そして、ある地域に複数の教団が存在し公の場で活動を行う際には、その活動の優先権を差配する権限がバクリー家家長に与えられた。

では教団管理制度は具体的にどのくらいの数の教団を統括していたのだろうか。現在確認することのできる最も早い時期の情報は一八四〇年代のものであるが、そこでは二〇の教団がその傘下にあり、またそこにはエジプトを代表する大規模な教団のほぼすべてが含まれている。そしてその数は一八七〇年代には二九、一八八〇年代には四〇にまで増加した[15]。果たしてこの数が全体の何割に相当するのかは、そもそも当時エジプトで活動を行っていた教団の総数が明らかでないため不明であるが、少なくともカイロや主要都市に拠点を置いて活動をしていた教団は、その大部分がこの制度に組み込まれていたと考えることができるだろう。

教団の領域化

教団管理制度は、基本的にはバクリー家家長が従来から保持していた宗教的な権威や公職としての性格を継承した制度であったが、ここでこの一族に教団を支配する権力が与えられたことの意味は大きい。そしてこの新しい権力の下で教団の社会的位置づけもまた変化することになった。

その変化とは、一言で言えば、管理制度を通じて教団が独特な知と実践を担う特異な社会集団として対象化されていったことにある。この現象をここでは「スーフィー教団の領域化」と呼ぶことにしたい。教団管理制度の大きな特徴は、そこでバクリー家家長に教団に対する排他的な監督権が与えられた点にある。このような権限が与えられた背景には、同じく教団に対して強い影響力を持っていたサーダート家家長や、その多くがスーフィーであり教団と密接に関わっていたウラマーの力を相対的に低下させるというメフメト・アリの政治的意図があったと説明されるが、いずれにせよこの制度によって教団に関わるさまざまな実践が、バクリー家家長のもとで一元的に管理されることになったことが重要である。

これを如実に示すのが、一八四七年にアズハル学院長の就任にあたってバクリー家家長と新学院長との間で結ばれた協約である。この協約では、教団やその施設の監督権がバクリー家家長に属するものであり、アズハル学院長の干渉が認められないことが確認された[16]。この協約の重要な点は、ここで少なくとも理念上はバクリー家家長の行政権の及ぶ範囲として、ウラマーの干渉を排した独特な知と実践を担うスーフィー教団固有の領域が形成されたことにある。すなわち、ウラマーとスーフィーが互いに異なる知と実践を担う別のカテゴリーに分類されることになったのである。

無論この協約がそのまま両者の現実でのつながりを断ち切る結果をもたらしたとは考えにくいが、以下に述べる学知の領域化と合わせて、スーフィー教団の領域化が、一九世紀末までには多くの知識人たちが内在化することになる、いわゆるウラマーとスーフィーを対立的にとらえるイスラーム認識の制度的根拠の一つとなったことは確かであろう。

アズハル教育制度改革

教団管理制度がスーフィー教団の領域化をもたらす中で、そこから排除されたアズハル学院にも一九世紀を通じて制度的な変革が見られ、その結果この学院でも、教団と同様に、そこで担われる知の領域化という現象が生じることになった。

この時期、アズハル学院では教育制度の改革が試みられたが、これも端的にはメフメト・アリの政策とそれによって生じた社会変容が引き金になって取り組まれたものであった[17]。まず、一連の新政策実施の資金源確保のためにメフメト・アリが断行したワクフ地の没収は、これを財源としていた宗教施設の運営に大きな影響を与えたが、なかでも小規模のマドラサはこの措置で資金難に陥り次々と閉鎖する状況に追い込まれた。他方これに持ちこたえたアズハル学院をはじめとする大規模なマドラサには、閉鎖されたマドラサの教授や学生が大量に流入することになる。加えて、メフメト・アリの新式軍隊と公共事業を支えた徴兵と強制賦役は、これを課された農民たちのカイロへの逃亡という事態を招いたが、マドラサの教授や学生がこうした義務から免除されていたことから、大勢の農民たちが「学生」としてアズハル学院に避難することになる。

いわばメフメト・アリの改革の副産物として、一九世紀にはアズハル学院の学生数が急増したが、これは学院の財政を逼迫させ、また人口の過密化による学寮の住環境の劣悪化とそれに起因する伝染病の蔓延や待遇改善を求める学生暴動の発生を促すことになる。

また教育内容については、第1節で述べたように従来アズハル学院では宗教諸学以外の学問も教授されていたが、一九世紀には学院内でこうした非宗教系の学問を学ぶ意義が相対的に低下する現象も見られた。そしてその要因もまたメフメト・アリの教育改革に求めることができる。すなわち、彼の創設した新しい学校が非宗教系の学問を担い、またそうした学校では西洋式の規律型の教授法が採用され、より短期間で学習を終えることが可能

図 2-2　アズハル学院

高橋圭撮影（2005 年）。

であったことから、非宗教系の学問の学習を志す学生たちは、アズハル学院ではなく新しい学校に入学するようになっていったのである。

アズハル学院の教育制度改革は、一九世紀に入って学院が直面することになったこうした諸問題の解決を図るため、紆余曲折を経ながらも学院内のウラマー自身によって推し進められたものであった。その最初の試みが一八六五年の改革法案であり、当時の学院長の先導で卒業試験の導入や選択科目として幾何学、物理、音楽、歴史のカリキュラム化が試みられた。ただしこの改革案自体は学院内で賛同を得ることができず棄却され、最終的に学院のウラマーたちの承認を得て制定されたのが一八七二年の試験法である。試験法では卒業試験による成績評価の制度が導入されたが、これは学院に紛れ込んでいた偽学生たちの排除を念頭に置いたものであり、大多数のウラマーによって好意的に迎えられた。

試験制度の導入はマドラサ教育に西洋モデルの規律型教授法が適用された初の事例として重要であり、一見するとこれは学院の近代的教育機関への変革の第一歩と評価されるかもしれない。しかし実際には、むしろこれはその伝統的な教育機関としての性格を強める結果をもたらした。試験法では一一の宗教科目が試験科目に設定されたが、このことは学生が卒業するために必要な科目がこの一一の科目に限定されたことを意味するものであった[18]。それまで学院では非宗教系の科目やあるいはスーフィズム関係の科目も教授されていたが、以後これらは卒業に必要のない科目として学院内で学ぶ意義が著しく低下することになったのである。学院内での非宗教系科目の学習意義の低下は、すでに述べたように、西洋式学校の整備によって徐々に進行していたが、試験法がこれを決定づけ、以後アズハル学院はイスラームの学知のみに特化した教育機関へと変質して行くことになる。教団管理制度がスーフィーたちの担う知を、学知を排除した「非学識者の知」として領域化する役割を果たしたとするならば、アズハル学院の教育制度改革は、逆にウラマーたちの担う知を学知だけに限定する結果をもたらしたと言えるだろう。

以上、教団管理制度とアズハル学院の教育制度改革は、両者を制度的に分離させ、それぞれの制度の担う知と実践を峻別する結果をもたらすことになった。そして、このような領域の分化により、アズハル学院は学知に特化した教育機関としての性格を強め、逆に教団は学知とは異なる独特な知と実践を担う社会集団として対象化されることになったと考えられる。その結果、教団は、それが従来担ってきた学識者と非学識者をつなぐ宗教実践や教育の場という役割を理念上喪失し、その後イスラーム改革主義者たちによって「民間信仰」や「迷信」という言葉で呼ばれることになる、非学識者たちの知・実践をもっぱら担う存在と位置づけられることになったと言えるだろう。

第３節　イスラーム改革運動とスーフィー教団批判

スーフィズム繁栄の時代

教団の統制が、新政権で採用された新しい統治技術に支えられたものであったことは疑いのない事実である。しかしながら、統制そのものは、必ずしも教団を近代的な制度へと変革させることを意図して進められたものではなかった。むしろその主眼は、政権の管理のもとでその従来の役割や権益を保護することにあったと見ることができる。総督たちは教団への経済的な支援を継続し、またその活動内容には長らく干渉することはなかった。

この点で、新政権の対教団政策は一八世紀以前の政権の政策を基本的には踏襲したものであった。すなわち、新しい統治体制をしいたメフメト・アリ政権も依然として支配の宗教的正統性を示す必要があり、教団の保護はそのための有効な手段であり続けたのである。そして、カイロの預言者生誕祭は、このような政権と教団との協力関係を顕在化させる重要な場の一つであった。預言者生誕祭の最大の見物は、何と言っても本章冒頭でも紹介したサアディー教団のダウサであったが、ダウサを終えた教団導師はそのまま総督への挨拶に出向くことも習しとなっていた[19]。これは奇蹟を行うスーフィー聖者とそれを保護する敬虔な君主という構図で、政権の聖性を表現する政治的な儀礼であったと解釈することができる。

一方ムスリム民衆にとっても、スーフィー聖者の奇蹟は一九世紀を通じて――そしておそらくはその後も長らく――彼らの信仰の拠り所であり続けた。後述のように、ダウサは一八八一年の預言者生誕祭をもって廃止されることになったが、この措置には反発も強く、その後もサアディー教団導師の足元に勝手に身を投げ出す信徒たちの姿が見られた。また地方で行われる聖者生誕祭の取り締まりはおそらく徹底しておらず、現在に至るまでこの儀礼が半ば公然と行われているという報告もある[20]。

また教団管理制度そのものが、教団の統制に加えて、傘下にある教団の既得権益を保護する役割を担ったことも重要である。管理制度への参加は強制ではなく、教団導師たちの自発的な参加が原則であったが、導師たちにとっては、自らの教団内での地位を確固たるものとし、また公の場での教団活動が政府のお墨付きを得て保証される点がこの制度に参加する最大の利点であったと考えられる。

以上、教団は、新しい制度と「棲み分け」をしながら、政権の保護下でその伝統的な役割を維持し続けたと言えるが、それだけではなく近代の技術革新や産業化が教団活動のさらなる活発化を促した例も確認できる。

例えば、鉄道や蒸気船に代表される交通技術の発達は聖者廟への参詣者数の増加をもたらした。そして増え続ける参詣者に対応するために、政権は主要な聖者廟の大規模な増改築にも取り組むことになる。例えばフサイン廟を併設するカイロのフサイン・モスクへの参詣者の増加に対しては、まずアッバース一世（在任一八四八～五四年）が周辺の土地を購入してモスクの敷地を拡大する措置で対応し、その後イスマイル（在位一八六七～七九年）の治世下でその大規模な改築と敷地の拡大がなされ、このモスク／廟は眼前に広場を臨むオスマン様式の建造物へと姿を変えることになった[21]。同様に、エジプトを代表するスーフィー聖者であるアフマド・バダウィーの廟があるタンターのアフマディー・モスクについても、アッバース一世期以降改築・拡張工事が繰り返され、最終的に一九〇二年に二本の長いミナレットを持つ現在の巨大な建物が完成した[22]。なおタンターはこの廟の門前町として発展した町であるが、一九世紀には商品作物として導入された綿花の集積地として国際的な商業都市へと変貌した。そして、このようなタンターの商業的な発展もまたアフマド・バダウィー参詣のさらなる盛況を促す一因となったのである[23]。

スーフィー教団批判

一九世紀のとくに後半になると、各地で教団の現状に対する批判の声が高まるようになる。こうした教団批判は、基本的には教団の担う知と実践の逸脱性を教義的な観点から批判する形式を取り、その点で前近代から散発的に行われてきたスーフィズム改革運動の系譜を引き継いだ運動であったとみなすことができる。とくに一七、一八世紀は帝国内外でスーフィーが主体となった宗教純化運動の盛り上がりが見られた時代であり、またこの運動の中からはシャリーアの遵守を掲げる新興教団が現れ急速に教勢を拡大する現象も見られた。なかでもよく知られるのが、インドの改革派スーフィー・アフマド・スィルヒンディー（一六二四年没）を開祖とする、ナクシュバンディー系ムジャッディディー教団であり、間もなくオスマン帝国にもたらされたこの教団は、主にウラマーや官僚の間に支持者を獲得しながら帝国各地に根を下ろすことに成功する。そして、一九世紀にはこの教団から生まれたハーリディー教団を介してスーフィズム改革の思想が継承され、これが一九世紀後半に教団批判を牽引するイスラーム改革運動の思想的な基盤となったとされている。[24]

他方で、一九世紀後半の教団批判には、このような内発的な改革運動という側面に留まらず、帝国主義という新たな現実に対する為政者や知識人たちの強い危機意識が反映されていたことも忘れてはならない。すなわち、政治的文脈から見ると、この時期の教団批判は、オスマン帝国が西洋列強への従属を深める中で、その分裂を食い止めて再統合を果たし、帝国の自立を模索する状況下で立ち現れた運動であったと解釈することができる。この状況下で、教団に対しては、それが潜在的に持つ大衆動員力への期待がむしろ高まる一方、逆にそれが担う知や実践が帝国の近代性を脅かすものであるとする認識がもたれるようになる。

この時期、帝国の統合と自立の試みの一つは一般に汎イスラーム主義と呼ばれるイデオロギーのもと、帝国内外のムスリムの、スルタンのもとでの連帯の呼びかけという形を取った。アブデュルハミト二世はその政策の一環として各地のスーフィーたちを積極的に支援して彼らとの結びつきを強化し、また教団を彼のさまざまな政治工作の道具として利用しようと試みた。一八世紀以降スーフィズム改革運動を牽引してきた新興教団の躍進を見れば、教団への注目はあながち的外れなものであったとは言えないだろう。スルタンはとくにアラブ属州との連携を重視し、エジプトを含むアラブ地域で活動する教団はその恩恵を被った。[25]エジプト国内のいくつかの教団の導師にはスルタンから手厚い支援がなされたほか、当時のバクリー家家長ムハンマド・タウフィーク・バクリーはスルタンからの経済的支援に加えてカザスケル位を与えられるなど異例とも言える厚遇を受けた。[26]

同時に、オスマン帝国が近代国家としての体裁を整えていることを西洋列強に示すうえで、西洋から見て「非文明的」と評価される実践を――少なくとも西洋人の視界からは――払拭する必要もあった。そしてそのような「非文明的」な実践の一つとして問題視されたのがスーフィーの逸脱的な儀礼であった。スーフィー儀礼は東洋の珍しい儀礼の一つとして西洋人の好奇心を刺激し、帝国内だけでなく、海外でも、例えば万国博覧会などでその実演が行われたりしたが、帝国政府はこれが帝国のイメージダウンにつながるものとして、その排除を進めることになる(27)。

同様の期待と批判はエジプトの為政者や知識人たちの間にも共有されていた。エジプトは一八七六年の国家財政の破綻により列強の事実上の経済的植民地へと転落し、その経済支配と内政干渉に対する抵抗運動であったウラービー運動の挫折を経て、一八八二年からはイギリスの軍事占領下に置かれることになる。この状況下で、教団の「問題」は、エジプトの独立という政治的課題との関わりで注目されることになる。

一八八一年のダウサ禁止令は、教団の活動内容にまで踏み込んだ統制の初めての試みとして重要である。この禁止令はとくにカイロの預言者生誕祭でのスーフィーの活動を対象とした措置であり、ダウサをはじめ、スーフィーたちが公開で行っていたさまざまな儀礼がそこで禁止されることになった。またこの年をもって、預言者生誕祭の会場はエズベキーヤ広場からカイロ郊外のアッバース地区に移された。この禁止令はもっぱら西洋人からの非難に対応したものであり、彼らが「非文明的」と評価する実践をその視界から消し去り、エジプト社会の「近代性」を取り繕うための措置であったと見ることができる(28)。

教団と国民教育

ムスリム知識人内部からの批判は、教団のみならず、マドラサやシャリーア法廷など宗教制度全般の改革を訴えるいわゆるイスラーム改革運動として、エジプトではとくに一八九〇年代に入ってから高まりを見せることになる。そしてこの改革運動は、すでに述べたように思想的にはそれ以前からの内発的な改革運動の系譜を継承しつつも、同時に西洋人の眼差しを強く意識し、エジプトの独立というこの時期の政治的課題に対応した運動でもあった。すなわち、イスラームの改革は、エジプトが近代国家としての体裁を整えてイギリス支配から脱却するための必要条件の一つとみなされ、この観点から、教団やマドラサといった宗教制度は国家の近代性に適合した――あるいは少なくともそれとは抵触しない――形式と内容を備えたものへと変革されなければならなくなったのである。

また、改革主義者たちは、自らの主張の正当性の根拠として、中世以来、教団がもっぱら学知とは無縁の下層民たちの宗教実践を担い、また逆にマドラサの方は、実利的な知識から目をそむけ、宗教科目のみを学ぶ学校であり、いずれも近代の社会変容の中でも変革を経験せずに形骸化していったという言説を提示していた[29]。しかしながら、これまでの本章での議論からは、彼らの提示した教団やマドラサのこうした「伝統的な」特徴が実際には一九世紀に生じた制度的変革を通じて増幅されたものであり、またその社会的役割は近代化によって必ずしも喪失したわけではなく、一面ではむしろ近代の社会変容がその活動の規模を拡大させた側面があったことを指摘することができる。

改革運動の論点はあくまでも教団の改革にあり、これが教団の廃絶論へとつながることはまれであった。実際のところ、改革主義者の多くが教団に参加した経験があり、またその中には現役のスーフィー導師たちも含まれていたのである[30]。そして一部の論者の間では、教団がエジプト社会で果たし得る新たな役割への期待も表明された。彼らは、教団がムスリム住民の生活に密着し彼らに強い影響力を持っている点をむしろ他の制度にはない利点ととらえ、この利点を生かして教団はムスリムのとくに下層民の「教育」を担う場となるべきであると力説した。その教育の具体的な内容は論者によって異なるが、いずれも学校教育を想定していたわけではなく、非学識者のための基礎的な宗教教育や、あるいは倫理教育といった分野が念頭に置かれていた[31]。いわば教団は、マドラサ改革や近代教育制度の導入ではすくいきれない層の教育を担う存在と位置づけられたと言えるだろう。

ただし、改革主義者たちが教団に期待した宗教教育や倫理教育は、そもそも教団が従来から担ってきた分野であり、その点で彼らの主張はあくまでも伝統的なスーフィー教育の再評価と呼べるものであった。むしろこの主張の新しさは、スーフィー教育が国民教育の拡充という文脈で論じられていた点にある。国民教育はナショナリズムの主要テーマとも言えるが、エジプトにおいても、その拡充は国家の自立のための必須条件とみなされ、当時多くの論者がそのための具体的な方策を提示していたのである。改革主義者たちの主張はこうした国民教育を念頭に置いたものであり、事実彼らはしばしば「国民《ウンマ》」という語を用いて、教団による民衆教育の目的が、正しい宗教知識を普及させるだけに留まらず、それを通じて国民の状況の改善が図られる点にあることを強調した。すなわち、教育活動を通じて「国民に奉仕」することこそが、教団の担うべき「新たな」役割であったのである[32]。

おわりに

一九世紀末にエジプトで高まりを見せた教団批判は、一九世紀を通じて教団に生じていた知と実践の領域化を前提に展開された運動であった。この運動を牽引したイスラーム改革主義者たちは、教団をシャリーアによる裏付けのない「迷信」「民間信仰」の担い手とみなし、いわばその「民衆的な」性格を問題としたが、このような教団の性格は、もともとその特徴の一つであったのは確かであるものの、メフメト・アリ政権の統制が教団と学知とのつながりを分断する中で増幅され、また固定化されていったものであったのである。

他方で、宗教的な観点からは問題視されたこの民衆的性格は、イギリスからの独立という政治的課題に照らし合わせればむしろ利点とみなされた。すなわち、教団を民衆教育の場として活用するという改革主義者たちの提案は、独立の主体となる近代国家の建設に動員されるべき「国民」の育成という目標を念頭に置いたものであったと解釈することができる。しかし結果を見れば、その後のエジプトの独立運動の中で教団が目立った活躍を見せることはなかった。国民への奉仕という役割を十分に果たすことができなかった教団に対しては、社会的有用性という観点からも厳しい批判が加えられることになる。

そしてある意味では、改革主義者たちが教団に求めた新たな役割は、二〇世紀に台頭するイスラーム主義運動が担うことになったと考えることもできるかもしれない。とくに一九三〇年代以降に高まりを見せるこの運動は、慈善団体や政治結社といった「新しい」組織を基盤としながら、草の根での教育や社会奉仕活動などを通じて独立運動への大衆の動員に大きな役割を果たしたことが知られている。

イスラーム主義系の「新しい」団体は教団のような「旧い」宗教制度に対しては批判的な立場を取ったが、他方でこの新しい運動に、教団が担ってきた宗教伝統やその社会的役割を継承する側面があったことにも注意を払う必要がある。ムスリム同胞団の創設者ハサン・バンナーがもともとハサーフィー教団に所属し、その後教団メンバーを引き抜く形で誕生した同胞団が、その団体理念の中にスーフィズムを掲げていた事実はこれを裏付ける例の一つと言えるだろう[33]。また逆に教団の側が外部団体として慈善団体を作り、こうした「新しい」組織を通じて社会参加や政治参加を試みていた例も確認することができる。

エジプトの教団にはその後も「迷信」「民間信仰」といった負のイメージがつきまとい、また教団は宗教的にも、また社会的にもマージナルな存在と――少なくとも知識人たちの言説の中では――位置づけられてゆくことになる。しかし同時に、教団が担ってきた宗教伝統が、その表現方法を変化させながらも、現在に至るまで、依然としてイスラームの知と実践の一つの形として人々の生活の中に生き続けていることもまた確かである。

注

(1) B. St. John, *Village Life in Egypt: With Sketches of the Safid*, London, 1852, vol. 1, pp. 141-142.

(2) ダウサについては、D. B. MacDonald, "dawsa," in *The Encyclopaedia of Islam*, CD-ROM edition, Leiden, 2004を参照。なお同様の儀礼はカイロだけでなく、ダマスカスやイスタンブルなどでも行われていた。

(3) M. Winter, *Egyptian Society under Ottoman Rule, 1517–1798*, London/New York, 1992, p. 133; 古林清一「神秘主義教団の実像」佐藤次高編『イスラム――社会のシステム』（講座イスラム 3）筑摩書房、一九八六年、一五一頁。

(4) 一八世紀のアズハル学院で教授されていた学問分野とそこで読まれていたテクストについては、J. Heyworth-Dunne, *An Introduction to the History of Education in Modern Egypt*, London, 1938, pp. 41-65を参照。

(5) 前出の学問分野・テクストの一覧および C. A. Eccel, *Egypt, Islam and Social Change: Al-Azhar in Conflict and Accommodation*, Berlin, 1984, p. 128を参照。

(6) またウラマーの教育の場はマドラサだけでなく、教師が自宅で開くサロン（マジュリス）も同様の役割を果たした。そしてとくにその教師がスーフィー導師でもあった場合などには、こうしたサロンがしばしばスーフィーの修行の場も兼ねた。N. Hanna, *In Praise of Books: A Cultural History of Cairo's Middle Class, Sixteenth to the Eighteenth Century*, Cairo, 2004, pp. 73-75; idem, "Culture in Ottoman Egypt," in M. W. Daly, ed., *The Cambridge History of Egypt*, vol. 2: *Modern Egypt From 1517 to the End of the Twentieth Century*, Cambridge, 2008 (first published 1998), pp. 97-98.

(7) リテラシーにおける「読み」と「書き」の区別については第1章（秋葉）と第4章（佐々木）を参照。

(8) G. Delanoue, *Moralistes et politiques musulmans dans l'Egypte du XIXe siècle (1798-1882)*, Le Caire, 1982, vol. 1, pp. 246-248.

(9) N. Hanna, "Literacy among Artisans and Tradesmen in Ottoman Cairo," C. Woodhead, ed., *The Ottoman World*, London, 2012, pp. 324-326.

(10) 一八世紀のアズハル学院長の職権については D. Crecelius, "The Emergence of the Shaykh al-Azhar as the Pre-eminent Religious

Leader in Egypt," *Colloque international sur l'histoire du Caire*, Le Caire, 1969, pp.112-114 を参照。

（11）フサインは預言者ムハンマドの孫であり、聖者として人々の崇敬の集めてきた。カイロのフサイン・モスクにはその首が埋葬されていると伝えられており、このモスクで毎年開催される彼の生誕祭は、預言者生誕祭と並ぶ大規模な祝祭である。

（12）バクリー家とサーダート家についてはWinter, *Egyptian Society*, pp. 142-146 を参照。

（13）任命令の全文は Muḥammad Tawfīq al-Bakrī, *Bayt al-Ṣiddīq*, al-Qāhira, 1905-06, p. 377（以下 *Bayt al-Ṣiddīq* と略記）を参照。また英訳が F. de Jong, *Ṭuruq and Ṭuruq-linked Institutions in Nineteenth Century Egypt: A Historical Study in Organizational Dimensions of Islamic Mysticism*, Leiden, 1978, pp. 192-193 に収録されている。なお、テッケとザーウィヤはいずれもスーフィーの修行場を指す言葉であるが、エジプトではテッケは主としてトルコ語を母語とするスーフィーの修行場に限定して用いられた。

（14）教団管理制度の運用面の詳細については、de Jong, *Ṭuruq*, pp. 40-95. を参照。

（15）de Jong, *Ṭuruq*, pp. 36-37, 69-70; 'Alī Mubārak, *al-Khiṭaṭ al-Tawfīqiyya al-jadīda li-Miṣr al-Qāhira wa-muduni-hā al-qadīma wa-l-shahīra,* Būlāq, 1969-（first published 1886-89）, vol. 3, pp. 436-437.

（16）この協約の全文は *Bayt al-Ṣiddīq*, p. 43 を、英訳は de Jong, *Ṭuruq*, pp. 194-195 を参照。

（17）アズハル研究には相当の蓄積があるが、さしあたっては Crecelius, "The Emergence of the Shaykh al-Azhar"; B. Dodge, *Al-Azhar: A Millennium of Muslim Learning*, Washington, DC, 1974（first published 1961）; Eccel, *Egypt, Islam and Social Change*; I. F. Gesink, *Islamic Reform and Conservatism: Al-Azhar and the Evolution of Modern Sunni Islam*, London, 2010; Heyworth-Dunne, *An Introduction to the History of Education* などを参照。なお以下のアズハル教育制度改革のまとめはとくに Gesink の議論に拠った。

（18）試験科目に設定された科目は以下のとおりである。クルアーン解釈学、ハディース学、法理論、神学、法学、統語論、語形論、修辞学（三つの下位分野から成る）、論理学。'Alī Mubārak, *Khiṭaṭ*, vol. 4, p. 61.

（19）Butler, *Court Life in Egypt*, London, 1888, p. 44.

（20）A. Le Chatelier, *Les confréries musulmanes du Hedjaz*, Paris, 1887, p. 225; N. H. Biegman, *Egypt: Moulids Saints Sufis*, London, 1990, pp. 161-164; 大塚和夫『近代・イスラームの人類学』東京大学出版会、二〇〇〇年、一六二頁。

（21）'Alī Mubārak, *Khiṭaṭ*, vol. 2, pp. 228-229, vol. 4, p. 184.

（22）C. Mayeur-Jaouen, *Histoire d'un pèlerinage légendaire en Islam: le mouled de Tantâ du XIIIe siècle à nos jours*, Paris, 2004, p. 156.

（23）Ibid., p. 155.

（24）両教団の歴史的展開については、さしあたって I. Weismann, *The Naqshbandiyya: Orthodoxy and Activism in a Worldwide Sufi Tradition*, London, 2007 を参照。

（25）B. Abu-Manneh, “Sultan Abdulhamid II and Shaikh AbulHuda al-Sayyadi,” *Middle Eastern Studies,* 15(2), 1979, pp. 131-153.; S. Deringil, *The Well-Protected Domains: Ideology and the Legitimation of Power in the Ottoman Empire, 1876-1909*, London, 1999, pp. 63-65; J. M. Landau, *The Politics of Pan-Islam: Ideology and Organization*, Oxford, 1990, 48-54. また、第9章も参照。

（26）Zakariyya Sulaymān Bayyūmī, *al-Ṭuruq al-ṣūfiyya bayna al-sāsa wa-l-siyāsa fī Miṣr al-mu‘āṣira: dirāsa tārīkhiyya wa-thaqāfiyya*, al-Qāhira, 1988, p. 100; *Bayt al-Ṣiddīq*, p. 13-16. カザスケル位は、ウラマーのヒエラルキーで第二の地位。

（27）Deringil, *The Well-Protected Domains*, pp. 150-151, 160.

（28）ダウサ禁止については、M. Hatina, “Religious Culture Contested: The Sufi Ritual of Dawsa in Nineteenth-Century Cairo,” *Die Welt des Islams,* 47(1), 2007, pp. 33-62; 大塚『近代・イスラームの人類学』一六六〜一七一頁。高橋圭「近代エジプトにおけるタリーカ批判の転換点——一八八一年ダウサ禁止をめぐる議論から」『オリエント』第五三巻第一号、二〇一〇年、五八〜八一頁を参照。

（29）E.g., Muḥammad Rashīd Riḍā, *Tārīkh al-Ustādh al-Imām al-Shaykh Muḥammad ‘Abduh*, al-Qāhira, 1941, vol. 1, pp. 109-130; id., “Kitāb al-‘ilm wa-l-‘ulamā’ wa-niẓām al-ta‘līm,” *al-Manār*, 7, 1905, pp. 913-916. またアズハル学院批判については Gesink, *Islamic Reform*, pp. 77-82 も参照。

（30）例えば当時バクリー家家長を務めていたムハンマド・タウフィーク・バクリーもまた改革主義者であり、その教団改革の取り組みは一九〇五年の教団内規制定へと結実した。彼の思想については K. Takahashi, “Revaluating *Ṭarīqas* for the Nation of Egypt: Muḥammad Tawfīq al-Bakrī and the *Ṭarīqa* Reform 1895-1905,” *Orient,* 46, 2011, pp. 73-95 を参照。

（31）例えば、Muḥammad Tawfīq al-Bakrī, *al-Ta‘līm wa-l-irshād*, al-Qāhira, 1899-1900, pp. 3-8; ‘Abd Allāh al-Nadīm, *al-A‘dād al-kāmila li-majallat al-Ustādh*, al-Qāhira, 1994, vol. 2, pp. 789-791; Fakhr al-Dīn al-Aḥmadī al-Ẓawāhirī, *al-Siyāsa wa-l-Azhar: min mudhakkirāt Shaykh al-Islām al-Ẓawāhirī*, al-Qāhira, 1945, pp. 141-142, 269-270 などを参照。

（32）'Abd Allāh al-Nadīm, *al-A'dād al-kāmila li-majallat al-Ustādh*, vol. 2, p. 791. なお「ウンマ」とはもともとは宗教に基づく人々の集団や共同体を指す言葉であるが、エジプトでは一九世紀後半以降"nation"に相当する意味でも用いられるようになった。ただし、ここでは「国民」と訳したが、この時期のナショナリズムには、エジプトの独立とオスマン帝国の主権の回復がイスラーム的な連帯意識を媒介に共存しており、そこでは必ずしもエジプト国民国家が想定されていたわけではなかった。

（33）正確には「スーフィー的真理」という表現が用いられている。R. P. Mitchell, *The Society of the Muslim Brothers*, Oxford, 1993（first published 1969）, p. 2. 横田貴之『原理主義の潮流——ムスリム同胞団』山川出版社、二〇〇九年、一九〜二〇、三三頁

第Ⅱ部

19世紀オスマン帝国の改革と展開

――変容する知識空間と社会構造――

ブルサ陸軍予科の生徒たち（1890年頃）

生徒の背後にある額の中には、「パーディシャー（皇帝）陛下万歳」と書かれている。

出典：米国議会図書館、アブデュルハミト二世コレクション

多宗教・多民族国家としてのオスマン帝国

第Ⅱ部は、一九世紀オスマン帝国の改革という文脈における教育と出版がテーマである。イスラーム史の文脈のなかで、もっぱらムスリムに焦点を当てていた第Ⅰ部とは異なって、ここでは、オスマン帝国固有の制度や社会的編成が前提となる。とくに、オスマン社会の多宗教・多民族性は、教育や出版のあり方をも強く規定した。以下では、各章を読むための背景的知識として、オスマン社会における諸宗教について概観したのち、帝国の一八世紀後半から二〇世紀初頭までの歴史を整理しよう。

一九世紀半ばのオスマン帝国全人口のうち、ムスリムはおおよそ六〇～七〇パーセントを占めていた。それ以外は非ムスリムとなるが、彼らが、ギリシア正教徒、アルメニア教会信徒、ユダヤ教徒の三つの「ミッレト」にまとめられ、スルタンの任命した各ミッレトの長を通じて統括されていた、という「ミッレト制」は、近年では後代に創られた伝統だとされている。実態としては、各宗派共同体は、一八世紀から一九世紀半ばにかけて集権的に組織化されてきた。ギリシア正教会においては、一八世紀以降、コンスタンティノープルの世界総主教座が集権化を進めた。その「ギリシア化」に対して反発したブルガリア人は、一八七〇年に独立教会を公認させる。なお、正教徒の「ギリシア人」のなかには、トルコ語を母語とし、ギリシア文字を用いてトルコ語（カラマン語と呼ばれる）を書く人々もいた。「カラマン人」とも呼ばれた彼らは、中央アナトリアのカッパドキア地方を中心に暮らしていた。また、カトリックやプロテスタントの宣教活動が盛んになると、正教会、アルメニア教会、シリア教会などからいくつもの分派（ギリシア・カトリック、アルメニア・プロテスタントなど）が形成された。

「長い一九世紀」の始まり

オスマン帝国の一八世紀は、しばしば「**アーヤーン**の時代」と言われる。アーヤーンとは、徴税請負権と地方官職を梃子に富と権力を集積した地方有力者のことであり、世紀後半には、軍事力を有し、広域を一円支配する強力なアーヤーンが各地に出現した。戦時には、帝国政府は彼らが供出する軍需品や糧食、そして兵力に頼らざるを得なかった。だが、アーヤーンの私兵に加えて、政府の徴募した非正規兵や旧来のイェニチェリからなる混成軍が、戦争で力を発揮するすべはなかった。その帰結が、一七七四年、対ロシア戦争における敗北である。

この敗戦によって、オスマン帝国はムスリム人口が多数を占める属国クリミア・ハン国を失ったほか、ロシアへの種々の特権譲与を強いられた。一七八九年に即位したセリム三世は、アーヤーンの協力を得つつ、新歩兵部隊「**ニザーム・ジェディード**」を設立した（一七九三年）。また、陸軍技術学校を開設し、その附属施設として、印刷所を設置した。のちに帝国印刷局に継承されるこの印刷所では、軍事技術や幾何学の書物だけでなく、マクタブやマドラサでの定番の教科書なども出版された。ヨーロッパ諸国への大使常駐も始められるなど、「ニザーム・ジェディード」はこうした一連の改革事業の総称でもあった。しかし、イェニチェリ軍の反乱（一八〇七年）によって改革は頓挫し、セリム三世も廃位させられてしまう。翌年、改革推進派が**マフムト二世**を擁立し、改革の復活を図るが、これも短時日のうちに挫折する。

一方、エジプト州では、ナポレオン軍撃退のため派遣されたオスマン軍人**メフメト・アリ**（ムハンマド・アリー）が、一八〇五年から総督の地位に就いて近代軍の創設、徴兵制の導入のほか、綿花栽培の奨励、徴税請負制の廃止、学校や印刷所の設立など独自に一連の改革政策を推進していた。

一八二一年に始まるギリシア独立戦争への対応も、メフメト・アリの援軍に頼らざるをえなかったマフムト二世は、一八二六年にイェニチェリ軍団を廃止し、近代軍建設に着手した。同時期に、アーヤーンを一掃し、中央集権化を押し進めた。行政機構も再編され、外務・内務・財務の各省が設置され、中央の意思決定機関として最高評議会がつくられた。また、政府の方針を周知させるために官報を刊行した。

しかし、オスマン軍の建直しに時間をとられる間に、ギリシアは独立を果たし、メフメト・アリはシリアを占領した。その間、セルビアも自治権を獲得し、アルジェリアはフランスに占領された。これらの問題の解決には、ヨーロッパ諸国との外交交渉が決定的に重要であり、そのことは、政府内で外務官僚の台頭を促した。エジプト問題でイギリスの支持を得るために、通商条約（一八三八年締結）を結ぶ交渉に携わった外務大臣ムスタファ・レシト・パシャが、マフムト二世死後、改革を牽引することになる。

タンズィマートの時代

一八三九年一一月の**ギュルハーネ勅令**の公布をもって、タンズィマート改革が開始する。勅令では、生命・名誉・財産の保障、徴税請負制の廃止と財産に応じた課税、適切な徴兵制の実施、刑法の制定などが約束された。ムスリム・非ムスリムの平等が勅令で明言されたわけではないが、徴税請負制の廃止にともなう地方行政改革で設置された地方評議会には、ムスリムだけでなく非ムスリムの住民代表も選出された。しかし、税制改革によって権益を侵害された有力者や、負担軽減の期待を裏切られた民衆によって、各地で反乱が発生した。その結果、徴税請負制はまもなく復活し、中央から派遣される徴税官に代わって、在地有力者から郡長《ミュディル》が任命され、徴税請負やその他の地方行政を担当することになった。

初期の税制改革は挫折を余儀なくされたが、オスマン帝国は一八四〇年にロンドン条約によってメフメト・アリからシリアを奪還したほか、アルバニア、ボスニア、クルディスタンなどでの反乱を鎮圧して、中央政府の直接統治領域を拡大させた。

また、ギュルハーネ勅令の公約に従って、刑法（一八四〇年）、徴兵法（一八四六年）が制定されるなど、法制の整備が進められた。法令は印刷されて周知が図られ、一八五一年には最初の法令集が刊行された。

一八五六年、クリミア戦争で英仏などの支援を受けたオスマン帝国は、列強の強い圧力の下で起草された**改革勅令**を公布した。この勅令では、非ムスリム各宗派共同体のもつ権利が確認されたうえで、ムスリムと非ムスリムの法的平等が明確に打ち出された。非ムスリムも官職に就くことが認められ、官立学校の門戸も開放された。兵役義務も平等に負担することとされたが、非ムスリムは兵役代替税を支払うことで、その義務を免除された。

改革勅令を受けて、非ムスリムの登用は積極的に進められた。立法と行政を担当する国家評議会は、構成員の約三分の一を非ムスリムが占めた（一八六八年設置）。地方では、一八六四年から本格的な改革が開始され、中央集権的な制度が整備されるとともに、各種の評議会、委員会には非ムスリムを含む住民代表が参加した。また、地方当局は印刷所を設けて、州報や年鑑の刊行を始めた。

　タンズィマート改革は、レシト・パシャとその後継者であるアーリー、フアトら官僚の主導によって進められていた。だが、一八六〇年代後半には、政府に対して批判的な言論を、出版を通して展開する若手ムスリム官僚（「**新オスマン人**」）が現れた。彼らは立憲議会制導入を唱え、一八七六年の憲法制定（いわゆる「ミドハト憲法」）の思想的下地を準備した。

アブデュルハミト二世の金曜礼拝儀礼

スルタンが公衆の前に姿を現す金曜礼拝儀礼には、外国人も見物に訪れた。権力を可視化する絶好の機会であった。
出典：米国議会図書館、アブデュルハミト二世コレクション。

アブデュルハミト二世の「専制」

　一八七五年からバルカンで反乱が相次ぎ、その対応をめぐって列強が圧力を強化させると、改革派の間で、憲法制定によって危機を打開しようとする動きが広がる。翌一八七六年には、二人のスルタンが廃位されるという政変を経て、一二月に新スルタン、**アブデュルハミト二世**によってオスマン帝国憲法が公布された。翌年には議会が召集されて第一次立憲政が開始されるが、折からロシアとの戦争が勃発し、そのさなかの一八七八年にスルタンは議会を解散し、憲法を事実上停止してしまう。こうして、アブデュルハミト二世による「専制」時代（「**ハミト期**」）が始まる。

　だが、若いスルタンが最初に直面したのは露土戦争敗北後の講和と、支払不能になった対外債務の処理という屈辱的な課題であった。前者については、一八七八年のベルリン条約によって、バルカン領の多くを喪失した。すなわち、すでに一定の自治を得ていたセルビア、モンテネグロ、ルーマニアの独立が承認され、ブルガリアにはオスマン宗主権下の公国という地位が与えられたほか、ボスニア・ヘルツェゴヴィナがハプスブルク帝国によって占領された。オスマン領に残されたマケドニア地方は、以後、周辺諸国と列強が介入する国際問題の焦点となる。時代は帝国主義の全盛期であった。イギリスは一八七八年にキプロス、一八八二年にエジプトを占領し、その前年にフランスがチュニジアを保護領とした。後者の債務問題は、一八八一年に国内外の資本家からなる債務管理局が設立され、徴税権の一部をそれに譲渡することによって解決が図られた。

さて、議会を停止させたアブデュルハミト二世は、大宰相府から政治的決定権を奪い返し、各省庁や州知事などに直接指令を出すことによって、宮廷に権力を集中させた。しかし、こうした専制体制下でも、タンズィマートを継承する諸改革は、さらに推進された。軍の近代化、警察組織の形成、本格的なセンサスの実施、鉄道網など交通の発達、司法制度の改革、そしてとりわけ、教育制度の拡大。改革を通じてオスマン帝国の国力を増強することが、スルタンの第一の目標であった。

巨大な帝国を動かすのに必要な官僚機構は拡大する一方であったが、彼らを監督下に置くために、帝国の隅々に密偵が派遣された。スルタンは、密偵を通じて官僚や軍人、そして市井の人々の言動を監視したほか、検閲制度を強化して言論統制をしいた。それはスルタンが「世論」の影響力を重視していたからにほかならない。政府が首都や各州でおこなった近代化政策や福祉事業、あるいは州庁舎の建設などは、人々にオスマン帝国とりわけスルタンの存在を意識させ、支持を集めるための方途でもあった。こうした政策は、中央から離れた辺境地帯では、しばしば「文明化の使命」の色合いを帯びた。そこではイスラームによる支配の正当化が重視され、また、非スンナ派のムスリム住民に対しては、正統的イスラームによる教化政策がとられた。

実際、アブデュルハミト二世は、「**イスラーム主義**」政策を推進したことで知られる。領土喪失によってアジア領の比重が増し、人口に占めるムスリムの割合も、バルカンやカフカス地方からの難民・移民の流入もあって、それ以前の約三分の二から、約四分の三に増加していた。支持基盤をムスリムに求めたスルタンは、自らがイスラーム共同体のカリフであることを強調し、ムスリムの連帯意識に訴えかけたのである。この政策は、帝国外の、とくに植民地下のムスリムに影響力を及ぼして帝国主義列強諸国を牽制するための手段でもあった。

ただし、これによって非ムスリムの権利が奪われたわけではなかった。たしかに、一八九〇年代半ばのアルメニア人虐殺事件――外国の介入を頼みにしたアルメニア人民族主義者の行動をきっかけに、東部アナトリアとイスタンブルでアルメニア人に対する「ポグロム」が発生した――は、ムスリム・非ムスリム間に深刻なしこりを残した。しかし、事件後の時期も含めて、非ムスリムのオスマン官界への参入はハミト期に進展したことにも注意を要する。そしてまた、ハミト専制下の相対的な安定から、経済的にもっとも利益を得たのは非ムスリムだったのである。

❋青年トルコ革命から帝国の崩壊へ

アブデュルハミト二世の体制に対する不満は、高等教育を受けたエリートたちの間に広がった。一八八九年に医学校の学生グループによって、反政府組織が結成され、やがてその組織は**統一進歩協会**（以下、統一派）と名を変える。これを中心に活動する反体制派が「**青年トルコ人**」と総称された。しかし、一八九六年に政府の摘発を受けると活動家たちは国外に逃れ、そこで機関紙を発行して政府批判を展開し、憲法の復活を訴えた。だが、運動は分裂して、いったん勢いを失う。

二〇世紀に入って、反体制運動の拠点は国内のサロニカに移動した。そして、一九〇八年七月にマケドニア地方の駐屯軍の決起から反乱が広がると、スルタンは憲法復活の要求を受け入れた。これが「**青年トルコ革命**」であり、第一次世界大戦でオスマン帝国が降伏する一九一八年までを、**第二次立憲政期**と呼ぶ。

オスマン社会は政治的自由を取り戻し、政党が結成され、選挙が実施され、議会が召集された。出版の自由化によって、新聞、雑誌、書籍が堰を切ったように大量に刊行され始めた。議会では、帝国各地で選出された多様な宗派・民族的出自をもつ議員が一堂に会した。新しい政治体制の下、さまざまな改革が進められるが、特筆に値する例として、一九〇九年に徴兵義務を非ムスリムにも適用する法律が制定されたことが挙げられよう。

　オスマン議会政は、しかし、度重なる戦争によって機能を低下させ、終焉を迎える。一九一一年にイタリアがリビアに侵攻し、翌年にはバルカン諸国との間に戦争が始まった。革命以来、統一派は議会を制しつつも、政権につくことは控え、むしろ舞台裏から影響力を行使してきた。しかし、一九一三年一月のクーデタを経て、バルカン戦争後に自ら実権を掌握した。第二次バルカン戦争でエディルネを奪還した統一派オスマン政府は、一九一四年一一月に第一次世界大戦に同盟国側で参戦する。これは破局への道であったわけだが、統一派政権は総力戦体制を作り上げ、この間、教育改革を含む種々の政策を断行した。

　この時期には、もはや非ムスリムは「裏切り者」と見なされ、トルコ・ナショナリズムが台頭する。「国民経済」政策の下、外国企業や非ムスリム商人が排除されて、ムスリム・トルコ人の経済活動が優遇された。また、社会工学的発想から、バルカン戦争によるムスリム難民の定住化に際して、人口分布を操作して帝国の中核地域としてのアナトリアを「ムスリム化」、そして「トルコ化」する政策が採られた。大戦中のアルメニア人の「移送」にともなう大虐殺は、この人口政策の帰結であった。

イスタンブルでの選挙（投票者と監視官）

出典：*Resimli Ay,* 1(4), 1908, p. 389.

一九一八年、オスマン帝国の降伏によって、帝国各地は連合国の占領下に置かれ、それを機と見たギリシアが、アナトリアに侵入した。一九二〇年に締結されたセーヴル条約では、オスマン帝国の分割が、ギリシアの占領地も盛り込む形で取り決められた。一方、敗戦直後から、旧統一派や地方名望家らが、各地で占領と分割に対する抵抗運動を展開していた。すでに大戦中にアラブ名望家たちが離反して連合国側についていたことから（戦後は英仏の支配下に置かれる）、一九二〇年に抵抗勢力は、目標をアナトリアの奪還に定め、同年旧オスマン軍人ムスタファ・ケマル（のちのアタテュルク）を議長としてアンカラに大国民議会を設立した。そして、一九二二年にギリシア軍が撃退されると、連合国は大国民議会と交渉せざるを得なくなった。アンカラ政府は同年、一方的にスルタン制を廃止してオスマン帝国を消滅させ、一九二三年、ローザンヌ条約締結によって独立を確保し、トルコ共和国の建国を宣言した。

ギリシア軍撤退の混乱で、大量のギリシア人が殺害され、さもなければ、ギリシアに逃避した。さらに、ローザンヌ条約に先立って一九二三年一月に結ばれた協定にもとづき、ギリシア国内のムスリムとトルコ国内のギリシア正教徒の住民交換がおこなわれた。結果的に第一次大戦を経てアナトリアのキリスト教徒人口は激減し、ムスリム人口が圧倒的多数を占める（一九二七年時点で九七パーセント以上）新生トルコが成立したのである。

（秋葉　淳）

参考文献

新井政美『トルコ近現代史――イスラム国家から国民国家へ』みすず書房、二〇〇一年。

永田雄三・羽田正『成熟のイスラーム社会』（世界の歴史15）中央公論社、一九九八年。

林佳世子『オスマン帝国五〇〇年の平和』講談社、二〇〇八年。

藤波伸嘉「オスマン帝国と『長い』第一次世界大戦」池田嘉郎編『第一次世界大戦と帝国の遺産』山川出版社、二〇一四年、一六七～一九四頁。

歴史学研究会編『帝国主義と各地の抵抗Ⅰ――南アジア・中東・アフリカ』（世界史史料8）岩波書店、二〇〇九年。

Georgeon, F. *Abdülhamid II: le sultan calife (1876-1909)*. Paris, 2003.

Hanioğlu, Ş. *A Brief History of the Late Ottoman Empire*. Princeton, 2008.

第3章　オスマン帝国の新しい学校

秋葉　淳

はじめに

一八世紀末以降、内外からの危機に直面したオスマン帝国は、国家の再建を図り、国力を増強するための手段の一つとして、既存のマクタブやマドラサとは異なる、新しいタイプの学校を設立した。同時代のヨーロッパで用いられていたカリキュラムや教授法、制度などが取り入れられた点、旧来のようなワクフ制度によってではなく、政府によって設立、運営され、中央集権的に制度化・体系化された点が、これらの学校の新しさである。また、元来イスラーム的知識の再生産を目的とするマクタブやマドラサに対して、この新しい学校は、第一義的には、軍隊と官僚制に人材を供給するため、また、人々を啓蒙して、国家に奉仕しうる臣民を育成するために作り出されたものであった。これらを、マクタブやマドラサと区別して、「新式学校」と呼ぶこととする。

第1章（秋葉）で論じられたとおり、オスマン政府はマクタブやマドラサを最後まで廃止することはなかった。

それらの学校と併存するかたちで、だがそれらから独立して、まったく新しい学校体系が作り出されたのであった。軍事技術学校の設立に始まった学校政策は、まもなく臣民全般を対象とする学校制度の構想に発展する。さらに、当初ムスリムのみを対象にしていた政府の教育政策は、一八五六年の改革勅令を契機に、非ムスリムにも拡大した。こうしてオスマン国家は、公教育の担い手となっていったのである。

なお、ここで、オスマン帝国における「公教育」概念についてあらかじめ説明しておくことは、本章の見通しを立てるうえでも有意義であろう。オスマン史上、「公教育」と訳せる語の初出は、一八四六年に設置された「公教育評議会」である。「公教育」の原語は、「マアーリフィ・ウムーミーイェ（Maʻârif-i Umumiye）」であり、おそらくフランス語の instruction publique に対応する造語である。「マアーリフ」とは、元来の語義では「知識」を表すが、この頃から、まさにこの会議の名称とされたことから、「教育」を意味するようになった。マドラサやイルム（イスラーム的学知）と同根の派生語を用いなかったのは、意図があってのことであろう。なぜなら、その後に確立していく「公教育」概念には、マドラサは決して含まれることがないからである（旧来のマクタブは、後から圏外となる）[1]。マアーリフの語はのちにアラビア語やペルシア語に逆輸入されることになる。

「ウムーミー」は、「全体の」、「一般的な」という意味を表すが、当初はどちらかといえば、軍事学校との対比で「普通教育」を指していたと見られる。しかし、一八五七年の「公教育省（Nezaret-i Maʻârif-i Umumiye）」設立、そして一八六九年の「公教育法（Maʻârif-i Umumiye Nizamnamesi）」制定を経たのちには、「帝国臣民一般に開かれた」というニュアンスをもちつつ、軍事学校・マドラサを除く公立学校教育を指し示すようになった。同時代の辞典に、マアーリフィ・ウムーミーイェとはすなわち教育を司る行政機関であると説明されているように、公教育とは国家の監督する教育にほかならなかった[2]。公教育法によれば、中等教育はムスリム・非ムスリム混合であり、初等教育は宗派別であったが、法の条文において非ムスリムの初等学校も「公立学校」に含まれていたことからは、それらをも政府の責任のもとで運営する、つまり、「公教育」の範疇に入れようという意図が読み取れる。現実的には、非ムスリム各共同体の学校には、政府の統制がほとんど及ばなかったが、その種の学校の統合は、教育政策上の重要な課題となった。オスマン帝国では、身分や階級による学校制度の複線化は生じず、主として宗教の違いが学校教育の多極化をもたらしていたと言えるだろう。(3) むしろ、教育政策は、既存の特権層の周縁や外部から人材をリクルートすることを目的としていたため、初等教育から中等、高等教育への接続が当初から構想されていたのである。

以下、本章では、オスマン帝国における、こうした新式学校の展開の歴史を、一九世紀から二〇世紀初頭の帝国滅亡に至るまで通観する。

第1節　新式学校制度の成立

教育改革の起点

オスマン帝国の新しい学校政策は、軍事部門から始まった。一八世紀後半の露土戦争（一七六八〜七四年）での敗北は、オスマン帝国に軍事改革の必要性を痛感させた。ヨーロッパ諸国の軍事技術や軍事制度を導入し、規律ある軍隊を編制する試みが開始され、その過程で、いくつかの軍事学校が設立された。一七七六年創立の海軍技術学校がその嚆矢とされ、セリム三世によるニザーム・ジェディード改革では、陸軍技術学校が開設された。その後、軍事改革はメフメト・アリ総督下のエジプトに先行されるが、(4) マフムト二世はそれに対抗しつつ、一八二六年にイェニチェリ軍団を廃止し、新軍団のための軍医学校（一八二七年）や士官学校（一八三四年）を設置した。新しい軍隊の士官候補は、イスタンブル、バルカン、アナトリアの中下層ムスリムの子弟のなかから選ばれた。既存の特権層に属さない彼らは、スルタンに絶対的な忠誠心をもつことが期待されたのである。

だが、彼らをエリートに育成するには、軍事技術以前に基礎学力を身につけさせる必要があった。実際、当時の軍人エリートでさえ、読み書きはおぼつかなかった。そこで、アメリカのプロテスタント系宣教団のもたらしたベル＝ランカスター教授法が、士官学校幼年部や兵営学校に取り入れられ、識字などの基礎教育がおこなわれた。政府の関心は、おそらくこれを契機に、軍事部門に限定されない一般の初等教育の改革にも向けられることになる。一八三九年に官報に掲載された公共事業評議会の意見書は、その政府の姿勢を端的に示すものである（第1章参照）。この意見書では、イスタンブルのマクタブのなかからいくつか規模の大きいものを選び出して、通常のマクタブよりも上級レベルの教育（アラビア語文法、作文、道徳など）を施し、専門教育機関への準備段階とすることが提案された。この上級レベルのマクタブは、「リュシュディエ学校（中等学校）」と名づけられ、監督官が置かれた（一八三八年）[5]。これが教育を専門とする最初の行政機関である。

意見書の提案は実現されることはなかったが、想定されていた中等段階の教育をおこなう学校として、一八三九年に文官養成学校が二校設置された。従来（そしてその後も長らく）、文官は徒弟制的な訓練を通じて養成されており、その代替として用意されたのであった。この学校を試験によって卒業した生徒は官庁の各部局に配属された。

そして同年一一月、ギュルハーネ勅令が公布され、タンズィマートと総称される国家機構の全面的な刷新が開始された。改革の当初の焦点は税制と地方行政にあり、それがいったん頓挫したのち、一八四五年に改革は再始動する。税制改革の一環としての住民の収入調査が最大の眼目であったが、国土の「繁栄（開発）」がキーワードとなるなかで、「無知の除去」、宗教的知と有用な知識の習得の必要性が謳われた。そして、一八四五年に臨時教育評議会が設置され、翌年には常設の「公教育評議会」[6]に格上げされた。臨時教育評議会は、小学校、中等学校《リュシュディエ》、大学《ダーリュルフュヌーン》(7)からなる普通教育の三段階制を答申し、これを受けて新しい学校の体系確立に向けた動きが始まった。

小学校については、政府は既存のマクタブを改良することによって、この新しい学校体系に組み入れることを構想しており、一八四七年にマクタブ教師に通達を発して教授法や教授科目などを定めた（第1章参照）。小学校の課程は四年間とされ、試験によって修了が認められた生徒は、中等学校に進学して二年間、イスラームの教理、アラビア語文法初歩、書き方（書道）、算数を学ぶものとされた。小学校、中等学校ともに明らかにムスリム子弟の教化と啓蒙を目的とした学校であった。およそ現実的ではなかったが、この小学校及び中等学校の就学が義務とされ、それは「富裕者」であっても「一般民衆」であっても同様であると明記された。

小学校と違って中等学校は、いわば無から作り出さねばならぬものであり、政府にとっては、まずその設立が当面の課題であった。一八四七年にイスタンブルに二校が設立されたのに続いて、一八五〇年代には地方都市でも設置が始まった。中等学校の建設は容易に進まず、一八五四年の時点では首都に六校あるほかは、ボスニアに七校とテキルダー（現トルコのバルカン領）に一校を数えるのみであった(8)。こうしてできた新しい中等学校に教師を送り込むために、政府は一八四八年に師範学校を設立した。当初この学校の生徒になったのはマドラサ学生が多く、また、中等学校教師はしばしばウラマーであったが、師範学校の設立は、教師という新しい専門職集団を生み出す第一歩となった。

中等学校卒業生のうち、志望者は軍事学校や医学校に進学できるものとされていたので、民衆教育とエリート教育が切り離された制度が構想されていたわけではなかった。他方、第三段階とされた「大学」は、学問の修得と同時に官吏養成の機関と位置づけられ、早くも一八四六年に校舎の建設が開始されるが、本格的な開校は半世紀後に持ち越された。

学校制度の確立

帝国臣民が宗教にかかわりなく平等であることを宣言した一八五六年の改革勅令は、オスマン帝国の教育史においても重要な画期となった。すなわち、勅令では全臣民が国家の官吏に任用されうることが謳われ、また、帝国臣民であれば誰もが官立の学校に入学できるとされたのである。改革勅令は同時に、各宗派共同体の自治的な権利を保障するものでもあったので、宗派共同体ごとの学校設立の権利も再確認された。ただし、こうした学校も、ムスリムと非ムスリムがともに参加する混成教育評議会の監督下に置かれることが、改革勅令で定められた。改革勅令は列強諸国に押し付けられたという側面が強いが、非ムスリムを体制内に取り込んで、その離反を防ぐことは、危機に直面したオスマン帝国にとって、もはや避けられない課題であった。

翌年には、さっそく混成教育評議会が設置され、非ムスリムの諸宗派から委員が任命された。これ以後、非ムスリムも中央の教育行政に関わっていくことになる。そして、この混成教育評議会と従前の公教育評議会とを統括する政府機関として、公教育省が成立した。[9] 新体制下で中等学校は順調に数を増やし、一八六〇年代末までに一〇〇校を超えた。改革勅令を受けて、中等学校はムスリムと非ムスリムの混合教育と定められたが、実際にはほとんど達成できなかったようである。のちに大宰相となるミドハト・パシャも、一八六四年に州知事として就任したトゥナ州（およそ現在のブルガリアの北半分に相当）で行政改革を進めた際、その一環として中等学校を多数設け、ムスリムと非ムスリムの共学とし、ブルガリア系の生徒にトルコ語を、ムスリムの生徒にはブルガリア語を、それぞれ学ばせようとしたが、実現には至らなかった。[10] 他方、孤児や浮浪児を生産的な労働者に「改良《ウスラーフ》する」という発想からつくられた孤児授産施設《ウスラーフハーネ》では、ムスリムと非ムスリムが平等に受け入れられ、孤児たちをオスマン市民として育成するという理想も反映されていた。[11]

ムスリムと非ムスリムの共学は、一八六八年にイスタンブルのガラタサライで開校した、スルターニー校（ガ

図 3−1　ガラタサライ・リセの卒業証書（1892 年）

EMPIRE OTTOMAN

Diplôme de Bachelier-ès-Lettres et ès-Sciences

Langue et littérature ottomane, arabe et persane | Mathématiques pures et appliquées
Traduction et Rédaction | Sciences physiques et naturelles
Histoire Ottomane et Histoire de l'Islamisme | Littérature française — Philosophie
Hygiène et Calligraphie turque | Latin — Histoire — Géographie

Le Directeur du Lycée Impérial Ottoman de Galata-Séraï, agissant au nom de Son Excellence le Ministre de l'Instruction publique:

Vu les procès-verbaux des 14/26 et 17/29 Juin 1892 par lesquels la Commission séant à Galata-Séraï, composée des délégués de la Sublime Porte et du Ministère de l'Instruction Publique, ainsi que du jury d'examen établi au dit Lycée, atteste que Ali Faik Eff. né à Trébizonde a été examiné après avoir satisfait aux épreuves écrites, sur les matières ci-dessus désignées et qu'il a obtenu la note générale Très-bien pour les Lettres et la note générale Très-bien pour les sciences

En foi de quoi, il lui donne, par les présentes, le diplôme de Bachelier-ès-Lettres et ès-Sciences, pour en jouir avec les droits et prérogatives qui y sont attachés par les lois, décrets et règlements de l'Empire Ottoman.

Constantinople, le 21 juin/3 juillet 1892

Le Directeur du Lycée,

Ismaïl

Signature de l'impétrant,

右側がオスマン・トルコ語、左側がフランス語で書かれている。フランス文学やラテン語も修得したとある。なお、図は左右 2 枚のコピーを貼り合わせたもの。
出典：個人コレクション（アリ・ファーイク文書）。

ラタサライ・リセ）において本格的に実施された。同校は五年の本科に加えて、三年の予科と一年の実務教育課程をも有する官吏養成学校である。フランスの実学的なリセをモデルとした同校では、基本的にフランス語で教育がおこなわれ、物理学やラテン語なども教えられた。そして、非ムスリムの学生が積極的に受け入れられ、当初は彼らが学生全体の六割程度を占めた。この学校は、宗教にかかわりない「オスマン人」理念のショーケースであったと同時に、西洋化を象徴する存在でもあった。ムスリムの学生は徐々に増えていき、二〇世紀にはいると七割を超える。この学校は、フランス語に通じたエリート、とりわけ外務官僚を多く輩出し続けた。また、非ムスリム卒業生には、銀行や鉄道会社に勤務した者も多かった(12)。

一八六九年には、これまで試みられてきた諸改革を統合し、オスマン帝国の学校制度を体系化した公教育法が公布された。同法は、マドラサと軍事諸学校を除くオスマン帝国の教育機関、教員任用、教育行政について規定したものであり、後に追加や修正は施されたものの、オスマン帝国が崩壊するまで、教育改革の基本綱領として参照された。同法はまず、小学校（四年）・高等小学校《リュシュディエ》（四年）・中学校《イーダーディー》（三年）・高等中学校《スルターニー》・大学および高等専門学校からなる学校体系を整備した。小学校は義務教育と定められたが、高等小学校までは宗派ごとの別学とされた。従来、小学校と高等教育の中間段階の学校の名称であったリュシュディエは、同法により、後期初等教育の水準の学校、つまり高等小学校を意味する語となった。そこでは、宗教学基礎、オスマン語（トルコ語）、アラビア語、ペルシア語、数学、簿記、図画、世界史、オスマン史、地理、体育などが学ばれるものとされた。それに続いて、イーダーディーと呼ばれる中学校が置かれ、その学習科目としてトルコ語、フランス語、地理、世界史、経済、法律、論理学、数学、物理学、生物学、化学、絵画などの諸科目が定められた。

公教育法では、前年に設立されたスルターニー校の名が、高等中学校をさす一般名詞として使用された。高等中学校は、中学校と同等の普通科に加えて、その修了後に三年間の高等科課程をもつ学校であり、各州に一校設置されるものとされた。その上の高等教育機関とは、大学、高等師範学校（一八四八年設立の師範学校を母体とする）、女子師範学校、そして、各種の専門教育機関（軍事学校、医学校など）である。

女子教育について規定されたことも公教育法の特徴の一つである。女子も小学校は義務とされ、原則的に男女別学だが、学校数が足りない場合などは共学が認められた。小学校を卒業した女子は、女子高等小学校に進むことができ、これらの学校で教える女性教師を養成するための女子師範学校設立が予定された。第1章で述べられたように、旧来のマクタブは女子にも開かれており、女子だけの学校もあれば男女共学のマクタブもあった。そのような土台があったからであろうが、一八五九年には最初の女子のリュシュディエ校がイスタンブルに開校していた。ただし、当時の政府文書を見ると、これには年長の男子と女子を隔離するという目的もあったようである。いずれにせよ、公教育法が成立すると、それまで一校であった女子高等小学校《リュシュディエ》は、その翌年までに八校に増えた（すべてイスタンブル）。[13] 女子高等小学校では、裁縫、家政学、音楽などもカリキュラムに取り入れられた。女子師範学校もまた、公教育法制定の翌年に開設された。女子に開かれた学校は、公教育法ではここまでであったが、公教育省の管轄外では、一八四二年に軍医学校内に開設された助産婦育成の課程が存在した。公立の病院に勤務した、この課程の修了生の助産婦こそがオスマン帝国最初の女性公務員だとも言われるが、女性には女子学校教師と助産婦以外の公職はほぼ閉ざされていたのが、一九世紀後半の現実であった(14)。

さて、公教育法では、非ムスリム各宗派共同体が設立する学校については、公教育省または州当局の教育行政機関が教員の資格を認定し、カリキュラムを確認して設立の許可を与えるものとされ、それは帝国の臣民あるいは外国人が設立する他の私立学校においても同様とされた。こうしてオスマン帝国政府は、非ムスリムの教育に関する自治を容認しつつ、彼らの学校をその監督下に置いて、オスマン教育制度の枠内に取り込もうと企図したのである（ただし、実際にはその後も無認可の学校が多数存在し、政府は教員資格にも介入できなかった）。その一方で、教育行政には、中央だけでなく地方においても非ムスリムの参加が図られ、各州に設置される教育評議会も、ムスリム・非ムスリムの混成とされた。以下にも述べるように、教育に対する国家やその他の団体による関与が拡大するにつれて、教育はオスマン帝国内のさまざまな集団のせめぎ合いの場として焦点化することになった。

第2節　学校の普及と社会的変容

「専制」時代における教育振興

公教育法の制定は教育改革をさらに促進させたが、同法で定められた学校や諸制度が具体的な形をとるのは、タンズィマートの集大成である帝国憲法を停止に追いやったスルタン、アブデュルハミト二世の治世下（以下「ハミト期」、一八七六～一九〇九年）においてであった。この時代は、君主が権力を自らに集中させて専制体制を築いたことで知られるが、国家の維持と強化のための改革は継続して進められた。なかでも学校教育は、国家に有為な人材と忠良な臣民を育成するために不可欠であった。また、文明や進歩に対する信念がエリート層に広く共有されるなか、教育は西欧諸国と肩を並べるために必要な手段として考えられていた。さらに、国家が提供する学校教育の普及は、外国の干渉を排し、帝国の分裂を防ぐことに貢献するはずであった。

新式学校は、ハミト期オスマン帝国において、初等教育から高等教育機関まで著しく拡充された。公教育法でめざされた学校体系とはやや異なるものの、四年制小学校―三年制高等小学校―五年制中学校（一部の州の中心には七年制中学校）[15]という系列の上に、各種の高等教育機関が置かれるという新式学校の体系が整えられた。

初等教育については、第1章で述べられたように、旧来のマクタブを全面的に改革する方針が改められ、「新方式」を採用した小学校の新設と、既存のマクタブへの新方式導入が並行して進められた。このような新方式小学校は、「イブティダーイー（初等）」と呼ばれて旧来のマクタブと区別された。ハミト期に著しく普及したのが高等小学校であり、一九〇三～〇四年には四八八校（うち五二校は女子校）を数え、[16]州・県の中心地はもちろん、郡レベルの町や、一部の郷（郡と村の中間の行政単位）にも設けられた。ただし、その規模は、イスタンブルのものを除いて必ずしも大きくはなく、校長を含めて一名から四名程度の教師が、数十名の生徒を教えるというものであった。

政府がとくに力を入れたのは中学校の建設であった。[17]リュシュディエが当初の中等教育ではなく後期初等教育の学校になったために、初等教育と専門的教育とをつなぐ中等教育機関の充実が求められたのである。政府は一八八四年から、教育支援金という名目で、農産物にかかる十分の一税を増税して、その分を、とりわけ中学校建設に充当する基金とすることを定めた。これを契機に中学校は、主に州や県の中心地に設置されるようになり、一九〇三～〇四年には七四校まで増加した。教育支援金（税）は、基本的に中学校と高等小学校の費用に充てられるべきものとされ、政府の苦しい財政は、小学校の建設費用を賄うことができなかった。そのため、小学校の建設は、もっぱら地域住民の寄付に頼らざるを得ず、政府もそれを奨励した。実際、住民の寄付によって建設された小学校が、町だけでなく村レベルにも数多く存在した。それは学校の必要性に対する認識が、住民、とくに地方名望家たちの間にも広まっていたことを意味するだろう。地域住民が、教育支援金が中学校にしか使われないことに抗議し、その財源で小学校の建設を要求することもあった。

それに対して、アレヴィーやシーア派など「異端的」とされた住民の居住地域には、彼らのために学校を建設するなどしていた外国の影響力を抑え、オスマン帝国への忠誠心を養い、さらには改宗を促進するために、政府は積極的に小学校建設を支援した。改宗に対する報奨として学校を設立することもあった。イラクのように、スルタンが直接帝室予算を使って学校を建設した例もある。こうした一種の同化政策のための学校に限らず、政府が各地に建設した中学校や高等小学校は、地方社会にあっては、庁舎と並んでオスマン国家のプレゼンスを象徴し、可視化するものであった(18)。

じつはこのプレゼンスこそが、オスマン政府にとっては死活問題であった。オスマン社会には、欧米から派遣されたキリスト教宣教団の設立した学校、西欧や近隣の諸国（ギリシア、ブルガリアなど）の支援を受けた学校、そして非ムスリム各共同体の学校が数多く存在し、そのなかで官立の学校は、オスマン帝国を代表するものとして存在感を示す必要があったのである。オスマン官僚を学校建設へと突き動かしていたのは、こういった勢力に包囲されているという危機感であった。なかでも最大の脅威と見なされたのは、キリスト教宣教団と西欧諸国による学校である。これらの学校は、生徒たちのオスマン帝国への帰属意識を失わせるものと見られていた。政府にとってより問題だったのは、この種の学校にムスリムも通っていたことであり、そこで彼らがイスラーム的な道徳や慣習、さらには信仰までも失うのではないかと警戒していた。実際にはムスリム生徒数はそれほど多くはなかったが、外国人による学校は、豊かな資金を背景に充実した設備や教育内容をもっていたため、非ムスリムばかりがそうした教育の恩恵を蒙ることによって、ムスリムは無知の暗闇に取り残されてしまうのではないか、という懸念も強く存在した。こういった危機は、学校建設の必要性を中央に訴える地方官らが誇張している部分はあるが、実際に学校認可をめぐる問題が外交問題に発展することもあったように、西欧諸国はこの種の学校をオスマン帝国内政に干渉する足がかりとしていただけに、危機は現実的であった。

近隣諸国の学校は、オスマン帝国内に住む、それぞれの国の「同胞」たちへのナショナリズムのプロパガンダを行う場所として危険視された。他方で各宗派共同体の学校は、オスマン帝国の枠組みのなかで機能している限り、それ自体が有害であるわけではなかった。例えばアルバニアでは、ギリシア、イタリアなどの外国が設立する学校に対抗するために、オスマン政府がギリシア正教の総主教座を支援することもあった[19]。だが、ギリシア正教徒の学校でギリシア国籍の教師が教えている例などは無数にあり、学校の認可や教員資格に関する政府の介入は、宗派内自治を盾に制限されていた。各共同体の学校もまた、政府の学校よりも教育内容や設備において水準が高いと見なされていたために、このままでは経済的、社会的に成功する非ムスリムに対して、ムスリムは落ちぶれてしまうかもしれないという危機意識が、帝国のムスリム官僚らの間に広く醸成された。

オスマン帝国の教育政策は、以上のような外国や非ムスリム共同体の学校に対する対抗や防衛という側面を強くもっていた。この文脈を考慮すれば、官立の学校で、「時代の要請」に応えることが強調される一方で、イスラーム的な道徳や君主への忠誠が重視されたことも理解できよう。後者こそ、外国の学校に欠けているものだったのである。小学校や高等小学校はもちろんのこと、法的には宗派混合教育の中学校であっても、政府の学校は、第一義的にはムスリムのためのものであった[20]。

とはいえ、政府文書に見られる外国の学校への警戒とは裏腹に、宣教団の学校に子弟（女子含む）を送り込んだムスリムのなかには、オスマン官僚も多かったと見られる。また、第5章（上野）で論じられるように、政府はアルメニア人を官吏に登用する際に、どの学校で学んだかということにはそれほど頓着せず、宣教団系学校を出た者も重用した。つまり、学校を選択する側も、官吏を採用する側も、きわめてプラクティカルな対応をしていたのが現実であった。

新しいエリートの誕生

アブデュルハミト二世の時代には、エリート養成の教育機関も充実した。官吏養成学校としては、以前からあったガラタサライ・リセに加えて、行政学院（ミュルキエ校）が重要な役割を果たした。行政学院は、元来は一八五九年に、それまで地方名士から任命されていた郡長（ミュディル、のちカイマカム）を中央から派遣するために、その人材を育成するために作られた学校だった。このような限定的な目的で設立されたため、教育課程も限定的な一種の専門学校（二年制）であった。それが一八七七年に改組され、三年間の中等課程《イーダーディー》と二年（のち三年）の高等課程をもつ高等教育機関に生まれ変わった。この学校は、基本的には地方行政官を養成する機関であり、その卒業生は、各地の郡長を経てから県知事《ムタサッルフ》、そして一部は州知事《ワーリー》へと昇進するのがモデルコースであった(21)。また、オスマン帝国の司法改革にともなって、シャリーアではなく、国家の制定した法律が適用される裁判所制度が成立したが、この制度の担い手である裁判官、検察官、弁護士などを養成するための法学校が、司法省によって一八八〇年に設立された。

こうして、いわばフランスのグランゼコール型の各種専門高等教育機関が先行して設置されたことも一つの要因となって、総合大学の設立は遅れをとった。ようやく一九〇〇年に、新設の宗教・理・文の三学部に、既存の法学校と医学校（一八六七年）をそれぞれ学部と見なす形で、帝国大学が開設された。しかし、法学校と医学校は基本的に別組織であり、独自の三学部の規模は小さかったため、エリート養成機関としても学術機関としても十分なインパクトを残せなかった。

そのほかの専門教育機関として、アブデュルハミト二世は美術学校と商業学校も設立した。前者は「文明国」の証として必要とされたものであり、校長は画家で帝国美術館館長でもあったオスマン・ハムディ・ベイであった。後者は、経済的に非ムスリムに遅れをとったムスリムの経済活動を活発化させる目的で創設された（ただし、非ムスリムも受け入れられた）。農業技術の向上のための農学校も、ハミト期に本格的に開校した。

高等教育機関は、原則的にムスリム・非ムスリムの共学であり、医学校のように、非ムスリムが七割に達することもあった（一八九七年の時点）[22]。だが、ガラタサライ・リセの例に典型的に見られるように、政府はむしろ、ムスリムの学生数を増やすための措置をとった。かつてほぼ半数を占めた非ムスリム学生は、一九〇三〜〇四年には四分の一を下回った。法学校でも、トルコ語やイスラーム法学を重視し、さらに後にはフランス語を授業科目から外すことで、ムスリム学生に有利になるよう図られた[23]。これを単純にスルタンのイスラーム主義政策の影響と見ることは容易だが、先に論じたことと整合させれば、ムスリムに対して何らかの優遇措置を講じなければ、官立の高等教育機関でも非ムスリムに圧倒されかねないという危惧に由来するものと考えることもできよう。

以上のように、官立高等教育機関は、非ムスリムを統合する機能は限られていたと言えるのかもしれないが、中央

図３－２　外務省事務官養成のための外語学校
（イスタンブル、1874 年）

のちに法学校、行政学院などの校舎としても用いられた。現在は女子美術専門学校。秋葉淳撮影（2014 年）。

と地方の関係を緊密化することには確実に貢献した。すなわち、イスタンブルの高等教育機関は、帝国のさまざまな地域から集まった学生たちを共に学ばせ、オスマン官僚やオスマン軍人として養成し、帝国各地に派遣したり、あるいは中央で栄達させたりしたのである。このような回路は、ウラマーにおいては古くから存在していたが、官僚や軍人に関しては、それまで地方出身者が帝国レベルで出世するルートは確立されておらず、コネや引きといったパーソナルな関係に依存していた。しかし、地方に高等小学校、中学校が建設され、階層的な学校体系ができ上がることによって、地方のそれほど有力でない家系出身者であっても、学校という回路を使って社会的上昇を果たすことが可能になった。また、地方社会に基盤のある名望家であっても、中央集権化が進むなかで地位を維持、強化するために、オスマン帝国の学校に通い、帝国の官僚組織や軍のなかで地位を得る傾向が強くなっていった。こうして、ハミト期には、多くのアラブ人オスマン・エリートや、アルバニア人オスマン・エリートなどが輩出されるようになったのである。

　このような統合作用をスルタンが積極的に利用しようとした特殊な例が「部族学校」である。一八九二年にイスタンブルに設立されたこの学校には、シリア、アラビア半島、リビアのアラブ系部族を中心に、クルド系やアルバニア系も加えた非トルコ系ムスリムの有力部族の子弟が入学させられた。全寮制の学校で、洋装の制服を着させた部族民の子弟を「知識と文明の恩恵に浴させ」て、ゆくゆくは行政官や軍人として育てようとしたのである。この学校の卒業生は、士官学校や行政学院に設けられた特別課程を経て、計画どおり軍や出身地の行政機構に配属されるなどしたが、大きな成功を見ることなく一九〇七年に（まずい給食に対する学生反乱によって）廃校となった。[24]

　官立の教育機関のなかで、設備や教育内容の点でもっとも充実していたのは軍事学校だった。ハミト期にはバルカンからイラク、リビア、イエメンに至る主要地方都市に二〇の陸軍幼年学校予科《リュシュディエ》が設置され、陸軍幼年学校《イーダーディー》もイスタンブル、マナストゥル（現マケドニア領ビトラ）、バグダードほか四都市に置かれた。[25]こうして帝国各地から青年が士官学校に集まり、卒業生たちは軍のなかで頭角を現すようになった。士官学校卒業生は「メクテブリ（学校出）」と呼ばれて、「アライル（兵卒上がり）」と区別される新しいエリート集団を軍の内部に形成した。彼らは、一八八四年の時点では約一万人の将校のうち一割を占めるにすぎなかったが、一八九四年には約一万八〇〇〇人中の二五パーセントを超えるまでになった[26]。なかでも士官学校の参謀科出身者の多くは、「パシャ」の称号をもつ高位軍人（パシャは少将以上の階級の軍人の称号）となった。

新式学校出身者は、文民官僚としても台頭するが、ハミト期において彼らは必ずしも主流となりえなかった。ハミト期の外務官僚の研究は、その四割は専門教育あるいは高等教育を受けていなかったことを明らかにしている（ただし、ハミト期に採用された官僚に限れば、その割合は三二パーセントまで低下する）[27]。ハミト期に州知事に任命された総数九三名の官僚・軍人のうち、行政学院の卒業生は九名にすぎず、何らかの専門・高等教育機関で学んだ者は約半数である。新式学校とはいっても高等小学校までであったり、そもそもマクタブの後は家庭教師に学んだだけという者もいた[28]。こうした事情は、パシャの称号を得た文民官僚（宰相位以上）においても同様であり、彼らの経歴において新式の高等教育機関の役割は限定的であった[29]。これは、官庁で徒弟制的な養成方法が持続していたことにもよるが、同時に、学歴が昇進と直接関係しなかったことを示している。コネや引きは依然として重要であり、高位の官僚や軍人の家、あるいは地方の有力な名望家家系に生まれた者は優遇され、最終的にはスルタンとの関係がものを言った。例えば内務官僚において、州知事のような重要なポストに就くには、スルタンの個人的な信任を得ることが何よりも重要であった。比較的優遇された士官学校卒業生においてさえ、昇進は決して能力主義的ではなかった。

新式学校制度が発達し、その卒業生が新しいタイプのエリート層を形成するようになると、彼らが必ずしも優遇されず、希望するポストが不足する事態は、彼らにとって不満の種となり、帝国の財政難による給料の遅配はそれに拍車をかけた。また、彼らが学校やその環境で学んだ、理想とする国家から、オスマン帝国の実態がかけ離れていることに失望し、政府に批判的な考えを抱く者たちが現れた。アブデュルハミト二世に対する反体制運動の中心を担ったのが、新式高等教育機関の学生や卒業生だったことはまったく不思議ではない。

教育における「統一」と「進歩」

上述のような反体制派が「青年トルコ人」と総称され、彼らの主導により一九〇八年七月に引き起こされたのが青年トルコ革命であったから、革命後の政権において新式学校が重視されないはずはなかった。それに対して、一九〇九年四月に発生した「三月三一日事件」と呼ばれる「反革命」騒擾において、革命後冷遇された兵卒上がりの下級将校が多数反乱に加わったことが知られている。「青年トルコ人」ら新しいエリート層の間には、（コントの）実証主義、（ル＝ボンなどの）社会学、（スペンサーなどの）社会進化論といった学問や思想が受容されていたので、教育によって社会を改良できるという考え方が浸透していた[30]。それゆえ、革命から第一次世界大戦という総力戦を経てオスマン帝国が滅亡するまでのおよそ一五年間において、教育はつねに重要な政治的課題の一つであった[31]。

青年トルコ革命以後、公立の学校教育制度はあらゆる面で発達を見せるが、特筆すべきは初等教育改革の進展である。それまでオスマン帝国の教育改革は、先に高等教育機関が出来上がり、その準備教育のために中等段階の学校を設立するという順序で進められてきた。だが、この時期には初等教育に相応の国家予算が割当てられ、政府が本格的に小学校の普及に乗り出した。一九一三〜一四年の統計によると、一九〇八年以降に二六〇〇以上の小学校が建設されたとされる[32]。初等教育重視の主唱者はサーティウ・フスリーであり、イスタンブルの高等師範学校の校長を務めていた彼は、師範学校の拡充を図り、教師の水準を高めて初等教育の改善をめざした。師範学校は帝国各地に設立され、一九一一年には全国で三八校を数えた。[33]

一方、中等教育においては、高等中学校がそれまでガラタサライ・リセしかなかったのに対して、一九一〇年にイスタンブルを含む一二の都市の中学校が高等中学校に改組され、その後一九一三年までに三〇校を超えた。このほかにも様々な制度変更がなされ、多くの新しい学校や課程がつくられた。これらは、当時の為政者たちの間で、教育が社会を変える力をもつと強く信じられていたことを表しているだろう。

この間、学校教育は社会に確実に浸透した。あまり正確なデータとは言えないが、一九一三〜一四年の統計によれば、ムスリム男子の公立小学校への就学率は高い州で四〇パーセント弱に達し、これに私立小学校に通うムスリム男子を加えれば、七割を超える州もあった。[34] ただし、低い州では一割に満たず、また、女子ムスリムの場合は、ごく一部の州で私立学校を含めると五割を超えるが、それ以外はほとんど一割未満であった。このような限界にもかかわらず、帝国の住民の間で、学校教育の重要性に対する認知は確実に広まった。例えば、各地の師範学校では、農民を親にもつ学生がもっとも多かった。[35] たしかに、これは小学校教師の社会的地位が低いことを反映した結果であるが、それでもなお、学校が社会的上昇の回路となっていたことを示す一つの例である。

図3-3　マナストゥル陸軍幼年学校（現マケドニア領ビトラ）

のちのアタテュルク、ムスタファ・ケマルもここで学んだのち、首都の士官学校に進んだ。秋葉淳撮影（2003年）。

さて、帝国各地からさまざまな宗教宗派、民族の議員を集めたオスマン帝国議会に象徴されるように、第二次立憲政期のオスマン帝国では、その多様な宗教、民族からなる国民をオスマン人の名の下に統一することが理念として目標化された。だが、その際に各集団の共同体としての権利をどこまで尊重すべきかが、重要な争点となった。国民統合のためのもっとも重要な回路の一つであった教育は、まさしくそのような共同体の個別的利益と、オスマン人の統一という全体的利益とが衝突する場であった。革命後の新政府が真っ先に取りかかった政策の一つが「教育の統一」であり、政府は非ムスリムの学校にも国家予算を支出する代わりに、教員資格や卒業試験などを国家の監督下に置くことを定めようとした。しかし、これは非ムスリム各共同体から、それぞれに伝統的に認められてきた特権の侵害であるとして猛烈な反対を受け、結局政府の当初案からの大幅な後退を余儀なくされた[36]。とくに、教員資格の認定は各共同体に留保された（一九一一年）。

このような共同体的な権利は、非ムスリムの専売特許ではなかった。バルカン戦争によってヨーロッパ領のほとんどを失うと、オスマン政府はアラブ重視の姿勢を打ち出し、その一環として一九一三年に公立学校におけるアラビア語使用を認める法令が出された。アルバニア人もアルバニア語教育を要求していたが、政府が譲歩する前にアルバニアは帝国から離脱した。バルカン戦争後には、オスマン帝国のムスリム・非ムスリム人口比はおよそ八対二になっていた。一九一三～一四年の教育統計によれば、ガラタサライ・リセと行政学院の学生に占めるムスリムの比はそれぞれ、八六及び九六パーセントであった。他方で、帝国大学法学部（旧法学校）の学生の約四分の一、医学部（旧医学校）学生の約三分の一が非ムスリムであった。これらの学部では、それぞれ弁護士、医師の資格が得られることが非ムスリムの入学の大きな理由であろうが、非ムスリムが当時まだオスマン公教育に完全に背を向けたわけではなかったことを示している。もちろん、この時点では、帝国各地に散らばって住むギリシア人やアルメニア人たちは、近い将来に自分たちが生まれ育った社会から根こそぎにされるとは思ってもみなかったであろう。

バルカン戦争の後、第一次世界大戦に同盟国側で参戦したオスマン帝国は、膨大な犠牲を払った末に一九一八年に降伏した。しかし、この期間は教育改革が急速に進んだ時期であった。これは、青年トルコ革命の立役者であった統一進歩協会が、クーデタを経て一九一三年六月に最終的に実権を掌握し、強権的な総力戦体制を作り上げたことによる。バルカン戦争の敗北の一因は、国民意識の弱さに求められた。それゆえ、祖国のために犠牲を厭わない、強い愛国心をもつ国民を生み出すための国民教育がめざされるようになる。この時期の「国民」は、ムスリム、とりわけトルコ人を意味するようになっていた。非ムスリムの「裏切り」を前にして、多数派であるムスリム・トルコ人も自らの個別的利益を追求し、トルコ人としての意識を強化すべきだという論調が高まり、教育論や教科書においてもトルコ人意識を強調する傾向が顕著になった[37]。

バルカン戦争敗北のもう一つの重要な原因と考えられたのは、国民の身体的脆弱さであった。生存競争に生き残るためには、教育によって「強靭な」国民を育て、動員することが必要とされた。この文脈で体育が重要視され、体育が学校教育へ本格的に導入されただけでなく、男子には小学校課程から軍事教練が取り入れられた。これらはすなわち、「国民皆兵」[38]を実現するための手段と考えられたのであった[39]。以上のように、学校教育は、オスマン帝国における総力戦体制の一環として再編された。女子の教育機会がこの時期に拡大するのも、総力戦下で女子の就職機会が拡大したことと同じ文脈で考える必要がある[40]。

おわりに

オスマン帝国末期の総力戦体制下の教育制度をもっとも忠実に継承したのは、疑いなくトルコ共和国であった。おそらくそれが一つの背景にあって、トルコにおける近代オスマン帝国教育史研究は、もっぱら国家の推進した新式学校に関心を集中させてきた。本章もまた、オスマン国家の新式学校制度に焦点を当てたものであり、末期オスマン帝国社会における教育の一断面を切り取ったものにすぎないことは強調しておく必要がある。すでに述べたように、オスマン社会には非ムスリムや外国人が設立した学校が数多く存在し、これらはしばしば質、ときに量においても官立学校を凌駕していた[41]。さらに、第1章で見たように、旧来のマクタブやマドラサも健在であった。スーフィー教団（タリーカ）もまた、その教えを説き、広める活動を通じて、草の根レベルで大きな社会的影響力をもち続けた。

また、オスマン帝国の公教育を国家のイニシアチブのみに帰すことも誤りである。本章においても指摘したように、小学校の多く、そして高等小学校の一部も、住民の醵金によって建設されていた。ハミト期には教育支援金という税の収入をもとに中学校が建設されていたが、納税者たる地域住民が税の使途について声を上げることもあった。州知事などの地方官は、各地の教育改革でしばしば決定的な役割を果たしたが、そのような場合においても、たいてい地域の名望家たちの協力をとりつけたのであった。ムスリムの私立学校はハミト期には少数であったが、第二次立憲政期には結社や団体に対する規制が大幅に緩和されたことにともなって、教育事業に多くの民間団体が参入した。統一進歩協会の各地の支部は、そうした団体の筆頭であった。もちろん、これらは、慈善団体などによる民間の福祉事業、ボーイスカウトやスポーツクラブの活動などとの関連でも論じられるべき事柄である。

オスマン帝国における新式学校制度は、以上のような全体のなかに位置づけて捉えられるべきものである。そのことをふまえたうえで、最後に、その歴史的意義について考察しておこう。オスマン帝国において、国家が国民全般の教育について関心をもち始めたのは一九世紀に入ってからであったが、その間、国家のなかで教育の占める比重は徐々に増大し、約百年後には、それに国家の生存を賭けるほどまでに、その関心は肥大化した。それは同時に、国家が社会に対する介入を強めたということを意味する。

その結果、新式学校はたしかに社会に大きなインパクトを残した。まずそれは、明らかにオスマン帝国の住民に新しい学びの場を提供した。一部の人々にとって、それは単に選択肢を増やしただけにすぎなかったかもしれないが、他の多くの人々に対しては、新しい知識を得る機会をもたらした。また、それは、政府が意図したように、オスマン国家の存在を帝国の広い範囲に住む人々に認知させるのに貢献したと言えるだろう。学校の授業や儀礼などを通じて、国家やスルタンは、より身近に意識されるようになったに違いない。新式学校の階梯は全て帝都イスタンブルに通じており、それは基本的に軍人や官吏など、国家機構に従事する人材を養成するものであった。民衆の目から見ればその種の人間こそが「オスマン人」であり、「オスマン人」は、官吏や軍人とともに新式学校と深く結びついた概念であった[42]。とくに中等以上の新式学校で学ぶ者にとっては、そこでの教育は「オスマン人」となる契機であり、また、オスマン国家への統合を促進するという効果があっただろう。そうでなくても、一部の生徒にとって、新式学校は、親の世代では達せられなかった社会的地位を得る手段となった。他方、学校を非ムスリム統合の手段とすることには、オスマン政府は必ずしも積極的であったとは言いがたいが、中等以上の官立学校が非ムスリムに開放され、限定的ながらムスリムと非ムスリムが机を並べて学ぶようになったことは、宗教的帰属にかかわらない「オスマン国民」理念の共有に、一定の役割を果たしたと言えるだろう。

オスマン国家の学校がもたらした最も重要な結果の一つは、新しい世界観をもつエリートが輩出されたことであった。彼らは科学や合理主義を信奉し、科学的な方法によって社会を統御する強力な国家を理想とした。バルカン戦争後に、総力戦への国民の動員を可能にする教育制度を作り上げたのは、ハミト期の学校が生み出した、そのような新しいエリートであった。この制度が短期的にどのような社会的効果を生じさせたのかは明らかではないが、オスマン帝国解体後には、この同じエリートがトルコ共和国を建設し、その制度を引き継いだ。また、帝国の他の後継諸国（例えばイラクやアルバニアなど）においても、オスマン帝国の学校で学んだかつてのオスマン・エリートが、しばしば指導的地位を占めることになったのである。(43)

注

（1）新式学校には、「マクタブ」のトルコ語である「メクテブ」の名称が使われるのが一般的だった。旧来のマクタブには「児童《スブヤン》の」、「街区《マハッレ》の」などの修飾語を付すことによって、新しいメクテブと区別された。

（2）Ahmed Vefik Paşa, *Lehce-i Osmânî*, ed. R. Toparlı, Ankara, 2000 (originally published in 1888/89), p. 707; Şemseddin Sâmi, *Kâmûs-ı Türkî*, repr., İstanbul, 1989, p. 1373 (originally published in 1900).

（3）また、主な専門中等・高等教育機関は、のちに公教育省の管轄下に入っていくので、専門教育との対比で「ウムーミー」の語が用いられてはいないと言えよう。

（4）エジプトにおける教育改革については、田中哲也による一連の業績を参照されたい。田中哲也「一九世紀エジプトにおける近代教育制度」『福岡県立大学紀要』第三巻二号、一九九五年、四一〜五六頁、同「エジプトにおける近代的民衆教育の研究・序説」同紀要、第八巻二号、二〇〇〇年、二三〜四一頁など。

（5）監督官が置かれたのは一八三八年一一月なので、意見書は実際にはそれ以前に提出されていたと考えられる。A. Akyıldız,

Tanzimat Dönemi Osmanlı Merkez Teşkilâtında Reform (*1836-1856*), İstanbul, 1993, pp. 225-226.

（６）この評議会の名称を「公教育」と訳せるかどうかは定かではない（「はじめに」参照）。

（７）字義どおりに訳せば、「諸学の館」。これがこの時点で、厳密な意味で「大学」に相当するかは検討の余地がある。この点について、長谷部圭彦「オスマン帝国の「大学」——イスタンブル大学前史」『大学史研究』二五号、二〇一三年、八三〜一〇二頁。

（８）*Devlet Salnamesi*, 10, 1271（1854/55）, p. 113. この資料によれば、当時バルカン地方で五校が新たに開校する予定だという。

（９）公教育省と混成教育評議会の設置について、長谷部圭彦「オスマン帝国における「公教育」と非ムスリム——共学・審議会・視学官」鈴木董編『オスマン帝国史の諸相』山川出版社、二〇一二年、三五二〜三七六頁。

（10）佐原徹哉「ドナウ州での教育改革の試み（一八六五—六八）とその反応——タンズィマート期ブルガリア社会の一断面」『スラブの歴史』（講座スラブの世界 ３）弘文堂、一九九五年、一二六〜一五八頁、同『近代バルカン都市社会史——多元主義空間における宗教とエスニシティ』刀水書房、二〇〇三年、二六一〜二六七頁。

（11）N. Maksudyan, "Orphans, Cities, and the State: Vocational Orphanages（*Islahhanes*）and Reform in the Late Ottoman Urban Space," *International Journal of Middle East Studies*, 43（3）, 2011, pp. 493-511. トゥナ州には、女子の孤児授産施設も設立された。

（12）V. Engin, *1868'den 1923'e Mekteb-i Sultani*, İstanbul, 2003. 小林馨「オスマン帝国における近代教育改革——ガラタサライ校を中心に」『明大アジア史論集』一三号、二〇〇九年、一二六〜一四六頁。

（13）*Devlet Salnamesi*, 25, 1287（1870/71）, pp. 121-122.

（14）T. Demirci and S. A. Somel, "Women's Bodies, Demography, and Public Health: Abortion Policy and Perspectives in the Ottoman Empire of the Nineteenth Century," *Journal of History of Sexuality*, 17（3）, 2008, pp. 377-420. 女子の専門学校としては、孤児授産施設から発展した女子工学校が各地に存在した（公教育省管轄）。女子の公職としては、官立工場の女性労働者（フェス帽工場の女性織工など）や、オスマン銀行などの公的企業（オスマン銀行は発券銀行だったが、外国資本）の女性事務職員等も挙げられるだろう。政府が女性看護師の育成を始めるのは、バルカン戦争期のことである（それまでは、主に外国人だった）。

（15）ハミト期には新たに高等中学校は建設されなかった。

(16) *Salname-i Nezaret-i Ma'ârif-i Umumiye*, 6, 1321 (1903-04). 以下、一九〇三～〇四年の統計はすべてこの資料（『公教育省年鑑』第六号）にもとづく。

(17) この項の以下の記述は、下記を参照している。B. C. Fortna, *Imperial Classroom: Islam, the State, and Education in the Late Ottoman Empire*, New York, 2002; S. Deringil, *The Well-Protected Domains: Ideology and the Legitimation of Power in the Ottoman Empire, 1876-1909*, London, 1998; E. Ö. Evered, *Empire and Education under the Ottomans*, London, 2012.

(18) ハミト期には、医学校、法学校、農学校、工学校、女子工学校などの専門学校も地方に設立された。新設の学校は、しばしばスルタンの名をとって「ハミディエ」と命名された。

(19) I. Blumi, *Rethinking the Late Ottoman Empire: A Comparative Social and Political History of Albania and Yemen, 1878-1918*, Istanbul, 2002, chap. 6.

(20) 一九〇三～〇四年の統計によれば、中学校では、生徒総数約一万三〇〇〇名に対して非ムスリム生徒は約八〇〇名にすぎなかった。もちろん、この六パーセントという割合は決して無視し得ない数字であり、ギリシア語やブルガリア語の教師が配属された公立中学校があった事実を過小評価するべきではなかろう。

(21) 行政学院について日本語では、永田雄三「オスマン帝国における近代教育の導入――文官養成校（ミュルキエ）の教師と学生たちの動向を中心に」『駿台史学』一一一号、二〇〇一年、六三～九〇頁。

(22) T. Güran, ed., *Osmanlı Devleti'nin İlk İstatistik Yıllığı 1897*, İstanbul, 1997, p. 100. のちの一九〇三～〇四年の統計では、三九パーセントが非ムスリム学生。

(23) 例えば、一九〇二～〇三年の法学校在校生六八一名のうち、非ムスリムは約一割であった。*Salname-i Nezaret-i Ma'ârif-i Umumiye*, 6, 1321, p. 94.

(24) E. L. Rogan, "*Aşiret Mektebi*: Abdülhamid II's School for Tribes (1892-1907)," *International Journal of Middle East Studies*, 28, 1996, pp. 83-107.

(25) これらの予科や幼年学校には、士官学校に進まない生徒も入学できたので、そこで高い水準の教育を受けた後、行政学院など他の高等教育機関に進む者も多くいた。

（26）M. A. Griffiths, "The Reorganization of the Ottoman Army under the Abdülhamid II, 1880-1897," PhD diss., University of California, Los Angeles, 1969, p. 115.

（27）C. V. Findley, *Ottoman Civil Officialdom: A Social History*, Princeton, 1989, pp. 154-160.

（28）A. Kırmızı, *Abdülhamid'in Valileri: Osmanlı Vilayet İdaresi 1895-1908*, İstanbul, 2007.

（29）鈴木董「パシャたちの変貌——比較史から見た最末期オスマン朝の支配エリートの若干の特質」『東洋文化』九一号、二〇一一年、二〇八～二〇九頁。

（30）M. Ş. Hanioğlu, *Young Turks in Opposition*, New York, 2001, pp. 200-212.

（31）第二次立憲政期の教育については、M. Ergün, *İkinci Meşrutiyet Devrinde Eğitim Hareketleri*（*1908-1914*）, Ankara, 1996 が網羅的である。

（32）M. Ö. Alkan, ed., *Tanzimat'tan Cumhuriyet'e Modernleşme Sürecinde Eğitim İstatistikleri 1839-1924*, Ankara, 2000, p. 165. 以下、一九一三～一四年の統計は、この資料に依拠する。

（33）Ergün, *İkinci Meşrutiyet Devrinde*, p. 317. 田村真奈「オスマン帝国における師範学校の制度的発展と近代国民教育——第二次立憲制期の『教育雑誌（*Tedrisat Mecmuası*）』の分析を中心に」『お茶の水史学』五一号、二〇〇八年、三五～八三頁。

（34）いくつかの州では、私立学校児童数として、公立小学校児童数をはるかに上回る数が示されているが、ムスリムの通う私立小学校の具体的な実態は不明である。カスタモヌ州に一一〇六ものムスリム私立小学校があるところを見ると、旧来のマクタブが相当数含まれていると考えられよう。Alkan, *Eğitim İstatistikleri*, p. 171.

（35）中学校と高等中学校の生徒の出自に関しては、秋葉淳「アブデュルハミト二世期オスマン帝国における二つの学校制度」『イスラム世界』五〇号、一九九八年、五九～六一頁の表も参照。

（36）藤波伸嘉『オスマン帝国と立憲政——青年トルコ革命における政治、宗教、共同体』名古屋大学出版会、二〇一一年、一五六～一六三頁。

（37）M. Ö. Alkan, "Modernization from Empire to Republic and Education in the Process of Nationalism," in K. H. Karpat, ed., *Ottoman Past and Today's Turkey*, Leiden, 2000, pp. 47-132. 歴史教科書については第6章（小笠原）を参照。

（38）ハミト期にオスマン帝国の軍事顧問であったドイツ軍人フォン・デア・ゴルツによる「国民皆兵論」は帝国の軍人をはじめとするエリートたちに広く読まれた。同書のトルコ語訳はもちろん、日本語訳も存在する。陸軍大学校訳『国民皆兵論』偕行社、一九二六年。

（39）S.Y. Ateş, *Asker Evlatlar Yetiştirmek: II. Meşrutiyet Dönemi'nde Beden Terbiyesi, Askerî Talim ve Paramiliter Gençlik Örgütleri*, İstanbul, 2012.

（40）バルカン戦争から第一次世界大戦に至る時期のオスマン帝国の政治・社会については、藤波伸嘉「オスマン帝国と「長い」第一次世界大戦」池田嘉郎編『第一次世界大戦と帝国の遺産』山川出版社、二〇一四年、一九一～二二八頁も参照。

（41）特定の種類の学校（例えば女子学校）や、特定の地域だけを比べれば、外国・非ムスリムの学校数やその生徒数が官立学校のそれを上回る場合もあった。

（42）オスマン末期に小学校教師を務めたアリ・ヴェフビーは、一九〇七年に農業銀行での勤務の推薦を受けた際、役人になって「オスマン人の集団（Osmanlı Zümresi）」に入ってはならないと両親から反対されたと回想している。Ali Vehbi, *Acıpayam*, Ankara, 1951, p. 269. 秋葉「二つの学校制度」四八頁も参照。

（43）イラクについては、酒井啓子「イラクにおける宗派と学歴」『現代の中東』一三号、一九九二年、七五～九二頁。アルバニアについては、N. Clayer, "The Albanian Students of the *Mekteb-i Mülkiye*: Social Networks and Trends of Thought," in E. Özdalga, ed., *Late Ottoman Society: The Intellectual Legacy*, London, 2005, pp. 289-339.

第4章　ジャーナリズムの登場と読者層の形成
――オスマン近代の経験から

佐々木紳

はじめに

オスマン帝国でアラビア文字を用いた印刷が始まるのは、一八世紀に入ってからのことであった。トランシルヴァニア生まれの改宗ムスリム、イブラヒム・ミュテフェッリカがイスタンブルに開いた印刷所は、一七二九年にアラビア語＝トルコ語辞書を出版して以降、一七タイトル、計一万部前後の印刷物を世に送り出した。その七割ほどは彼の存命中に売れており、この事業が十分に採算の合うビジネスであったことがわかっている(1)。

これまで、ミュテフェッリカの印刷事業は、オスマン帝国における「西洋化」や「近代化」の兆候ないしそのものの一つと考えられてきた。しかし、当時のオスマン帝国の人びとが、活版印刷の技術を「西洋」や「近代」の象徴と見なしていたとは考えがたい。一五世紀末にイベリア半島から来住したユダヤ教徒が印刷所を開いて以来、オスマン帝国では活版印刷の技術が知られていたからである。近年では、アラビア文字による印刷事業が、オスマン社会の内発的要因、すなわちオスマン人士のあいだでの図書需要の高まりに応じて始まったという点に注意を促す研究も現れている[2]。

ただし、当時のオスマン社会のなかで、ものを読むことができ、かつ書くこともできた人びとの数がきわめて限られていたことには注意を要する。諸説あるものの、一八世紀末には総人口の一パーセントほどであったと考えられている「識字率」は、一九世紀末までに五～一〇パーセントまで上昇した可能性があるという[3]。なかには、一〇歳以上の「非識字率」を州ごとにまとめた一八九四／九五年の統計資料を用いて、イスタンブルの人口の一〇パーセント（九万八二五〇人）、その他の州でも三〇～四〇パーセントの人びとが読み書きできなかったとする研究もある[4]。オスマン帝国の住民のじつに六割以上（イスタンブルにいたっては九割）が読み書きできたとも解釈しうるこのデータは、残念ながらいかなる調査のもとに得られた数値なのかが不明であり、その信憑性を確かめるすべもない。また、以上に挙げた数値は、いずれも「読む能力」と「書く能力」を区別しておらず、識字層と非識字層の中間にあって多数を占めていたと考えられる「読めるが書けない」人びとの実態は見えてこない[5]。

ともあれ、一九世紀以降のオスマン社会では、人口の一割にも満たぬ「読めて書ける」人びとのまわりに、「読めるが書けない」人びと、またみずから読めずとも「読んでもらう」ことで内容を理解できる人びとが階調をなしていた、と想定することは許されよう。本章では、こうした人びとが形成する「読者層」の裾野の広がりに留意して、一九世紀を中心とするオスマン近代のジャーナリズムの動態を俯瞰する。その際に、情報の流通を促すしくみや、公論が生起する場にも注目して論を進めることにする。

第１節　新聞の登場

オスマン・ジャーナリズムの形成

オスマン帝国における新聞の起源は、一七九五年にイスタンブルのフランス大使館が自前の印刷所で発行を始めた『ビュルタン・ド・ヌーヴェル』を嚆矢として、ナポレオン・ボナパルトの遠征軍が一七九八年にカイロで発行した『クーリエ・ド・レジプト』や、一九世紀前半にアナトリア西部の港湾都市イズミル（スミルナ）で発行された『スミルネアン』など、おもにフランス語で発行された外字新聞に求めることができる。トルコ語で「新聞」を指す語として「ガゼテ」や「ジュルナル」が定着したのも、このような事情によっていると考えられる[6]。

いっぽう、アラビア文字で発行された本格的な新聞としては、エジプト州総督のメフメト・アリ（ムハンマド・アリー）が一八二八年にカイロで創刊したアラビア語・トルコ語併記の『エジプト事報《ワカーイウ・ミスリーヤ》』をもって、その嚆矢とする。これに触発された形で、一八三一年にはオスマン政府が官報『諸事暦報《タクヴィーミ・ヴェカーイー》』を発刊した。同紙はオスマン・トルコ語（アラビア文字表記のトルコ語、以下「オスマン語」とする）のみならず、フランス語、アラビア語、ペルシア語、ギリシア語、アルメニア語でも発行された。オスマン語版以外はいずれも短命に終わったとはいえ、種々の言語や文字による官報の発行は、以後、とくに非ムスリムのオスマン臣民が各自の言語や文字で民間新聞を発行しはじめる契機となった。じっさい、一八四〇年代から五〇年代にかけて、ギリシア語、アルメニア語、ブルガリア語、そしてユダヤ・スペイン語（ラディーノ）の民間新聞が登場する。ギリシア文字表記のトルコ語（カラマン語）や、アルメニア文字表記のトルコ語（以下「アルメニア・トルコ語」とする）の新聞が現れたのも、このころのことである[7]。

これに対して、オスマン語新聞の歩みは概して緩慢であった。たしかに、イギリス国籍をもつジャーナリストのウィリアム・チャーチルが、オスマン政府の助成を得て一八四〇年に『時事通信《ジェリーデイ・ハヴァーディス》』を創刊していたとはいえ、その後、一八六〇年までの二〇年間に発行を継続できたオスマン語新聞は、同紙と官報の二紙にすぎない。オスマン語新聞が本格的に叢生するのは、以下で述べるとおり、一八六〇年代に入ってからのことである。(8)

オスマン・ジャーナリズムの発展

オスマン・ジャーナリズムの成長を質の面でも量の面でも促した点で、クリミア戦争（一八五三〜五六年）は一つの画期となった。この戦争中に整備された電信網や報道体制を利用して、速報性や採算性を重視した本格的な新聞が発行されるようになったからである。ギリシア語の『ビザンティス』、アルメニア語の『マスィス』、アルメニア・トルコ語の『時事集報《メジュムーアイ・ハヴァーディス》』、ユダヤ・スペイン語の『イスラエルの光《オル・イスラエル》』、そしてカラマン語の『アナトリア《アナトリ》』などが登場したのは、このころのことであった。オスマン語新聞では、父ウィリアムから『時事通信』を引き継いだ息子のアルフレッドが、クリミア戦争の戦況速報で商業的成功をおさめ、経営を軌道に乗せた。

オスマン・ムスリムのイブラヒム・シナースィーとユースフ・アーギャーフが一八六〇年に創刊したオスマン語民間新聞『情勢の翻訳者《テルジュマーヌ・アフヴァール》』の意義も、この時点までに形成されていたオスマン・ジャーナリズムの布置をふまえて考える必要がある。(9)同紙はしばしば「トルコ語で発行されたオスマン史上初の本格的な民間新聞」などと評されるが、上述のとおり、一九世紀半ばのオスマン帝国には、すでに相当数の外字新聞や、非ムスリム臣民の言語・文字による新聞が存在した。したがって、同紙創刊の意義は、そのようにして興隆しつつあった多言語・多文字の言論空間たるオスマン・ジャーナリズムの世界に欠けていた、ほかならぬオスマン語新聞の空白を埋める大きな一歩を踏み出した点に求められよう。

一八六〇年代後半には、シナースィーらに感化された若手の官僚や知識人が『公論述報《タスヴィーリ・エフキャール》』や『報道者《ムフビル》』などの政論新聞を発行し、西洋世界の文物の紹介にも努めた。やがて、アーリー・パシャやファト・パシャを首班とする当時のオスマン政府の強権的な改革路線に異議を唱え、それゆえ言論弾圧を受けてヨーロッパ諸国への亡命を余儀なくされたこれらの人びとは、みずから「新オスマン人」と名乗り、ロンドンやジュネーヴで『自由《ヒュッリエト》』や『革命《インクラーブ》』などのオスマン語新聞を発行して言論活動を継続した。(10)

ナームク・ケマル、ズィヤー、アリ・スアーヴィーら新オスマン人が亡命先のヨーロッパ諸国で発行した新聞では、「議会制《ウスーリ・メシュヴェレト》」、「憲政《メシュルーティエト》」、「自由《ヒュッリエト》」、「権利《フクーク》」、「国民《ミッレト》」などの言葉を用いて、オスマン帝国に立憲議会制を導入することの可否を論じた政治的議論が毎号のように紙面を飾った。オスマン政府はオスマン領内への持ち込みを禁じたものの、これらの新聞はイスタンブルの列国の在外公館を通して通関手続きを経ずに流入し、オスマン帝国に住まう人びとの手にも渡った。新聞雑誌を通して展開されたオスマン史上初の立憲運動ともいうべき新オスマン人運動は、「アジア初の近代憲法」と評される一八七六年の「ミドハト憲法」制定に向けての憲政論議をリードすることになる。(11)

同時期のイスタンブルでも、種々のオスマン語新聞に加えて、フランス語の『クーリエ・ドリアン』や『テュルキ』、ギリシア語の『ネオロゴス（新たな言葉）』、アルメニア・トルコ語の『思想体系《マンズーメイ・エフキャール》』、ユダヤ・スペイン語の『イスラエル・ジャーナル《ジュルナル・イスラエリト》』や『時代《ティエンポ》』、アラビア語の『巷説《アル＝ジャワーイブ》』、そしてペルシア語の『星《アフタル》』などが創刊された。オスマン領内の直轄州では、州当局による「州報」の発行も始まった。現在のブルガリア北部にあたるトゥナ（ドナウ）州の州報『トゥナ』がオスマン語とブルガリア語で、またアナトリア南部のアダナ州の州報『セイハン』がオスマン語とアルメニア語で作成されたように、州報の発行に際しては各地の言語状況に応じて複数の言語・文字が使用されることもめずらしくなかった（図4-1）(12)。

図4-1　アダナ州報『セイハン』第100号（1875年5月）のオスマン語版（右）とアルメニア語版（左）

（トルコ共和国国立図書館蔵）

ところで、一八四七年から刊行の始まったオスマン帝国の『国家年鑑』には、一八六四年以降、当該年度内にイスタンブルで発行された定期刊行物のタイトルと使用言語を記したリストが掲載されるようになり、のちに州報のリストも付されるようになった。これをもとに、一八六四年から一八八三年までの二〇年間にイスタンブルで発行された定期刊行物のタイトル数の推移を追ってみると、オスマン語をはじめとするアラビア文字表記の言語による定期刊行物の割合は、ほとんどの年で全体の三割にも満たないことがわかる。個々の刊行物の発行部数が不明であるため、流通量による比較はできないものの、このリストからも、オスマン・ジャーナリズムの世界がアラビア文字表記のトルコ語、すなわちオスマン語の新聞雑誌だけで成り立っていたわけではないことが確認できる。

他方、定期刊行物のリスト化は、オスマン政府によるオスマン・ジャーナリズムの実状把握と法制化の一環でもあった。出版印刷関連の手続きや罰則は、一八五七年の「印刷所法」、翌年の「帝国刑法」、そして一八六四年の「出版印刷法」で明示された。こうした法制化の進展は、言論統制の強化というよりも、多様化・複雑化の一途をたどるオスマン・ジャーナリズムの秩序を維持するためのものという性格が強かった。ところが、一八六〇年代後半に入り、新オスマン人が新聞雑誌を通して政府批判活動を展開しはじめると、オスマン政府は本格的な言論統制に乗り出し、一八六七年には政府に新聞雑誌の任意取締りの権限を認める「大宰相決定」を発した。以後、じつに一九〇八年の「青年トルコ革命」にいたるまで、いくつかの微調整を経ながらも、基本的には上述の出版印刷法と大宰相決定がオスマン・ジャーナリズムを律していくことになる。

一八七〇年代に入ると、オスマン語新聞のなかにも『洞察《バスィーレト》』や『警告《イブレト》』などの「大新聞」が現れた。アリ・エフェンディが一八七〇年に創刊した『洞察』は、プロイセン・フランス戦争（普仏戦争、一八七〇～七一年）の報道で商業的成功をおさめ、オスマン史上初めて一日あたり一万部の発行を記録した。他の生業や副業との「二足のわらじ」で新聞発行に携わる者の多かった時代に、アリ・エフェンディは新聞稼業だけで生計を立てることに成功した初めての人物とされる。新オスマン人のナームク・ケマルらが一八七二年に発行を始めた『警告』も、発刊からひと月を経ずしてやはり一日一万部のラインを突破した。

この時期には、ジャンルの多様化も進んだ。後述するオスマン史上初の女性向けオスマン語新聞『婦人版進歩《テラッキーイ・ムハッデラート》』や、同じく初の児童向けオスマン語新聞『分別《ミュメイイズ》』に加えて、『ディオゲネス《ディヨジェン》』や『幻灯《ハヤール》』などの「諷刺新聞」も現れた。これらの諷刺新聞に掲載されたカリカチュアは、オスマン・ジャーナリズムの世界を視覚的に活性化することにも貢献した[13]。他方、この時期にはさまざまな事情で発刊と廃刊を繰り返したり、紙名を幾度も変えたりする泡沫的な新聞も多数出現した。このため、タイトル数こそ増加したとはいえ、オスマン語新聞は内容面で玉石混交の様相を呈することになった。

一八七〇年代前半には政局の混迷を背景として言論統制がさらに強化されたものの、一八七六年に入って憲政樹立の機運が高まると、『時事通信』や『洞察』などの「老舗」に加えて、『時《ヴァキト》』、『未来《イスティクバール》』、『統一《イッティハード》』といった新進のオスマン語新聞が活発な議論を展開し、憲政樹立に向けた公論形成を促した。かくして一八七〇年代後半には、一ページあたり五つほどのコラムを有するブランケット版がオスマン語新聞の標準形となり、ここにオスマン・ジャーナリズムの概容が整った。

翻訳と転載

多種多様の言語・文字で発行された新聞雑誌が織りなすオスマン・ジャーナリズムの世界にアクセスするには、たしかに複数の言語や文字に通じているにしくはない。ところが、当時のオスマン帝国の住民の大多数は、単一の言語・文字だけを用いて暮らす人びとであった。官報や州報が複数の言語や文字で発行されていたことは、その証左の一つである。では、オスマン・ジャーナリズムの読者層の大半を占めていたと考えられる単一言語使用者は、この多元的言論空間にどのようにしてアクセスすることができたのだろうか。

まず、複数の言語や文字を習得するという方法があった。とくに、トルコ語を解する者は、家庭教師などから文字を学ぶことで、アラビア文字表記のトルコ語はもとより、ギリシア文字やアルメニア文字で記されたトルコ語の出版物にも触れることができた[14]。時代はやや下るものの、オスマン時代末期からトルコ共和国初期に活躍したジャーナリストのアフメト・イフサン（トクギョズ）は、学生時代に友人からアルメニア文字を学び、アルメニア・トルコ語の新聞や小説を「すらすら読んでいた」と回想録に記している[15]。

多言語・多文字のオスマン・ジャーナリズムの世界では、外国の新聞雑誌はもとより、国内で発行された新聞雑誌の記事や論説もさかんに翻訳された。たとえば、一八六〇年代から七〇年代にかけてのイスタンブルの論壇を中心に多彩な言論活動を展開した亡命ポーランド人のハイレッディン（本名カルスキ）は、フランス語に堪能であったもののオスマン語を解さず、論説はフランス語で口述したものをオスマン語に翻訳させていたという[16]。彼がオスマン語新聞『教育雑誌《メジュムーアイ・マアーリフ》』に寄せた「オスマン帝国の諸問題」と題する連載記事は、そのようにして作成されたと考えられる論説の一つであるが、これは先述のアルメニア・トルコ語新聞『思想体系』にも転載された。つまり、フランス語からオスマン語に翻訳されてできあがった論説が、文字の垣根をこえてアルメニア・トルコ語に移されたことになる[17]。

ハイレッディンのように、高い学識と教養を備えながらもトルコ語やアラビア文字を解さなかった人びとは、オスマン・ジャーナリズムの世界では決してめずらしい存在ではなかった。アナトリア中部のカイセリに生まれたギリシア正教徒のジャーナリスト、テオドル・カサプは、イスタンブルに出て独学でフランス語を身につけたのち、フランスの小説家・劇作家のアレクサンドル・デュマ・ペール（大デュマ）のいとこにあたる人物の勧めでフランスに渡り、パリでは大デュマの秘書も務めた。一八七〇年にイスタンブルに帰還してからは、さきにも触れた『ディオゲネス』や『幻灯』などの諷刺新聞を、オスマン語のみならずギリシア語やフランス語やアルメニア・トルコ語でも発行する一方、大デュマの冒険小説『モンテ・クリスト伯』をオスマン語に翻訳し、モリエールの喜劇『守銭奴』の翻案なども手がけた。これだけ旺盛に活動したカサプも、トルコ語を話すことはできたがアラビア文字を書くことはできず、オスマン語の論説や翻訳の作成にあたっては、弁護士の甥や親しい友人の助けを借りていたという[18]。

オスマン史上初の女性向けオスマン語新聞として、一八六九年から一八七〇年までに全四八号を発行した先述の『婦人版進歩』には、『思想体系』や『東方の光《エンヴァール・シャルキーエ》』などのアルメニア・トルコ語新聞、また『テュルキ』や『レヴァント・ヘラルド』などイスタンブルの外字新聞に加えて、『パトリ』や『リベルテ』や『フィガロ』といったフランスの新聞からの翻訳記事が散見する。注目すべきは、フランス語のみならずトルコ語にも堪能であった亡命ポーランド人のオスマン軍将校ムスタファ・ジェラーレッディン（本名コンスタンティ・ボジェンツキ）がフランス語で著した『古代と現代のトルコ人』（一八六九年刊）の女性に関連する部分を、同紙がいち早くオスマン語に訳出していることである。[19] これは、ヨーロッパの諸民族とトルコ民族とを同種とする独特の人種論を説いたことで知られる同書の内容の一端に、同時代のオスマン女性の一部も触れえたことを示している。

なお、新聞雑誌だけでなく、文学作品の翻訳に際してもさまざまな言語・文字が用いられた。たとえば、さきにも触れた大デュマの『モンテ・クリスト伯』は、一八四〇年代半ばのフランス語初版の刊行直後に、イスタンブルでギリシア語に翻訳され、やがてアルメニア語、オスマン語、アラビア語、カラマン語の翻訳も登場した。のみならず、一八五〇年にはユダヤ・スペイン語による模倣作が、また一八七四年には末期オスマン帝国を代表するジャーナリストにして作家の一人、アフメト・ミドハトによるオスマン語の模倣作『船乗りハサン、または壁のなかの秘密』が現れるなど、形成期のオスマン近代文学にも少なからぬ影響を与えた。同様に、古くからオスマン庶民に親しまれていた小話集『ナスレッディン・ホジャ物語』も、オスマン語はもとより、アルメニア・トルコ語やカラマン語でも出版されていた。これは、多元社会としてのオスマン帝国に生きる諸集団が、言語や文字のちがいだけでなく、ときに宗教宗派のちがいをもこえる形で、ある程度の文学的嗜好を共有していたことを示唆している。これらの翻訳文学が、オスマン社会におけるリテラシーの底上げに一定の役割を果たしたこともまた、想像に難くない。[20]

多言語・多文字社会としてのオスマン帝国では、多種多様の言語と文字で新聞雑誌が発行された。それらは、翻訳や転載を通して、あるいは複数の言語を併記した紙面づくりを通して、異なる言語や文字に移しかえられる回路を有していた。この点で、オスマン・ジャーナリズムの世界では、言語や文字をこえて情報が流通する機会は開かれていたといってよい。一方で、たとえば複数の言語や文字のちがいを知っている者が単一の言語や文字しか知らない者に、異なる言語や文字で記された新聞や小説を翻訳して読み聞かせる、という状況も十分に想定することができる。このように、「読めて書ける」人びとや「読めるが書けない」人びとだけでなく、みずからは読めないが「読んでもらえばわかる」人びともオスマン・ジャーナリズムの世界にアクセスすることを可能にした場が、オスマン近代には存在した。次節で述べる「クラーアトハーネ」である。

第２節　新聞を聴く場所

カフヴェハーネからクラーアトハーネへ

一九世紀後半のイスタンブルに登場した「クラーアトハーネ」（字義どおりには「読む店」）と呼ばれる施設は、新聞雑誌や書籍を備え付けて客に閲読させるコーヒーハウスの一種である。そこで、まずはオスマン帝国におけるコーヒーハウスの歴史について瞥見しておこう。

エチオピア原産とされるコーヒーは、紅海を越えて対岸のイエメンに渡ったのち、アラビア半島の西岸部を北上してエジプトやシリアに入り、一六世紀前半までにはイスタンブルに達していたといわれる。そして、同世紀半ばには、オスマン人士にコーヒーを供する社交の場として、トルコ語で「カフヴェハーネ」と呼ばれる施設が現れた。「カフヴェ」はコーヒー、「ハーネ」は家や店を意味するから、これは文字どおり「コーヒーハウス」にほかならない。むしろカフヴェハーネは、これより一世紀ほどあとに西欧諸国で登場することになるコーヒーハウスやカフェの先駆けなのであった。(21)

コーヒーや水タバコを喫しながらくつろぎ、種々のゲームに興じ、そして政談や商談の場ともなった点で、オ

図4-2　クラーアトハーネで新聞を読む人びと

出典：*Hayal,* no. 105, 7 Oct. 1874.

スマン帝国のカフヴェハーネと西欧諸国のコーヒーハウスとのあいだに大差はない。また、不特定多数の人びとが集い、ときに謀議や悪事の温床ともなったこと、それゆえ当局による監視や禁令の対象となったことにもかかわりはない。ただし、西欧諸国のコーヒーハウスが早期にジャーナリズムと結びつき、「市民」による「自由」な議論の場としての「公共圏」の形成に寄与したとされるのに対して、オスマン帝国のカフヴェハーネがジャーナリズムと結びつくのは、一九世紀半ばを待たねばならなかった。

前節で見たとおり、このころにオスマン・ジャーナリズムが活況を呈してくると、カフヴェハーネのなかには新聞雑誌や新刊書を取りそろえて客に閲覧させ、あるいは声に出して読み上げるサービスを提供するものが現れた。これがクラーアトハーネである。もともとカフヴェハーネから派生したこともあり、店名に「カフヴェ」や「カフヴェハーネ」の語を付したクラーアトハーネも少なくなかった。逆に、クラーアトハーネを名乗りながらも、飲食や娯楽の場に特化したもの、また旅宿としての機能を備えたものもあった。したがって、クラーアトハーネの定義やイメージは、一様には捉えがたいところがある。[22]

いずれにせよ、新聞雑誌の閲読所としてのクラーアトハーネは、まずクリミア戦争後のイスタンブルに登場し、その後一〇年ほどでオスマン帝国の各地に広まった。一八六〇年代末のオスマン帝国の『国家年鑑』には、イスタンブル、イズミル、クレタ島、サムスン、サライェヴォ、そしてリビアのトリポリなど、まさしく三大陸にまたがるオスマン領内の各所に点在した主要なクラーアトハーネのリストが掲載されている[23]。

クラーアトハーネが、新聞雑誌を「読む」だけでなく、「聴く」場でもあったことは重要である。この時代に「読めて書ける」人びと、すなわち「文字の文化[24]」のなかにいた人びとが人口の一割にも満たなかったとするならば、オスマン社会の住民の大半は、文字の存在を知りながらもそれを十分に用いることのできない状態にある人びとだったからである。クラーアトハーネでおこなわれた新聞雑誌の読み上げは、声に出して「読んでもらえばわかる」人びと、すなわち、文字どおり「聴く人びと」としてのオーディエンスをオスマン・ジャーナリズムの世界にいざなううえで、重要な役割を果たした（図4－2）。

クラーアトハーネの諸相

ここで、オスマン時代のクラーアトハーネについての具体的なイメージを得るために、一九世紀後半から二〇世紀初頭のイスタンブルで流行したいくつかのクラーアトハーネを紹介しよう。オスマン帝国におけるクラーアトハーネの嚆矢は、オスマン・アルメニア人のサラフィムなる人物がイスタンブル旧市街のベヤズト地区に開いたものとされる。これについては、末期オスマン帝国を代表するジャーナリストにして出版人でもあったエビュッズィヤー・テヴフィクの解説が要を得ているので、やや長くはなるが引いておこう。

このカフヴェハーネは、ひところよりオクチュラルバシュ・クラーアトハーネとして、やがてサラフィム・クラーアトハーネとして名声を博した。［ムスタファ・］レシト・パシャ廟の真向かいにあるこのカフヴェハーネは、亡きパシャの晩年あるいは逝去後に開店した。当初は高官の退職者が集ったものであった。『時事通信』と『諸事暦報』しかないころに、一方は毎週火曜日、他方は木曜日に発行されていたこの二紙を、最初にカフヴェハーネに集めて顧客の閲覧に供したのは、今は亡きサラフィム・エフェンディである。のちに『情勢の翻訳者』や『日報「時事通信」《ルーズナーメイ・ジェリーデイ・ハヴァーディス》』や『公論述報』、また『科学雑誌《メジュムーアイ・フュヌーン》』や『鏡《ミラート》』といった日刊や定期の出版物が増えるにつれて、このカフヴェハーネは一大閲読室の様相を呈した。当時、いくつかのこまごました良質の著作や未聞の作品が印刷されるたびに、このクラーアトハーネが販売拠点となって宣伝がおこなわれたので、文芸に関心を寄せ愛好する人びとの需要はしだいに高まった。とくにラマダーン月「ヒジュラ暦の第九月にあたり、断食が義務づけられた月」の夜は、まさしく詩文の饗宴の場となった。ナームク・ケマル、サードゥッラー、ハーレト、アーイェトゥッラー、アーリフ・ヒクメト、ハサン・スブヒー、アーリー、レフィク、ユースフ、アズィズの諸兄と、ヴィディンリ・テヴフィク、アフメト・ムフタル、スレイマン、ハジュ・ラーシト、サイードの諸氏は、たいていそこに集い、文学から数学まで、詩や空想小説から政治学や社会学までのあらゆる事柄を話題にし、意見を交換した（引用文中の「　」は引用者による補足説明、以下同じ[25]）。

タンズィマートの開始を告げる一八三九年のギュルハーネ勅令を起草したことで知られるムスタファ・レシト・パシャの死は、一八五八年一月のことであった。他方、一八八〇年代初頭にサラフィム本人があるオスマン語雑誌に寄せた自身のクラーアトハーネの広告記事では、創業年がヒジュラ暦一二七三年とされており、これは西暦一八五六／五七年にあたる[26]。ここから、創業は一八五七年ごろのことであったと推定できる。

エビュッズィヤーの描写からもうかがえるとおり、サラフィムのクラーアトハーネは当代一流の文士が集うサロンといったおもむきがあり、庶民にとってはやや敷居が高かったと考えられる。このように、カフヴェハーネやクラーアトハーネの客層が、社会的・宗教的・民族的なちがいに応じてゆるやかに分化していた点には注意を要する。じっさい、宗教宗派や出身地ごとに「行きつけの店」が形成され、なかにはイランからやって来たシーア派の人びとや、ロシア領からやって来たムスリム移民が集う店なども存在した[27]。

いっぽう、閲読環境をより充実させたものとして、オスマン帝国における啓蒙と学術水準の向上とをめざして設立された民間団体「オスマン学術協会」が一八六四年に開設したクラーアトハーネがある。イスタンブル旧市街のチチェキパザルにあった同協会の本部に付設されたこのクラーアトハーネには、開設の時点で、トルコ語七点、フランス語一〇点、英語五点、アルメニア語四点、ギリシア語三点の定期刊行物が備え付けられており、オスマン・ジャーナリズムの言語的多元性に対応する閲読環境が整えられていた[28]。このクラーアトハーネは、同協会の成員やクラーアトハーネの会員の紹介で利用することができ、利用料は月額五クルシュとされた。当時の新聞は一部あたり四〇パラ（＝一クルシュ）が相場であったから、新聞雑誌を定期的に読む習慣を身につけつつあった人びとや、複数の新聞雑誌を閲読したい人びとにとっては、十分に「元のとれる」施設であった。

一八六〇年代の後半以降、オスマン・ジャーナリズムが興隆するにつれてカフヴェハーネやクラーアトハーネの数が増加すると、集客のために飲料代の値下げキャンペーンをおこなったり、講談や寸劇や演奏会を催したりする店が現れた。たとえば、一八六六年にイスタンブル旧市街のシェフザーデバシュ地区で開業したアルヤナク・メフメト・エフェンディのクラーアトハーネは、著名な講談師を招いてイスラームの聖者伝を講じさせたり、舞台即興劇を掛けたりするなど、大衆演芸場さながらの様相を呈した。同じく、「カラギョズ」と呼ばれるオスマン庶民の伝統的影絵芝居で名声を博していたシェフザーデバシュ地区のフェヴズィエ・クラーアトハーネでは、一九世紀末に初めて映画が上映され、その店舗は二〇世紀に入ってイスタンブル初の映画館に転用されるにいたった[29]。新聞雑誌の閲読所を兼ねたカフヴェハーネとして出発したクラーアトハーネは、こうして、オスマン近代に生きる人びとの知的・文化的好奇心を大いに刺激し、また満足させる場となったのである（図４－３）。

図 4-3　カラギョズを上演するカフヴェハーネ

出典：M. S. Koz and K. Kuzucu, *Turkish Coffee,* Istanbul, 2013, p. 191.

慈善と公論

以上に見たクラーアトハーネの「レジャー施設化」とも呼ぶべき現象は、新聞雑誌の閲読所としての「本来の機能」からの逸脱や退廃というよりも、むしろ時代の変化や顧客獲得の必要に迫られるなかで生じた多様化や多機能化と捉えたほうがよい。この傾向は、後述するアブデュルハミト二世の時代におこなわれた禁書の臨検を回避する必要にも迫られていっそう加速していくが、以下では、それに先立つ勃興期のクラーアトハーネが見せたさまざまな「顔」のうち、これまで注目されることの少なかったさらなる一側面、すなわちクラーアトハーネによる慈善活動と公論形成との関係について、一例を紹介する。

　一八六〇年代後半のオスマン社会を揺るがせた出来事の一つに、ムスリムとギリシア正教徒が混住するクレタ島で発生した「クレタ問題」がある。一七世紀後半に征服されて以来、オスマン領となっていたクレタ島では、一八六六年に正教徒住民による反オスマン蜂起が発生した。この混乱のなかで島は荒廃し、島民は窮乏生活を余儀なくされた。そこで、イスタンブルのオスマン語新聞は、困窮したクレタ島民を支援するための募金活動を開始した。とくに、新オスマン人のアリ・スアーヴィーが編集人を務めていた『報道者』は、クレタ支援特別号を発行して、売上げのなかから必要経費を差し引いた額をそのままクレタ島の住民に寄付するというキャンペーンを展開した。この過程で、それまでムスリムや正教徒など宗教宗派ごとにおこなわれていた支援活動を、祖国を共にする「オスマン人」ないし「オスマン国民」の社会運動として進めようとする公論形成の機運すら生じた[30]。

こうした動きに触発されて、クレタ支援のための慈善演説会をクラーアトハーネで催し、その入場料を義捐金に充てようと試みたのが、さきに紹介したサラフィム・エフェンディにほかならない。じっさい、サラフィムが『報道者』に寄せた演説会の告知文には、次のように記されている。

そうした貴紙の貢献［『報道者』による募金活動のこと］は、まことに感謝されるべき事柄である。なぜなら、くだんの島にあって被害を受けたイスラームの民の状況は、聞くところによればたいへん痛ましいものであって、わたくしの愚考するところ、この哀れな人びとの状況に、祖国と国民のために尽力しているすべての人びとのなかで心を痛めぬ者など、もはやいない。ただ、クレタにあってあらゆる種類の災難に遭っているわれわれムスリムの祖国同胞への栄えある貢献となるべく、来たる月曜日の夕方一時から四時まで［午後七時から一〇時まで］小生のクラーアトハーネを開けて、飲物は無料にして、［その他の］経費もまた当方がもつことにする。この集会では、数名の聡明な人びとによって、愛国心と人間的な憐憫の情とをかきたてるような形で演説がおこなわれるであろうから、ご関心のある愛国の人士たちから入場料として一チケットあたり一〇クルシュをいただく。このチケットは四〇〇枚きりである。そして、何が起ころうとも、わたくしは［集まった義捐金を］早急に貴紙に持参してお渡しし、必要な一通の領収書をいただく。貴紙もまた、その金銭を別してクレタにもっていき、哀れな人びとにあげてほしい。そして、お送りした［この］拙文を今から広めるよう、お骨折りを願いたい[31]。

残念ながら、演説の内容や集まった義捐金の額は不明であり、そもそもこの演説会が実際に催されたか否かも定かではない。この告知文が掲載されてほどなく、オスマン政府が『報道者』を停刊処分としたため、続報が途絶えてしまったからである。とはいえ、この事例からは、新聞紙上で始まった慈善活動が、新聞を読み、また聴く場でもあったクラーアトハーネを主体とする慈善活動を誘発し、その動向がさらに新聞で報じられていく、という連関を確認することができる。オスマン・ジャーナリズムとクラーアトハーネとは、ときに相補的・相乗的な関係を築くことで、オスマン社会の読者層ないしオーディエンスの外延を押し広げ、公論を喚起することに貢献したと考えられる。

専制と出版

さて、一八六〇年代から七〇年代にかけて興隆したオスマン・ジャーナリズムは、一般には、つづくアブデュルハミト二世の三〇年に及ぶ「専制《イスティブダード》」の時代に徹底した言論統制を受け、停滞したと考えられてきた。たしかに、一八七八年にオスマン帝国議会を閉鎖して「専制」をしいたアブデュルハミト二世は、各所に密偵を放って情報収集に努めるかたわら、出版物の事前検閲に勤しんだ。とくに一八九〇年代以降、アルメニア人問題やマケドニア問題が深刻化する一方、のちに青年トルコ革命を主導することになる「統一進歩協会」の母体となった秘密結社の活動が活発化し、さらにはクレタ島の領有をめぐる隣国ギリシアとの戦争が勃発するなかで、この傾向はエスカレートした。

こうした時代背景のもと、猜疑心に駆られたアブデュルハミト二世と、その意向をときに過剰なまでに忖度しながら高度に機能していく官僚組織とが進めた統制と監視の手は、カフヴェハーネやクラーアトハーネにも及び、禁書を客に提供していないかどうかが厳しくチェックされるようになった。ただし、出版物の事前検閲や禁書指定、また「焚書」の実施に際しては、必ずしも当該出版物のコンテンツだけが問題とされたわけではなく、刊行の経緯や編著者の政治的な経歴なども加味して総合的に判断が下され、必要に応じて処分がおこなわれた[32]。

一方で、アブデュルハミト二世が新聞雑誌の発行事業に対する助成金の交付に積極的であったことも知られている[33]。たしかにこれは、出版印刷業の経営に影響力を行使することで統制強化の一助とするための手段であるにはちがいない。しかしこの措置は、結果として末期オスマン帝国の出版印刷業の保護育成につながった。「専制」は、出版印刷文化の技術面での停滞や断絶をもたらすことはなかったのである。

じっさい、政治以外の話題に特化しやすく、また固定の購読者を確保しやすい文芸誌や業界誌は、この時代に継続して発展した。たとえば、オスマン版の世紀末文学ともいうべき「新文学《エデビヤート・ジェディーデ》」のフォーラムとなったオスマン語文芸誌『学問の富《セルヴェティ・フュヌーン》』が登場したのは、「専制」のただなかの一八九一年のことである。同誌もまた、オスマン政府から助成を得ていた出版物の一つであった。他方、イラストをふんだんに掲載した婦女子や家族向けの新聞雑誌も、この時代になると廉価で購読できるようになった。なかでも『婦人専用新聞《ハヌムララ・マフスース・ガゼテ》』や『児童専用新聞《チョジュクララ・マフスース・ガゼテ》』は、しばしば孤児救済のための募金を紙面で呼びかけ、オスマン社会の中・下層の成年男女や若年層をも視野に入れた幅広い読者層に向けて寄付を募った。こうした方向での出版印刷文化の発展は、オスマン近代における社会・生活・家族の変容とも密接に連動していたと考えられる[34]。

このように、「専制」の時代にあっても発展していくオスマン・ジャーナリズムの読者層の中核を形成したのは、やはりこの時期に整備拡充が進んだ学校教育を通して読み書き能力を身につけた人びとであった。一九世紀半ばのタンズィマート期には青写真の域を出ずにいた学校教育改革は、この時期にいたってようやく軌道に乗り、学校数の増加と就学率の上昇、およびそれにともなう識字層の底上げという形で実質的な成果を挙げはじめた。官僚や軍人に新式学校を卒業した「学校出《メクテブリ》」の人びとが目立つようになってくるのも、このころのことである（第

3章〔秋葉〕を参照）。一九〇八年の青年トルコ革命後にオスマン・ジャーナリズムが再び隆盛期を迎え、政治的論議が活発化しえた理由の少なからぬ部分も、それに先立つ「専制」の時代に学校教育が整えられたことで読者層の裾野が広がったこと、そして、出版印刷文化の発展と成熟によってジャーナリズムが高い水準に達していたことに求めることができよう（第9章〔藤波〕を参照）[35]。

おわりに

一八八八年（または八九年）にオスマン領下のサロニカ（現ギリシア領テッサロニキ）で生まれたオスマン人ジャーナリストのアフメト・エミン（ヤルマン）は、一九一一年から一九一四年まで、オスマン帝国の国費留学生として米国のコロンビア大学に学んだ。研究テーマに同時代の母国オスマン帝国のジャーナリズム事情を選んだアフメト・エミンは、博士論文の作成準備のために、一九一三年にイスタンブルでアンケート調査をおこなった。一七歳から六〇歳までの男性一〇四人、女性一六人、計一二〇人の「トルコ人」つまりムスリムを対象にしたこの調査によれば、一二〇人中一一三人（九四パーセント）が新聞を定期購読していると答え、同じく一二〇人中四六人（三八パーセント）は、新聞を読むために、あるいは自分のもっている新聞を別の新聞と交換するために、カフヴェハーネに足を運んだ経験があったと答えている[36]。官吏・学生・教師・将校・技師・学者など、もともと新聞雑誌に高い関心を寄せていることが容易に想定できる人びとに調査対象が集中しているとはいえ、この調査結果からは、オスマン近代の中間層ともいうべき人びとのあいだで、このころまでに新聞雑誌を読む行為が習慣化していたこと、また新聞雑誌の閲読や交換のためにカフヴェハーネないしクラーアトハーネに足を運ぶことが常態化していたことがわかる。

図4-4　新聞のある家庭（20世紀初頭）

出典：E. Özendes, *Photography in the Ottoman Empire 1839-1923*, Istanbul, 2013, p. 238.

事態は、カフヴェハーネやクラーアトハーネなどの「公共圏」だけでなく、「親密圏」のレベルでも進行した。二〇世紀初頭、遅くとも一九〇八年の青年トルコ革命までには、オスマン社会の中流以上の家庭の居間や食卓で、ときに家族の団欒をともないながら、新聞を広げ、書籍をひもとく光景が日常化していたのである（図4-4）。こうして、「専制」や「革命」のなかでもたゆむことなく進んできた末期オスマン帝国の「文化」の歩みは、第一次世界大戦とそれに続く混乱の水面下でも着実に進行し、やがてトルコ共和国をはじめとするポスト・オスマン期の新興諸国家の「文化」の基層をなしていくはずである。[37]

注

（1）O. Sabev, "The First Ottoman Turkish Printing Enterprise: Success or Failure?" in D. Sajdi, ed., *Ottoman Tulips, Ottoman Coffee: Leisure and Lifestyle in the Eighteenth Century*, London/New York, 2007, pp. 63-89.

(2) 林佳世子『オスマン帝国五〇〇年の平和』講談社、二〇〇八年、二八五～二八六頁。

(3) C. V. Findley, "Knowledge and Education in the Modern Middle East: A Comparative View," in G. Sabagh, ed., *The Modern Economic and Social History of the Middle East in Its World Context*, Cambridge, 1989, pp. 136-137; F. Georgeon, "Lire et écrire à la fin de l'Empire ottoman: quelques remarques introductives," *Revue du monde musulman et de la Méditerranée*, 75-76, 1995, pp. 169-179.

(4) K. H. Karpat, "Reinterpreting Ottoman History: A Note on the Condition of Education in 1874," *International Journal of Turkish Studies*, 2 (2), 1981-1982, pp. 94-95.

(5) リテラシーの問題における「読めるが書けない」人びとの重要性を喚起する論考として、以下の文献を参照。松塚俊三・八鍬友広「識字と読書——その課題と方法」同編『識字と読書——リテラシーの比較社会史』昭和堂、二〇一〇年、一～一六頁、J. Akiba, "The Practice of Writing Curricula Vitae among the Lower Government Employees in the Late Ottoman Empire: Workers at the Şeyhülislâm's Office," *European Journal of Turkish Studies*, 6, 2007, http://ejts.revues.org/1503（二〇一四年八月一一日閲覧）。

(6) オスマン帝国およびトルコ共和国で発行されたフランス語新聞のカタログとして、G. Groc and İ. Çağlar, eds., *La presse française de Turquie de 1795 à nos jours: histoire et catalogue*, Istanbul, 1985 がある。

(7) オスマン領内で発行された非トルコ語・非アラビア文字の新聞雑誌に関する研究として、ギリシア語についてはA. Arslan, *Osmanlı'dan Cumhuriyet'e Rum Basını*, İstanbul, 2005, カラマン語についてはE. Balta, *Beyond the Language Frontier: Studies on the Karamanlis and the Karamanlidika Printings*, Istanbul, 2010, アルメニア・トルコ語についてはH. Stepanyan, *Ermeni Harfli Türkçe Kitaplar ve Süreli Yayınlar Bibliyografyası*（*1727-1968*）, İstanbul, 2005, ユダヤ・スペイン語を含むユダヤ教徒の諸言語についてはG. Nassi, ed., *Jewish Journalism and Printing Houses in the Ottoman Empire and Modern Turkey*, Istanbul, 2001 がある。

(8) オスマン時代からトルコ共和国初期にかけて、アラビア文字で発行された定期刊行物の書誌・所蔵情報をまとめたカタログとして、H. Duman, *Başlangıcından Harf Devrimine Kadar Osmanlı-Türk Süreli Yayınlar ve Gazeteler Bibliyografyası ve Toplu Kataloğu, 1828-1928*, 3 vols., Ankara, 2000 がある。オスマン近代のオスマン語ジャーナリズムの概要について、邦語では、石丸由美「オスマン帝国ジャーナリズム事情（一八三一～一九〇八）」『オリエント』第三四巻第二号、一九九一年、一一〇～一二四頁の紹介がある。

（9）『情勢の翻訳者』の創刊経緯については、新井政美『オスマン帝国はなぜ崩壊したのか』青土社、二〇〇九年、一〇五～一一二頁を参照。

（10）新オスマン人が発行した新聞の内容目録として、以下の文献がある。新井政美「新オスマン人協会刊『自由』紙（*Hürriyet*）目録――ロンドン、ジュネーヴ（一八六八～一八七〇）」『東洋学報』第六三巻三・四号、一九八二年、一～二八頁、N. Hayta, *Tarih Araştırmalarına Kaynak Olarak Tasvir-i Efkâr Gazetesi (1278/1862-1286/1869)*, Ankara, 2002.

（11）新オスマン人の政治的議論全般については、新井『オスマン帝国はなぜ崩壊したのか』第三～四章を、また彼らの立憲議会論に焦点を当てた研究として、佐々木紳『オスマン憲政への道』東京大学出版会、二〇一四年を参照。

（12）オスマン時代のバルカン地域における州報発行事業については、佐原徹哉『近代バルカン都市社会史――多元主義空間における宗教とエスニシティ』刀水書房、二〇〇三年、二一五～二一八頁を参照。州報を含むオスマン時代の中東・バルカン地域の新聞に関する論集として、A. Pistor-Hatam, ed., *Amtsblatt, vilayet gazetesi und unabhängiges Journal: Die Anfänge der Presse im Nahen Osten*, Frankfurt am Main, 2001がある。

（13）オスマン時代からトルコ共和国期にかけてのトルコ語諷刺新聞の展開については、以下の文献を参照。T. Çeviker, *Gelişme Sürecinde Türk Karikatürü*, 3 vols., İstanbul, 1986-1991; P. Brummet, *Image and Imperialism in the Ottoman Revolutionary Press, 1908-1911*, Albany, 2000.

（14）J. Strauss, "Who Read What in the Ottoman Empire (19th-20th Centuries)?" *Middle Eastern Literatures*, 6 (1), 2003, p. 53.

（15）Ahmet İhsan, *Matbuat Hatıralarım 1888-1923*, vol. 1, İstanbul, 1930, p. 35.

（16）ハイレッディンの言論活動については、佐々木『オスマン憲政への道』第四章を参照。

（17）*Mecmu'a-i Ma'ârif*, no. 158, 23 Cemâziyelâhir 1285（1868.10.11）, pp. 1a-2b; cf. *Manzume-i Efkâr*, no. 774（1868.10.23）, p. 2b-2d.『思想体系』への転載については、上野雅由樹氏の御教示による。

（18）テオドル・カサプについては、T. Kut, "Teodor Kasap," in *Türkiye Diyanet Vakfı İslâm Ansiklopedisi*, vol. 40, İstanbul, 2011, pp. 473-475を参照。なお、『幻灯』に掲載したカリカチュアがもとで一八七七年に投獄されたカサプは、獄中でアラビア文字を習得したという。

（19）"(Eski ve Yeni Türkler) unvanlı bu def'a Fransız olarak Beyoğlu'nda basılan bir kitabda Osmanlı kadınlarına da'ir görülen fıkra ale'l-vechi'l-âtî nakil ve tercüme olunur," *Terakki-i Muhadderât*, no. 21, 10 Şâban 1286（1869.11.15）, pp. 1a-2a. 訳出されたのは、第六章「ハレム」の一部である。Cf. Moustapha Djelaleddin, *Les Turcs anciens et modernes*, Constantinople, 1869, pp. 91-95. ムスタファ・ジェラーレッディンについて、邦語では、早坂真理『イスタンブル東方機関――ポーランドの亡命愛国者』筑摩書房、一九八七年、二五二～二五三頁に紹介がある。

（20）オスマン帝国における『モンテ・クリスト伯』の受容については、Strauss, "Who Read What in the Ottoman Empire?" p. 62を参照。なお、オスマン史上初の近代小説は、アルメニア・カトリック教徒のホヴセプ・ヴァルタニアン（ヴァルタン・パシャ）がアルメニア・トルコ語で著した『アカビ（アガペー）の物語』（一八五一年刊）である。オスマン・アルバニア人のシェムセッディン・サーミーが著した初のオスマン語小説『タラートとフィトナトの愛』（一八七二～七三年刊）に先立つこと、二〇年も前の出来事であった。

（21）オスマン時代のカフヴェハーネについて、邦語では、ラルフ・S・ハトックス（斎藤富美子・田村愛理訳）『コーヒーとコーヒーハウス――中世中東における社交飲料の起源』同文館、一九九三年を参照。

（22）オスマン時代のクラーアトハーネについては、以下の文献を参照。J. Strauss, "*Romanlar, ah! O romanlar!*: les débuts de la lecture moderne dans l'Empire ottoman（1850-1900）," *Turcica*, 26, 1994, pp. 125-163; F. Georgeon, "Les cafés à Istanbul à la fin de l'Empire ottoman," in H. Desmet-Grégoire and F. Georgeon, eds., *Cafés d'Orient revisités*, Paris, 1997, pp. 39-78; K. Kuzucu, "Kahvehaneden Kıraathaneye Geçiş ve İlk Kıraathaneler," in E. G. Naskali, ed., *Türk Kahvesi Kitabı*, İstanbul, 2011, pp. 161-208.

（23）*Devlet Salnamesi*, no. 23, 1285（1868/69）, p. 147; ibid., no. 24, 1286（1869/70）, p. 177.

（24）W・J・オング（桜井直文・林正寛・糟谷啓介訳）『声の文化と文字の文化』藤原書店、一九九一年、一二二頁。

（25）[Ebüzziya], "Kahvehâneler," *Mecmu'a-i Ebüzziya*, no. 130, 28 Muharrem 1330（1912.1.18）, pp. 47-48.

（26）"İzzetlü Sarafim Efendi Tarafından," *Hazine-i Evrak*, no. 35, 1297（1881/82）, p. 560.

（27）Georgeon, "Les cafés à Istanbul," pp. 47-51.

（28）"Cem'iyet Merkezinde Kıra'athane Küşadı," *Mecmu'a-i Fünun*, no. 22, Şevval 1280（1864.3/4）, pp. 423-427. オスマン学術協会は、こ

のほかに自前で図書館も開設した。

（29）Kuzucu, "Kahvehaneden Kıraathaneye Geçiş," pp. 175-179. オスマン近代の大衆芸能については、永田雄三「オスマン帝国末期イスタンブルの演劇空間――ポスター資料の分析を中心に」『駿台史学』第一二九号、二〇〇六年、一〇五～一二八頁を参照。

（30）『報道者』の募金活動については、佐々木『オスマン憲政への道』第一章を参照。

（31）*Muhbir*, no. 30, 29 Şevval 1283（1867.3.7）, pp. 1b-2a.

（32）アブデュルハミト二世期の言論統制政策については、F. Demirel, *II. Abdülhamid Döneminde Sansür*, İstanbul, 2007を参照。

（33）Ibid., pp. 81-84.

（34）各紙の募金活動については、N. Özbek, "Philanthropic Activity, Ottoman Patriotism, and the Hamidian Regime, 1876-1909," *International Journal of Middle East Studies*, 37(1), 2005, pp. 66-67を参照。一八九五年から一九〇八年まで全六一二号を発行した『婦人専用新聞』については、E. B. Frierson, "Unimagined Community: State, Press, and Gender in the Hamidian Era," PhD diss., Princeton University, 1996に詳細な分析がある。オスマン時代末期からトルコ共和国初期にかけての社会変容の過程については、A. Duben and C. Behar, *Istanbul Households: Marriage, Family and Fertility, 1880-1940*, Cambridge, 1991, esp. chap. 7を参照。

（35）アブデュルハミト二世期における出版印刷文化の発展と成熟を指摘する研究として、以下の文献を参照。J. Strauss, "'*Kütüp ve Risale-i Mevkute*': Printing and Publishing in a Multi-Ethnic Society," in E. Özdalga, ed., *Late Ottoman Society: The Intellectual Legacy*, London, 2005, p. 228; 新井『オスマン帝国はなぜ崩壊したのか』一八八～一九五頁。

（36）Ahmet Emin, "The Development of Modern Turkey as Measured by Its Press," PhD diss., Columbia University, 1914, p. 135.

（37）一九世紀後半から二〇世紀前半にかけて進行した文化的革新の連続性に注目した研究として、以下の文献を参照。C. V. Findley, *Turkey, Islam, Nationalism, and Modernity: A History, 1789-2007*, New Haven/ London, 2010, esp. pp. 117-118; B. Fortna, *Learning to Read in the Ottoman Empire and the Early Turkish Republic*, Houndmills/ New York, 2011.

第5章　アルメニア人オスマン官僚の教育的背景

上野雅由樹

はじめに

一八五六年の改革勅令により、オスマン帝国政府は全臣民の平等を宣言した。多様な帰属意識を持つ人々を内包したオスマン帝国においては、従来、民族や階級、身分よりも宗教・宗派によって社会が分節化されていた。それゆえに、平等の理念が持ち込まれた際に是正すべきとされた不平等とは、キリスト教徒やユダヤ教徒といった非ムスリムに対するムスリムの優位というイスラーム創始以来の大原則だった。そこでオスマン政府は、多宗教・多宗派からなる従来の帝国的編成を維持しながらも、平等原則のもとに、帝国の人口の三分の二程度を占めるムスリムと、残りの非ムスリムをオスマン国民として統合することを宣言したのである。ヨーロッパ列強の圧力もあって実現したこの平等の宣言は、オスマン政府の高官にとって、近代国家化を進め、一八世紀以来低下していた帝国の求心力を回復することを狙いとしていた。そして、そのための施策として帝国政府は、ごく一部の例外を除いて官吏や軍人といった支配層から非ムスリムを疎外してきた従来の原則を放棄し、彼らをオスマン官界に受け入れることを表明したのだった。

近代国家の国民統合が論じられる際、その主要な方策として真っ先に想起されるのは、初等段階の公教育と国民皆兵原則に基づく徴兵制だろう。一九世紀オスマン政府のムスリム高官がこうした方策の重要性を理解していたことも指摘されている[1]。しかし、実際には彼らはこれらを採用しなかった。教育に関しては、近世以来、オスマン政府は非ムスリムに対し、宗派共同体ごとに一定の自治を認めており[2]、その枠内で非ムスリムの聖職者層は、信徒に対してそれぞれの宗教・宗派と古典語に根ざした教育を施すことができた。こうした伝統を受け継ぎつつ、一八世紀以降、各宗派共同体は、実用的知識の伝達を主眼とする新式教育を導入していくことになる。一九世紀以降、人的、財的資源が限られたなかでオスマンが近代国家形成を目指すためには、非ムスリム側が独自に展開していた教育網を排除することによってではなく、それを社会編成のなかに組み込み、有効に活用する必要があった。それゆえオスマン政府は、中等段階以上ではムスリムと非ムスリムの混合教育を取り入れながら、初等段階では宗派別学を原則とした[3]。一方、前述の改革勅令では、義務の平等の観点から、それまでムスリムのみを対象としてきた徴兵制を、非ムスリムへも拡大することが原則として掲げられていた。しかし実際の運用面でオスマン政府は、非ムスリムに対して兵役代替税を課し、その兵役の実現を二〇世紀初頭まで棚上げにした。

これに対し、改革勅令のなかで言及され、オスマン政府が非ムスリム統合のために実際に用いた主たる方策は、権利の平等の観点から約束された非ムスリムの官吏任用である[4]。これは第一に、ムスリムに比して西欧の文物に馴染みの深い非ムスリムの人材を積極的に活用するという現実的な必要性に起因していた。第二に、非ムスリムを官庁の次官や大臣、国家評議会のメンバーなどの要職に任用することで、彼らにもムスリムと同様の社会的上昇の可能性を提示し、非ムスリムと体制との結びつきを強化する象徴的な意味を有していた。そして第三に、各宗派共同体の指導的人物を取り込むことで、彼らを通じて宗派共同体を間接の統制下に置き、必要に応じて介入の回路とすることも念頭に置かれていた[5]。

こうした統合方式の転換と前後してオスマン政府は、行政学院や法学校といった統治エリートの育成を主眼とした多数の専門高等教育機関を設立していった。それにより、近代国家形成過程における他国の例に漏れず、官僚機構の専門化と肥大化が進むなかで、オスマン帝国の官吏任用方式は、近世以来の縁故採用を残存させながら、官立の専門教育機関を通じた採用・育成へと徐々に転換していった[6]。そしてこうした教育機関は、機会の平等を実現し、宗教・宗派間の「融合」を促進する観点から、非ムスリムにも門戸を開放していた。さらにオスマン政府は、それら高等教育機関と、幅広く民衆を対象とした諸宗教・諸宗派の初等教育を結ぶための中等教育機関を主要都市に設置することで、階梯的な教育制度を徐々に整え、多様な宗教・宗派に属する幅広い層から統治エリートを取り込む回路を用意したのである。

以上の点に鑑みれば、一九世紀以降のオスマン帝国における統合のあり方を理解するためには、非ムスリム官僚に注目することが有意義なのは明らかだろう。そして、非ムスリム諸集団のなかで最も積極的にオスマン官界に参入したのが、キリスト教徒のアルメニア人だった。では、官界に入っていったアルメニア人はどのような人々だったのだろうか。本章では、彼らの教育的背景に注目してこの問いに取り組むことで、近代国家形成期のオスマン帝国における統合のあり方と多元的社会における少数者の教育戦略を見る。そのためにまず、オスマン帝国の非ムスリムにとってどのような教育機会が存在したのかを概観し、その後、人事記録簿という史料群をもとにアルメニア人官吏の教育的背景を見ていきたい。

第1節　非ムスリムをめぐる多様な教育主体

宗派共同体の学校

一九世紀のオスマン帝国において、正教徒やユダヤ教徒、アルメニア人といった非ムスリムは、ムスリムに比して多様な教育機会に恵まれていた。まず、幅広く民衆教育を担ったものとして、宗派共同体内で普及していった学校があげられる。

非ムスリムのなかでも最大の人口規模を持つ正教徒共同体は、ギリシア語やブルガリア語など、さまざまな言語を母語とする人々を内包しており、近世にはその内部で聖職者層が、正教信仰と深く結びついた教育を施していた。こうした従来の教育が次第に拡大する一方で、一七世紀末以降、「実用的知識」をギリシア語で教える学校も少しずつ設立されていった。一八六〇年代になると、新式教育の普及は、学校教育振興を主たる目的とする任意団体によって大きく進んだ。とりわけ、一八六一年にイスタンブルに設立された「コンスタンティノープル・ギリシア文芸協会」は、オスマン帝国全土の正教徒の学校や教育関連組織と関係を結び、物質的に支援することを掲げ、中心的な役割を果たすことになる。その背景には、正教徒のなかにギリシア語やブルガリア語、セルビア語など、さまざまな言語を操る人々が存在するなかで、それぞれの言語集団が学校教育を通じてより多くの子弟を囲い込むことを目指し、さらにそうした動きに、オスマン帝国から自立・独立していったギリシアやセルビア、ルーマニアなどの人々が積極的に関与していたという事情があった。こうしたなか、例えばアナトリアの正教徒は、資金援助を受けてギリシア王国のアテネに留学することができ、教師としてオスマン領に帰ることで社会的上昇を果たすことができたという(7)。

主要な非ムスリム集団のうちユダヤ教徒は、イベリア半島からの移民の子孫を中心としつつ、西アジア諸地域やクリミア半島などの多様な出自の集団を内包していた。ユダヤ教徒のあいだでは一九世紀中葉まではラビ層が宗教教育を施していた。一八六〇年には、ユダヤ系フランス人が、「東方」の遅れたユダヤ教徒を「文明化」することを目標に掲げ、世界イスラエリット連盟、通称「アリアンス」を結成する。オスマン帝国に進出したアリアンスは、オスマン・ユダヤ教徒の教育をそれまで担ってきたラビ層と最初は対立し、のちにその一部を宗教教育やヘブライ語教育の担い手として取り込みながら、フランス語を教育言語とする学校を、ユダヤ教徒人口の多い都市部を中心に普及させた。そして優秀な卒業生にはパリ留学の機会を与え、教師として育成し、各地の学校に派遣していった(8)。

キリスト教の非カルケドン派アルメニア教会に属し、アルメニア語という独自の民族語を持つアルメニア人は、その半数以上がオスマン帝国に、そして残りの大半が、一九世紀前半にロシア帝国に併合されたカフカスに居住していた。一九世紀オスマン帝国のアルメニア人は、正教徒に次ぐ人口規模を持ち、その多くは、イスタンブル総主教座と呼ばれる聖職者の組織を中心に、教会組織を通じて宗派共同体としての紐帯を保っていた。一九世紀末の人口統計によれば、アルメニア人は帝国人口の五パーセント程度を占めていた。イスタンブルと、アルメニア人にとっての故地である東部六州（現トルコ共和国の東部）に比較的多く居住しており、それ以外では主にアナトリア全域で小規模のコミュニティを形成していた(9)。東部六州ではアルメニア語と、場合によってはクルド語を話す者が多かったのに対し、イスタンブルや国際商業都市のイズミルではアルメニア語とトルコ語のバイリンガル、それ以外の地域ではトルコ語のみを用いる者が多かった。

アルメニア共同体では、教会組織の中心として共同体を統括したイスタンブル総主教座が新式教育の普及に重要な役割を果たした。正教会の世界総主教座に比して、アルメニア教会のイスタンブル総主教座の権威は低かっ

図 5-1　オスマン帝国東部六州

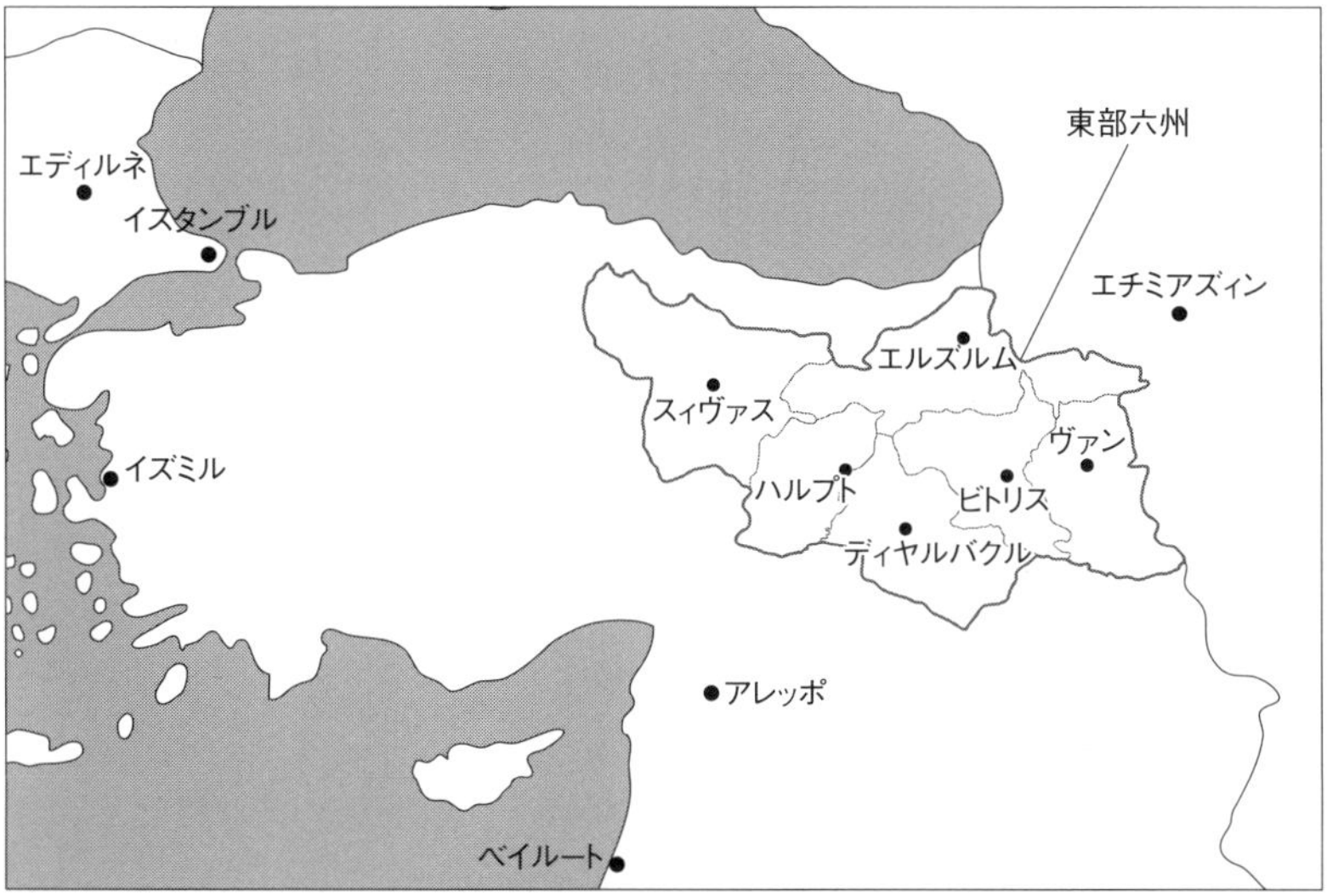

R. G. Hovannisian, “The Armenian Question in the Ottoman Empire, 1876-1914,” in idem, ed., *The Armenian People from Ancient to Modern Times*, vol. 2: *Foreign Dominion to Statehood: The Fifteenth Century to the Twentieth Century*, New York, 1997, p. 205 を参考に作成。

た。そのため同総主教座は、欧米から流入し、学校教育を布教活動の手段としたカトリックやプロテスタントの宣教師に対抗する必要性に強く迫られていた。総主教座の聖職者層は、俗人富裕層から金銭的支援を得て新式の学校教育の普及に積極的に努めていった。その結果、新式の学校教育は、一八世紀末以降イスタンブルで、一九世紀前半からはアナトリアで次第に広まり、さらに一九世紀後半には東部六州へと拡大していった。これにより、アルメニア共同体において新式初等学校は、宗教面では他宗派への改宗を防ぎ、言語面では、アナトリアに多かったトルコ語話者のアルメニア人に民族語を教え、さらには周縁地域において「クルド化したアルメニア人」とされる人々の「再アルメニア化」とでも言うべき役割を果たすことで、宗派共同体の文化統

合を支える装置として機能することになる。(10)

競合と越境

正教徒の学校教育普及がその内部の民族・言語的競合関係に促されたのに対し、アルメニア人の場合は、他宗派との競合関係がとくに重要な意味を持った。オスマン帝国では、欧米から流入したカトリックやプロテスタントの宣教師も、布教活動の一環として学校教育を施していた。一六世紀に始まるカトリックの布教活動に対し、関心を示すムスリムが極端に少なかった一方、非ムスリム、とりわけアルメニア人のなかには、強い関心を示し、改宗する者も現れた。そのため宣教師側も、非ムスリムを主な対象として活動していくことになる。さらに、一八世紀にオスマン帝国からヴェネツィアに移住したアルメニア人カトリック改宗者は、修道院を設立し、これを拠点としてオスマン領へと宣教師を派遣してアルメニア人に対して布教活動を行った。一九世紀にはヨーロッパで海外布教への関心が高まった結果、オスマン帝国でのカトリックの布教活動も活発化していった。一方、一八二〇年代にはアメリカからプロテスタントの布教団体、アメリカン・ボードが流入した。世界各地に宣教師を派遣したアメリカン・ボードが大きな人的・財的リソースを割いたのがオスマン帝国であり、そのなかでもアルメニア人だった。彼らは当初、イスタンブルやイズミルといった港町を主要な活動拠点とし、その後次第に内陸部まで入り込んで布教活動を行った。(11)

こうした布教活動に対し、アルメニア教会イスタンブル総主教座は、一八二八年にカトリック改宗者をイスタンブルから追放し、一八四六年にはプロテスタント改宗者をまとめて破門、アルメニア教会の信徒に彼らと関わることを全面的に禁ずるという措置をとった。こうした強硬策は、それぞれの宗派の守護者たらんとするフランス、イギリスの外交的な介入を招き、結果としてオスマン政府は、一八三一年にはカトリック改宗者に、一八四七年にはプロテスタント改宗者に独自に宗派共同体を形成することを公式に認めた[12]。その結果カトリックとプロテスタントのアルメニア人は、各宗派共同体内で公に自ら学校教育を施すことができるようになる。また、パリとヴェネツィアには、それぞれアルメニア人学校があり[13]、カトリックのアルメニア人を中心としながら、アルメニア教会信徒の子弟も受け入れており、そのなかにはオスマン領からの留学生もあった。帝国末期のムスリム官僚で作家であるウシャクルギルは、一八七〇年代末から彼が青年期を過ごしたイズミルの様子を回顧録に記している。そのなかで彼は、非ムスリム、とりわけプロテスタントやカトリック、アリアンスの学校が高い水準にあったのに対し、ムスリムの学校を、教育効果が低く、実用的教育を行わないものとして対比的に描いている[14]。

他宗派の布教活動に対しては、ロシア帝国下のアルメニア教会からも対抗措置がとられた。そのための施策として、カフカスのエチミアズィンに座を構えていたアルメニア教会の最高位の首長であるカトリコスは、聖職者の質を高めるべく、一八六八年にイスタンブルに大主教を派遣し、聖職者学校の設立をオスマン政府に訴えている。当時カトリコスを務めていたのはもともとオスマン・アルメニア人だった人物だった[15]。オスマン政府は許可を与えなかったものの、カトリコスは、エチミアズィンに聖職者学校を設立し、オスマン領からも学生を募集した[16]。また、ロシア帝国に移住したオスマン・アルメニア人商人の資金援助と、サンクト・ペテルブルグのロシア・アルメニア人学者の教育計画により、一八八一年にはロシア領に比較的近いエルズルムにアルメニア人向け中等教育機関が設立された[17]。

以上見てきたように、非ムスリムの教育をめぐっては、単独の行為主体が教育を施す権利を独占したわけではなく、さまざまな行為主体が競合しており、そしてそれぞれが多くの場合、帝国の境界を越えた結びつきを有していた。そうしたなか、オスマン帝国内の非ムスリム諸共同体で広まった学校は、宗教的・民族的帰属意識を涵養すればそれで事足りるのではなく、より魅力的な教育を施すことで、子弟を惹きつける必要があった。そのため宗派共同体の学校は、それぞれの言語、宗教、歴史だけでなく、算数、トルコ語、さらにフランス語などの西欧諸語をカリキュラムに組み入れた。ここで、イズミルのアルメニア人学校の例を見てみよう。同校に関して一八七八年に作成された報告書（表5-1）によれば、数ある科目のなかでも、民族語であるアルメニア語以外に、帝国の公用語であるトルコ語、そしてとりわけ国際的威信言語のフランス語に多くの授業時間が割かれていたことが分かる。オスマン帝国における当時の中等・高等教育機関には、トルコ語だけでなくフランス語を教授言語とするものもあった。また、オスマン帝国内で社会的上昇を果たすには、フランス語を習得することが得策であり、それゆえ留学先としてもフランスが好まれた。トルコ語やフランス語は、高等教育を受けるために必要だったのである(18)。

宗派共同体や宣教団体が初等教育を中心としつつ、部分的には中等段階へと活動を展開していったのに対し、中等・高等教育という点では、留学と官立の教育機関という選択肢があった。富裕層は、フランスを中心に西欧諸国の教育機関へ子弟を留学させ、また前述のように、非ムスリムは独自の留学ルートを保持していた。一方、第3章（秋葉）で論じられたように、一九世紀半ば以降には、オスマン政府が行政学院、医学校といった専門高等教育機関、ガラタサライ・リセや中学校《イーダーディー》などの中等教育機関を充実させていった。

以上見てきたように、アルメニア人などの非ムスリムは多様な教育機会に恵まれていた。ではそのなかで、官界に参入したアルメニア人はどのような学校を選んでいたのだろうか。

表 5-1　1878年のイズミルの男子校に関する報告書より、学年別授業時間数

授業時間数	小学校1、2年	小学校3年	高等小学校1年	高等小学校2年	高等小学校3年	中等学校1年	中等学校2年	中等学校3年	中等学校4年
宗教	○	○	1	1	1	1	1	1	0
アルメニア語	○	○	6	6	5	4	5	4	0
フランス語		○	6	6	6	5	7	5	4
英語			0	0	0	0	2	3	3
トルコ語			0	0	0	3	4	4	4
ギリシア語			0	0	0	0	0	3	3
哲学史			0	0	0	0	0	0	1
世界史			0	0	0	2	2	2	2
民族史			3	3	3	0	0	0	0
経済			0	0	0	0	0	0	2
世界の地理政治		○	3	3	3	2	2	1	0
世界の通商			0	0	0	0	0	0	2
代数			0	0	0	0	0	0	2
算数	○	○	3	3	3	2	2	2	0
簿記			0	0	0	0	3	2	1
物理			0	0	0	0	0	2	2
化学			0	0	0	0	0	0	2
自然史			0	0	0	0	0	0	2
書法			2	1	1	0	0	0	0
生徒数（人）	30、30	28	20	22	20	30	11	8	3

※小学校に関しては時間数不明

出典：*Deghegakir ew Arrachargut'iwnk' Desch'in Azkayin Mesrobean ew Hrrip'simean Varzharanats' Zmiwrrnioy*, Izmir, 1878, p.4.

第2節　アルメニア人官僚の「学歴」

非ムスリムの官吏任用

御前会議通訳官や、オスマン帝国の属国であったワラキア・モルドヴァ両公国の公といった官職を保持した正教徒の場合と異なり、一九世紀初頭までのオスマン帝国においてアルメニア人は、オスマン政府から官職を得ることが稀だった。しかし彼らのなかには、ユダヤ教徒とともに、帝国財政の支柱だった徴税請負制のなかで財務取扱人としての役割を果たし、政府高官と強く結びつく者もあった。こうした状況は、一九世紀前半に大きく変化する。イェニチェリ軍団の廃止により、それと結びついたユダヤ教徒財務取扱人が没落し、ギリシア独立戦争により正教徒が一時的にではあれ官職から遠ざけられたことはアルメニア人にとって有利に働いた。しかし、正教徒が海上交易での、さらにそれを通じて蓄積した富で金融業での存在感を高め、一八五〇年代に新たに広まった銀行業に乗り出すと、アルメニア人商人や財務取扱人は劣位に追い込まれた。こうしたなか、アルメニア人のなかからは、通訳や技術者としてオスマン政府と結びつきを持つ者が現れ、アルメニア共同体内で財務取扱人に代わって指導的な地位を得るようになる[19]。そして一八五六年の改革勅令により、非ムスリムにオスマン官界への道が開けたのだった。その結果、多くのアルメニア人がオスマン官吏としてのキャリアを選ぶことになる。そのなかには商人や財務取扱人の子弟が多数見られたのだった[20]。

改革勅令から二〇年後の一八七六年、アブデュルハミト二世が即位した。アブデュルハミトは、官僚層の包括的な把握と人事の体系化のため、官吏個々人に履歴書を作成させ、中央政府の一部局で管理する制度を構築する。提出された履歴書は、人事記録簿にまとめられた。この人事記録簿により、アブデュルハミト治世期に中央政府および地方で官吏だった人物の多くに関しては、下級官吏から大臣に至るまで、その出生年、出生地、父親の名前と職業、学歴、言語能力、そして任用後の経歴や給与といった情報を得ることができる。たしかに、自己申告に基づいた記録であって前歴や父親の職業などに関して情報が抜け落ちることや、言語能力に関して信頼性に欠けることも少なくないなどの限界はある。また、報告もれなどのために全官吏を網羅しているとは言えず、一九〇八年の青年トルコ革命以降は記録の更新が滞ってもいる。それでもこの人事記録簿は、五万名程度のオスマン官僚に関して情報を提供してくれる貴重な史料群である(21)。

これまでの調査で、宗派、本人と父親の名前、言語能力などの記載事項をもとに筆者が総合的に判断した結果、この人事記録簿には一四九〇名のアルメニア人が含まれていることが判明している(22)。前述のように、アルメニア人のあいだにはアルメニア教会の信徒だけでなく、カトリックやプロテスタントに改宗した者もいた。人事記録簿のアルメニア人官僚のうち、アルメニア教会信徒は七四七名（宗派が分かる者のうち八一パーセント、以下同様）、カトリック一六九名（一八パーセント）、プロテスタント六名（一パーセント）で、残りには宗派が記載されていない。本章では、彼らが共通の文化的背景を一定程度共有していたことに鑑み、これらすべてをまとめて扱う(23)。官僚機構全体においてそうであるように、アルメニア人の場合もその大半が下級官吏ではあるが、彼らのなかには外相や公共事業相、国家評議会のメンバーなどの要職を務めた人物も含まれている。アルメニア人の場合、外務、司法、商務・公共事業、電信・郵便、関税、財務といった部局に比較的多くの官僚を輩出している(24)。

人事記録簿全体から見れば、アルメニア人が占める割合は三パーセント程度であり、必ずしも多いとは言えないだろう。しかし、人事記録簿作成過程において用意された統計から明らかなように、アルメニア人は、他の非ムスリムに比べて多くのオスマン官僚を輩出しており、その数は、人口面では最大だった正教徒よりも多い(25)。さらに言えば、前代のタンズィマート期（一八三九～一八七六年）には概して非ムスリムに対して有利な政策がとられたとされるのに対し、アブデュルハミト二世期は、イスラームを前面に押し出した政策がとられ、一八九〇年代中葉にはアルメニア人虐殺問題が生ずるなど、アルメニア人不遇の時代とされ、また彼らの民族主義的傾向が高まった時代とも言われる。にもかかわらず、オスマン政府がこれだけの数のアルメニア人官吏を任用しており、またアルメニア人のなかに帝国の官吏としての道を選ぶ者が少なくなかった点は注目に値する。アブデュルハミトは、自身に権力を集中させるべくさまざまな社会集団の指導的人物を重用し、彼らと直接結びつくことで各集団からの支持を調達した。表向きはイスラームを強調するぶん、こうした方式はとくに非ムスリムとの関係で重要であり、非ムスリム有力者を、宗派共同体との調整役や対外的な折衝役としても活用した。そして、アルメニア共同体でこうした立場にあったのがオスマン官僚だった。[26] 一方のアルメニア人側としては、オスマン政界と結びつきを持つことで共同体内での指導的立場を確保することができたのである。

学校の選択と宗教・宗派

出生年による官僚数は、一八六一／二年を頂点としてゆるやかなピラミッド型の分布を示している。これは、人事記録簿がもっぱらアブデュルハミト二世の治世という限られた時代のみに作成されたことから、それ以前に死亡した人物や青年トルコ革命後に任官した人物を概して含まないためである。こうした出生年による人数の違いに鑑み、時代による大まかな傾向を把握するためにも、以下ではアルメニア人官僚を、就学年齢七歳を基準に、[27] オスマン政府が非ムスリムの官吏任用を宣言した一八五六年二月の改革勅令と、一八七六年一二月のオスマン憲法を画期として三つの世代に分けた。[28] そしてそれぞれが一〇〇名を超えるように、第一世代は二分の一、第二世代は八分の一、第三世代は三分の一をサンプルとして抽出し、アルメニア人オスマン官僚の教育的背景（表5-2）、および主張した言語能力（表5-3）を見た。

サンプル全体の特徴として、トルコ語能力を持つ者の割合が非常に高いことがあげられる。オスマン官僚としてキャリアを積むためには、帝国の公用語に通じていることが当然有利に働いただろう。すでに述べたように、東部六州以外ではアルメニア人はトルコ語を母語としており、これは、非ムスリムのなかでもアルメニア人がより多くオスマン官界に参入できた要因の一つだったと考えられる。とはいえ、第一世代を除けば、九〇パーセントを超える割合が会話能力だけでなくトルコ語筆記能力も主張しており、多くのアルメニア人が何らかの形でトルコ語を学んでいたことが確認できる。

初等段階の教育に関して見ると、どの世代においてもサンプルの七割程度が、宗派共同体の学校を選択していたことが確認できる。小学校で学んだ、どこどこの学校で学んだとしか述べていない場合もあって学校の種類が確定できない部分があるため、表5-2にあるように数字に幅を持たせざるを得ないが、いずれにせよ、宗派共同体の学校が主要な選択肢として機能しており、その割合も徐々に増加していたことが確認できる。

ただし興味深いのは、少数ではあれ、初等から中等段階でムスリムや正教徒などの他宗教・他宗派の学校で学んだ者が一定数存在した点である。例えば、あるアルメニア人地方財務官は、ムスリムとアルメニア共同体の学校両方で学んだと申告している[29]。また、イスタンブル出身の地方医務官は、最初は正教徒の学校で初等教育を受け、中等段階でアルメニア人の学校に、その後、官立医学校に進学したと述べている[30]。黒海南岸地方出身のある人物は、最初はイスタンブルの、次にエディルネのアルメニア共同体の学校で学び、その後アリアンスの学校へ、次に官立中学校に移り、さらに再びアリアンスの学校に戻ったものの、体調を崩したために中退した。その後彼は、一八九九年に二二歳で無給の見習いとして官立農業銀行に就職している[31]。

なかには、最初はアルメニア共同体の学校で学んだ後、宗派の境界を越えてプロテスタントやカトリックの学校に進学した人物も見られる。例えば、東部六州出身のあるアルメニア人は、生地でアルメニア共同体とプロテ

表5-2　各種学校で学んだアルメニア人官僚の人数（世代別）

世代（生年）／学校	第1（1815～48）		第2（1848～70）		第3（1870～94）	
	人数（%）	地域別内訳	人数（%）	地域別内訳	人数（%）	地域別内訳
宗派共同体学校	73-91（57-71%）		67-84（62-78%）		79-91（67-77%）	
ミッションなど	24（19%）	18/6/0	14（13%）	8/4/2	18（15%）	4/8/6
留学	29（23%）	25/4/0	6（6%）	4/1/1	8（7%）	6/2/0
官立中等	3（2%）	3/0/0	20（19%）	13/3/4	28（24%）	6/13/9
官立専門	5（4%）	5/0/0	13（12%）	8/3/2	21（18%）	10/6/5
有効サンプル数	128	71/35/22	108	44/37/27	118	34/59/25
不明	0		1	0/1/0	0	
サンプル総数	128		109		118	
官僚数	256		879		354	

※地域別内訳は、左から順にイスタンブル、その他地方、東部六州。その他の地域の多くは、アナトリア出身。少数ながらアラブ地域、バルカン出身者も含まれる。表5-3も同様。
※各カテゴリーの人数は、最終学歴ではなく、それぞれの種類の学校に行った経験をもつ人数である。ただし1人が複数の同種の学校に通った場合は、1人とカウントした。

表5-3　アルメニア人官僚の言語能力（世代別）

世代／言語	第1世代		第2世代		第3世代	
	人数（%）	地域別内訳	人数（%）	地域別内訳	人数（%）	地域別内訳
トルコ語	119（94%）	65/33/21	104（99%）	42/35/27	108（100%）	33/54/21
トルコ語（筆記）	80（64%）	39/25/16	96（91%）	35/34/27	103（95%）	33/51/19
アルメニア語	101（80%）	57/27/17	82（78%）	32/28/22	83（77%）	23/41/19
フランス語	81（64%）	57/18/6	65（62%）	40/13/12	88（82%）	32/39/17
イタリア語	26（21%）	19/6/1	8（8%）	7/0/1	8（7%）	3/5/0
アラビア語	13（10%）	3/6/4	14（13%）	1/7/6	15（14%）	2/11/2
英語	24（19%）	17/6/1	11（11%）	7/1/3	19（18%）	8/6/5
ギリシア語	36（29%）	19/14/3	19（18%）	10/6/3	20（19%）	10/10/0
有効サンプル数	126	71/34/21	105	42/36/27	108	33/54/21
不明	2		4		10	
サンプル総数	128		109		118	

スタントの両方の学校で学んだ。父親の死を理由に中退した後、おそらくは何らかの職を経て、二八歳のころにイスタンブルのベイオール地区で警察官として奉職している。別の人物は、やはりアルメニア共同体の学校の後、ベイオール地区にあったフランス系の学校で学んだ。彼はその後一五歳の若さで見習いとして任官し、公共事業省でフランス語での通信を担うことになった。[32] アルメニア共同体を統括する位置にあったイスタンブル総主教座は、宗派共同体の紐帯を維持すべく、カトリックやプロテスタント、正教徒の学校に子弟を送らないよう信徒に求めていた。しかし、ヨーロッパ列強の庇護下にあった外来の宣教師に対しても、またオスマン政府がその地位を保障した帝国内の他宗派に対しても、同総主教座は、強硬策をとることができなかった。そうしたなか、一般の信徒のなかには社会的上昇を果たすべく柔軟な選択を行う者も存在したのである。今回のサンプルで何らかの段階でカトリックやプロテスタントのミッションスクールで学んだ者の割合は、どの世代においても一〇パーセント台存在した。そのなかには、カトリックの信徒もいれば、アルメニア教会の信徒も見られた。二〇世紀初頭に作成されたアルメニア人の就学状況に関する統計からは、やはり同程度のアルメニア人が、それらの学校を選んでいたことが確認できる。[33] 一方、前述のムスリム官僚ウシャクルギルが、アルメニア・カトリックの学校で学んだ彼自身の経験に関して「当時こうしたことに慣れていないイズミルにおいては、ほぼだれもが噂の種にした」と表現しており、[34] コスモポリタンな国際商業都市においてさえも、ムスリムは他の学校に行くことが稀であり、社会的に憚られる行為だったことが窺われる。オスマン政府は、ミッションスクールがムスリム子弟までも取り込もうとしていたことを危惧していたという。[35]

アルメニア人オスマン官僚のなかには、ムスリムの伝統的高等教育機関であるマドラサや、スーフィズムの修道場で学んだと述べる者もいた。一八四四／五年にシリア地方のアレッポで生まれたあるアルメニア人は、アルメニア共同体の初等学校で学んだ後、マドラサでアラビア語諸学を学び、後に商事裁判所の書記を務めている。[36]

イスタンブル出身のミフランは、やはり、アルメニア共同体の学校で教育を受けた後、同じ地区にあったシェイフ・ヌーレッディン修道場で学んだという[37]。ミフランがイスラームに改宗していた可能性は否定できないが、改宗の事実が明示される他の官吏の場合と異なり、ミフランの人事記録にはそうした記述が見られず、単にアルメニア人と記載されている。彼がどういった経緯から、また具体的になにを修道場で学んだかは不明である。縁故採用が幅広く残っていた当時のオスマン官界において、修道場での交流は官界参入の伝手《つて》を得る機会の一つであり、ミフランがそうした目的で修道場を学びの場として選んだ可能性も十分考えられる。

教育改革への適応

ムスリム高官の事例と同様に[38]、アルメニア人の場合も初等教育を終えた後は、無給の見習いとして任官し、訓練を受けている者が多い。今回のサンプルで見れば、学歴を問わず任官時に無給だった者は四割を超える。その一方で、サンプルのなかには、国内外の中等・高等教育機関で学んだ者が三割程度存在する。

留学経験者の割合は第一世代で高く、全体ではパリとヴェネツィアが留学先として好まれていたことが分かる。そのなかにはまず、現地の高等教育機関で学ぶ者が見られる。一例をあげれば、ノラドゥンギアン（図5－2）は、イスタンブルでフランス系のカトリック学校で学んだ後、いったんは見習いとして外務省に任官した。その後彼は、パリに留学、パリ大学や私立政治学院で法学や経済、歴史などを学び、帰国後はその知識を活かして大宰相府法律顧問、対外関係に関わる各種委員会の委員を務めるほか、オスマン法学校で政治学や国際私法を教授し、後には公共事業相や外相にまで出世した。また彼は、アルメニア共同体の中等教育機関で教師を務め、さらに共同体の運営にも深く関わり、アブデュルハミト二世に対してアルメニア共同体を代表した人物でもあった[39]。オスマン政府内には、非ムスリムの海外留学や宣教団体の設立した教育機関を危険視する見方もあったと言われている。[40] その一方で、西欧の知識や技術を取り入れる必要に迫られていたオスマン政府にとって、留学経験者や宣教団体の教育機関で欧米諸語などを学んだ人物は、貴重な人材だった。

留学経験者のなかには、パリのアルメニア人学校や、ヴェネツィアのアルメニア・カトリック修道院の学校を選ぶ者もあり、[41] 他の非ムスリムの場合と同様、アルメニア人独自の教育網が海外留学の機会を高めていたことが分かる。一方、前述のウシャクルギルは、アルメニア・カトリックの学校で学んでいた際、教師兼司祭から、卒業後、彼を留学させてあげられないのを残念に思うことを伝えられたという。[42]

アルメニア人官僚のうち留学経験者が占める割合は時代とともに減少し、それに代わって、官立の中等・高等教育機関で学んだ者の割合が増加している。第一世代では、留学経験者が二三パーセントを占めたのに対し、第二、第三世代では、それぞれ六パーセントおよび七パーセントと大きく落ち込む（表5－2）。一方、官立中等教育機関を選んだ者は、世代順に、二パーセントから一九パーセント、二四パーセントと、高等教育機関の場合、四パーセントから一二パーセント、一八パーセントと上昇している。オスマン官界に新しく参入したアルメニア人は、ムスリムに比して官界に採用の伝手を持つ者が少なかったと予想される。そのため彼らは、時代とともに帝国内の中等・高等教育機関が整備されるなかで、こうした機会を積極的に活用したと考えられる。

図5－2　アルメニア人オスマン官僚、ガブリエル・ノラドゥンギアン

大宰相府法律顧問や公共事業相、外相を務めた。

出典：R. H. Kévorkian and P. B. Paboudjian, *1915 Öncesinde Osmanlı İmparatorluğu'nda Ermeniler*, İstanbul, 2013, p.21.

例えば、一八七六年に生まれたアラビアンは、アルメニア共同体のいくつかの学校で初等教育を受けた後、イスタンブルの官立中学校へ、さらに行政学院へ進学した。そのまま行政学院を修了すれば、地方行政官としての道が開けたはずである。しかし、フィンドリが指摘するように、当時は卒業することが必ずしも目標だったわけではなく、在学中に任官の道さえ開ければ中退することもあった[43]。イスタンブル出身のアラビアンは、行政学院卒業者を待ち受ける地方勤務を嫌ってか、第一年次に中退し、官立農業銀行の会計課に就職する道を選んだ。その後彼は、おそらくは職務のかたわら、一九〇〇年に設立されたオスマン大学で数学を学び、一九〇四年に卒業証書を受け取っている[44]。

教育機会の地域差

さて、教育機会という点では、アルメニア人のあいだにはたしかに地域差が存在した。ここでサンプルを出身地別に、イスタンブル、東部六州、「その他」の三つに分けてみよう（表5-4、5-5）。すると、そもそも官吏輩出数自体、イスタンブル出身者が多いことが分かる。ただし、時代とともにイスタンブル出身者の割合は低下し、代わって「その他」（その多くは中部・西部アナトリア）の地域出身者の割合が増加する。「その他」の地方でも東部六州でも、地方出身者には、出身地あるいはその近辺で任官する者が多く、地方行政改革の進展によって正規の地方官吏の数が増大したことで[45]、地方のアルメニア人に任官の道が開けたためだと考えられる。ただし、割合の点では、東部六州出身者は一貫して少ない。

留学経験者や官立中等・高等教育機関選択者の数を見てみると、どの分類に関してもイスタンブルが多く、つづいて「その他」、東部六州の順である。これは、フランス語能力を主張する者に関しても同様である。すでに述べたように、アルメニア人の多くが学んだ宗派共同体の学校は、最初はイスタンブルで、それから次第に周辺

表 5-4　各種学校で学んだアルメニア人官僚の人数（地域別）

出生地／言語	イスタンブル		その他		東部六州	
	人数（%）	世代別内訳	人数（%）	世代別内訳	人数（%）	世代別内訳
宗派共同体学校	86-104（58-70%）		86-102（66-78%）		47-60（64-81%）	
ミッションなど	30（20%）	18/8/4	18（14%）	6/4/8	8（11%）	0/2/6
留学	35（24%）	25/4/6	7（5%）	4/1/2	1（1%）	0/1/0
官立中等	22（15%）	3/13/6	16（12%）	0/3/13	13（18%）	0/4/9
官立専門	23（15%）	5/8/10	9（7%）	0/3/6	7（10%）	0/2/5
有効サンプル数	149	71/44/34	131	35/37/59	74	22/27/25
不明	0		1	0/1/0	0	
サンプル総数	149		132		74	

※世代別内訳は、左から出生年にもとづく第１世代、第２世代、第３世代の順に並べた。表5-5も同様。

表 5-5　アルメニア人官僚の言語能力（地域別）

出生地／言語	イスタンブル		その他		東部六州	
	人数（%）	世代別内訳	人数（%）	世代別内訳	人数（%）	世代別内訳
トルコ語	140（96%）	65/42/33	122（98%）	33/35/54	69（100%）	21/27/21
トルコ語（筆記）	107（73%）	39/35/33	110（89%）	25/34/51	62（90%）	16/27/19
アルメニア語	112（77%）	57/32/23	96（77%）	27/28/41	58（84%）	17/22/19
フランス語	129（88%）	57/40/32	70（57%）	18/13/39	35（51%）	6/12/17
有効サンプル数	146	71/42/33	124	34/36/54	69	21/27/21
不明	3	0/2/1	8	1/2/5	5	1/0/4
サンプル総数	149		132		74	

へと拡大し、東部六州に普及していくのは一九世紀後半のことだった。しかも、二〇世紀初頭の段階でも、東部六州においては教員が不足していたり、開校時期が限られていたりする場合も多く[46]、アルメニア共同体における教育水準は、大まかに言えばイスタンブルとの距離に反比例していたと見てよいだろう。加えて、東部六州のアルメニア人は、アルメニア語の話者であり、「現地語」に通じている点では東部六州での任官に問題はなかったとしても、トルコ語を第一言語とした「その他」の地域のアルメニア人と比べて、中等・高等教育機関進学という点では不利な立場にあったと考えられる。

ただし、こうした地域差と同様に注目に値するのは、東部六州出身のアルメニア人官吏の多くがトルコ語の筆記能力を身につけていた点、そして彼らのあいだにおいても、時代が下るにつれて官立の中等・高等教育機関を選ぶ者が着実に増加している点である。ここに、帝国周縁のアルメニア人が、中央が主導した変革に一定程度適応し、帝国の枠組みのなかで社会的上昇を果たす姿の一端を見ることができる。そしてそうした可能性は、一八九〇年代半ばのアルメニア人虐殺問題にヨーロッパ列強が介入し、東部六州における非ムスリム官吏任用の強化を含む改革を押しつけた結果、拡大していったのである[47]。

おわりに

制度上、オスマン政府は初等段階での宗派別学を原則としつつ、中等段階以上での多宗派共学を目指したとされる。たしかに、アルメニア人オスマン官僚のうち、七割程度が自らの属する宗派共同体の学校に行っており、当時オスマン政府が整備しつつあった中等教育機関、専門高等教育機関を経て官途に就く者は増加傾向にあった。一九世紀の段階では、サブシステムとしての宗派共同体の学校と官立の諸学校が適度に棲み分けし、補完しあうことで、トータルシステムとしての帝国の統合に寄与していたと言える[48]。ただし、アルメニア人官僚のなかには、正教徒やムスリムなど他宗派の学校に行った者、最初にアルメニア共同体の学校で学んだ後に、アルメニア教会と敵対していたはずのカトリックやプロテスタントの学校に進んだ者、フランスに留学した者、さらにはスーフィー教団の修道場で学んだ者まで存在した。外国語能力が重要だったと考えられる外務官僚を扱った研究を見ても、留学やミッションスクールを選んだムスリムが限られていたのに対し、非ムスリムにはそのような学歴を持つ者が一定数存在した[49]ことがわかる。オスマン帝国で最も積極的にミッションスクールを選んだのはアルメニア人だったと言われている。帝国の境界内にとどまらない多様な行為主体が介在し、改革勅令によって官界の門戸が開放されるなかで、アルメニア人は、ムスリムにとっては選択することが概して憚られた学びの階梯を通じて社会的上昇を図ったのである。

さらに注目すべきは、オスマン政府がイスラームを強調した時代においてさえも、多様な教育的背景を持つアルメニア人を官僚として登用し、出世を許容していた点である。むしろ、表向きはムスリム臣民に対してイスラームを喧伝した時代だっただけに、別の回路を通じて非ムスリムの支持を取りつける必要があった。そしてアルメニア共同体との関係でそうした役割を担ったのがオスマン官僚だった。また、財政人材の両面で余裕のなかった一九世紀のオスマン帝国にとっては、既存の教育網や多様な人材をいかに活用するかが現実的な選択肢だった。そのため、非ムスリムの学校を排除して一元化された教育制度を通じた国民化を図ることによってではなく、多元的な教育機会を容認しつつ、それぞれの宗派共同体のエリート層を重用し、政府機構内に取り込んで、君主を軸に多様な人々から構成される帝国像を臣民に提示することで、ゆるやかに統合することを目指したのである。

ただし、社会的・経済的に非ムスリムに有利な不平等を放置したまま、機会の平等という理念のもとに非ムスリムを官界に取り込んだこと、そして非ムスリム優遇ともとれる政策の背後にヨーロッパ列強の存在が垣間見えたことは、非ムスリムに対するムスリムの不満を煽る危険性があった。平時にくすぶっていたそうした不満は、帝国最末期に生じたさまざまな悲劇の拡大を許した要因の一つと見ることができるかもしれない。

［付記］本章は、日本学術振興会科学研究費助成事業特別研究員奨励費（課題番号一二J〇二九二九）ならびに研究活動スタート支援（課題番号二五八八四〇五四）の助成による研究成果の一部である。

注

（1）佐原徹哉『近代バルカン都市社会史——多元主義空間における宗教とエスニシティ』刀水書房、二〇〇三年、二五五頁、R. Safrastjan, "Ottomanism in Turkey in the Epoch of Reforms in XIX C.: Ideology and Policy. I," *Etudes balkaniques*, 24 (4), 1988, pp.78–79.

（2）上野雅由樹「ミッレト制研究とオスマン帝国下の非ムスリム共同体」『史学雑誌』第一一九編第一号、二〇一〇年、六四～八一頁。

（3）本書第3章（秋葉）、佐原『近代バルカン都市社会史』二五六～二五七頁、秋葉淳「オスマン帝国における近代国家の形成と教育・福祉・慈善」広田照幸・橋本伸也・岩下誠編『福祉国家と教育——比較教育社会史の新たな展開に向けて』昭和堂、二〇一三年、一四五～一四六頁。

（4）外務官僚の事例を通じた分析として、C. V. Findley, "The Acid Test of Ottomanism: The Acceptance of Non-Muslims in the Late Ottoman Bureaucracy," in B. Braude and B. Lewis, eds., *Christians and Jews in the Ottoman Empire: The Functioning of a Plural Society*, vol. 1, New York, 1983, pp. 339–368.

（5）上野雅由樹「非ムスリムのオスマン官界への参入——ハゴプ・グルジギアン（一八〇六—六五）の事例から」鈴木董編『オスマン帝国史の諸相』山川出版社、二〇一二年、三七七～四〇三頁。

（6）鈴木董「パシャたちの変貌——比較史から見た最末期オスマン朝の支配エリートの若干の特質」『東洋文化』第九一号、

二〇一一年、二一〇〜二一二頁。

（7）佐原『近代バルカン都市社会史』二六八〜二七〇、四一四頁、第七章、H. Eksertzoglou (trans. F. Benlisoy and S. Benlisoy), *Osmanlı'da Cemiyetler ve Rum Cemaati: Dersaadet Rum Cemiyet-i Edebiyesi, 1861–1912*, İstanbul, 2004, p. 14; 河瀬まり「ギリシア系教育推進協会の活動とそのネットワーク――一九世紀後半のマケドニア地域での活動を中心にして」『東欧史研究』第二七号、二〇〇五年、六九〜八九頁、村田奈々子「ヴラヒ研究序論――一九世紀末のマケドニア、イピロスにおけるヴラヒ同化運動をめぐって」柴宜弘・佐原徹哉編『バルカン学のフロンティア』彩流社、二〇〇六年、一六七〜二〇〇頁、V. Kechriotis, "Educating the Nation: Migration and Acculturation on the Two Shores of the Aegean at the Turn of the Twentieth Century," in B. Kolluoğlu and M. Toksöz, eds., *Cities of the Mediterranean: From the Ottomans to the Present Day*, London, 2010, pp. 139–156.

（8）A. Rodrigue, *French Jews, Turkish Jews: The Alliance Israélite Universelle and the Politics of Jewish Schooling in Turkey, 1860–1925*, Bloomington, 1990; 臼杵陽『イスラームはなぜ敵とされたのか――憎悪の系譜学』青土社、二〇〇九年、第三章。

（9）K. H. Karpat, *Ottoman Population 1830–1914: Demographic and Social Characteristics*, Madison, 1985, pp. 148–149, 160–161.

（10）上野雅由樹「一九世紀オスマン帝国のアルメニア共同体における学校教育の普及過程」『日本中東学会年報』第二五‐一号、二〇〇九年、一四一〜一六四頁。

（11）G. Aral, "La Juridiction du Saint-Siège de Rome sur les Arméniens Catholiques (XVIIe–XIXe siècle)," Doctoral diss., Université de Nice, 2001; B. ド・ソーヴィニーほか（上智大学中世思想研究所）『キリスト教史 8――ロマン主義時代のキリスト教』平凡社、一九九七年、三六一〜三六五頁、U. Kocabaşoğlu, *Anadolu'daki Amerika: Kendi Belgeleriyle 19. Yüzyılda Osmanlı İmparatorluğu'ndaki Amerikan Misyoner Okulları* (3rd ed., orig. pub. 1989), İstanbul, 2000.

（12）上野雅由樹「マフムト二世期オスマン帝国の非ムスリム統合政策――アルメニア・カトリック共同体独立承認の事例から」『オリエント』第四八巻第一号、二〇〇五年、六九〜八七頁、H. G. O. Dwight, *Christianity in Turkey: A Narrative of the Protestant Reformation in the Armenian Church*, London, 1854, pp. 215–238, 291–292, 307–308.

（13）J. Etmekjian, *The French Influence on the Western Armenian Renaissance 1843–1915*, New York, 1964, p. 112.

（14）H. Z. Uşaklıgil, *Kırk Yıl*, İstanbul, 1969, pp. 82–86.

（15）ロシア政府側には、カトリコスをオスマン領から招くことで、オスマン・アルメニア人に対する影響力を高めようとする狙いがあった。P. W. Werth, "Imperial Russia and the Armenian Catholicos at Home and Abroad," in O. Ieda and T. Uyama, eds., *Reconstruction and Interaction of Slavic Eurasia and Its Neighboring Worlds*, Sapporo, 2006, pp. 203–235.

（16）*Masis*, nos. 871（1868.10.19/10.31）, 1539（1874.6.1/13）, 1695（1875.6.17/29）.

（17）P. J. Young, "The Sanasarian Varzharan: Making a People into a Nation," in R. G. Hovannisian, ed., *Armenian Karin/Erzerum*, California, 2003, pp. 261–281.

（18）一九世紀中葉のオスマン帝国では、ブルガリア人の初等教育においても、高等教育の言語としてのギリシア語やフランス語、トルコ語などの科目が重視されたという。佐原『近代バルカン都市社会史』二七〇～二七二頁。

（19）D. Stamatopoulos, "From Millets to Minorities in the 19th-Century Ottoman Empire: An Ambiguous Modernization," in S. G. Ellis, G. Hálfdanarson and A. K. Isaacs, eds., *Citizenship in Historical Perspective*, Pisa, 2006, p. 256–257; 藤波伸嘉『オスマン帝国と立憲政――青年トルコ革命における政治、宗教、共同体』名古屋大学出版会、二〇一一年、七六～八〇頁、V. Artinian, *The Armenian Constitutional System in the Ottoman Empire 1839–1863*, Istanbul, [1988].

（20）後述する人事記録簿のアルメニア人官僚のうち、父親の職業が明らかなのは八二一人で、そのうち財務取扱人は六六人、商人は一九二人だった。

（21）人事記録簿に関しては、イスラーム地域研究東洋文庫拠点ウェブサイトの史料解題（http://tbias.jp/ottomansources/sicill-i_ahval 最終確認二〇一四年六月二五日）を参照。カタログ記載人数では五万名を超えるが、同一人物に関して複数の記録が存在することが散見されるため、正確な人数は未確認である。

（22）宗派が記載されず、他の要素から判別の不可能な人物は除外した。ただし、アルメニア人の姓はianという形で終わるものが多く、名にもアルメニア人特有のものが多数あるため、判別可能な場合が多い。合計一五二七名の記録が見つかったが、このうち三七名は重複しており、その場合詳細な記述が見られる側を採用した。

（23）特定宗派への帰属を申告することを避けた人物がいた可能性を考えると、この比率をアルメニア人官僚全体に適用することはできない。

（24）G. Sarıyıldız, *Sicill-i Ahvâl Komisyonu'nun Kuruluşu ve İşlevi*（*1879–1909*）, İstanbul, 2004, pp. 161–163.
（25）Ibid.
（26）E. Karakoç, "Osmanlı Hariciyesinde Bir Ermeni Nazır: Gabriyel Noradunkyan Efendi," *Uluslararası İlişkiler*, 25, 2010, pp.157–177; J. Hanssen, ""Malhamé-Malfamé': Levantine Elites and Transimperial Networks on the Eve of the Young Turk Revolution," *International Journal of Middle East Studies*, 43, 2011, pp. 25–48; F. Georgeon, *Abdulhamid II: le sultan calife*, Paris, 2003, pp. 151–152.
（27）*Deghegakir ew Arrachargut'iwnk' Desch'in Azkayin Mesrobean ew Hrrip'simean Varzharanats' Zmiwrrnioy*, Izmir, 1878, p. 17.
（28）人事記録簿自体はヒジュラ暦を用いて作成されており、月日が記載されない場合が少なくないため、年齢の計算や世代の分割はヒジュラ暦に基づいて行った。サンプル抽出にあたり、第一指標を生年、第二指標を出生地とした。第一世代は改革勅令以前に、第二世代はそれ以降からオスマン憲法までに、第三世代はそれ以降に就学したと考えられる者とした。第二世代の本来のサンプル数は一〇九名だったが、そのうち一名に関しては判読不可能だったため、除外した。
（29）Başbakanlık Osmanlı Arşivi（BOA）, Dahiliye Nezareti Sicill-i Ahval Defterleri（DH.SAİD.d）33/169（Tateos Mikaelian）.
（30）BOA, DH.SAİD.d. 152/187（Mihran Krikor Sujian）.
（31）BOA, DH.SAİD.d. 127/329（Aleksan）.
（32）BOA, DH.SAİD.d. 188/151（Dikran Shebeklioghlu）, 4/706（Hazar Rakm）.
（33）*Vijagats'oyts' Kawarragan Azkayin Varzharanats' T'urk'ioy*, 2 vols., Istanbul, 1901–1903.
（34）Uşaklıgil, *Kırk Yıl*, p. 97–98.
（35）E. Ö. Evered, *Empire and Education under the Ottomans: Politics, Reform, and Resistance from the Tanzimat to the Young Turks*, London, 2012, chap. 4.
（36）BOA, DH.SAİD.d. 8/849（Avedis Milletbashian）. マドラサに関しては本書第1章（秋葉）参照。
（37）BOA, DH.SAİD.d. 26/13（Mihran Hidayat）. スーフィズムに関しては本書第2章（高橋）参照。
（38）鈴木董「パシャたちの変貌」二一〇～二一二頁、O. Bouquet, *Les pachas du sultan: essai sur les agents supérieurs de l'Éat ottoman*（*1839–1909*）, Paris, 2007, p. 259.

（39）BOA, DH.SAİD.d. 81/473（Kapriel Noradungian）; K. Pamukciyan, *Zamanlar, Mekanlar, İnsanlar*, İstanbul, 2003, pp. 26–31; Karakoç, *Osmanlı Hariciyesinde*.

（40）長谷部圭彦「タンズィマート初期における対キリスト教徒教育管理構想」『東洋文化』第九一号、二〇一一年、二四三～二六一頁、B. C. Fortna, *Imperial Classroom: Islam, the State, and Education in the Late Ottoman Empire*, Oxford, 2000; Evered, *Empire and Education*.

（41）例えば、BOA, DH.SAİD.d. 4/8（Harutiwn Aram）, 138/233（Krikor Israelian）.

（42）Uşaklıgil, *Kırk Yıl*, p. 99.

（43）C. V. Findley, *Ottoman Civil Officialdom:A Social History*, Princeton, 1989, pp. 136–137. なお、行政学院に関しては、永田雄三「オスマン帝国における近代教育の導入――文官養成校（ミュルキエ）の教師と学生たちの動向を中心に」『駿台史学』第一一一号、二〇〇一年、六三～九〇頁を参照。

（44）BOA, DH.SAİD.d. 85/1（Sdepan Arabian）.

（45）A. Kırmızı, *Abdülhamid'in Valileri: Osmanlı Vilayet İdaresi 1895–1908*, İstanbul, 2007, p. 126.

（46）*Vijagats'oyts' Kawarragan*.

（47）M. K. Krikorian, *Armenians in the Service of the Ottoman Empire 1860–1908*, London, 1977.

（48）ただし、第二次立憲政期には、公教育省の側から、「教育統一」に向けた動きも見られた。藤波伸嘉『オスマン帝国と立憲政』第三章。

（49）Findley, *Ottoman Civil Officialdom*, pp. 146–161; M. Kılıç, "Osmanlı Hariciyesinde Gayrimüslimler（1836–1876）," PhD diss., Ankara Üniversitesi, pp. 299–311.

第6章　歴史教科書に見る近代オスマン帝国の自画像

小笠原弘幸

はじめに

イスラーム世界において、歴史叙述は古い伝統を持つ。さまざまな伝承を、相矛盾していてもそのまま受け入れ一つの作品に集録するという、現代の我々の感覚からいえば一風変わった叙法が、イスラーム初期における歴史叙述の特徴であった。預言者ムハンマドの言行を収集し、その信憑性を判断するというハディース学の方法を援用した形式である。ペルシア語文化圏がイスラーム世界に包摂された後には、ひとつの時間の流れのなかでストーリーを持った歴史を描く、我々のイメージする年代記に相当する叙述が徐々に増加する。オスマン帝国における歴史叙述は、ペルシア語文化圏の影響のもと、独自の発展を遂げた。歴史は宗教的学問ではなかったためマドラサの教科に含まれることはなかったが、教養のひとつとして宮廷などで学ばれていた。その歴史が教育機関で本格に教えられるのは、タンズィマート期に導入された新式学校においてである。

近代国家において歴史教育が国民意識の育成に果たした重要性はつとに指摘されるところであり、オスマン帝国においてもそれは例外ではない。そして学知ではなく教科としての歴史を、子どもという小さな国民に教授する媒体は、歴史教科書であった[1]。そこで本章では、近代オスマン帝国における歴史教科書の持つ意義を、体制の変容過程との連関において考察してみたい。帝国の歴史は、オスマン人自身によってどのように語られ、教授されていたのか。それはどのような意味で「新しい」歴史だったのか。帝国において歴史教育はいかなる形で統合の凝集力として機能したのであろうか。本章ではこうした問題に取り組むべく、歴史教科書の「形式」と「内容」、場合によって不可分であるこの二つの要素の変化に焦点を当てて論ずる。

本章が検討の対象とするのは、オスマン帝国において近代的歴史教育が始まる一八五〇年頃からオスマン帝国が滅亡する一九二二年の約七〇年間に著された、初等・中等学校用の歴史教科書である。また帝国には第3章（秋葉）や第5章（上野）で論じられるように、宗派別の学校もあれば混合教育が行われた学校もあった。しかし政府の意図とそれに基づく規制が最も強く反映されているのはオスマン・トルコ語の教科書であるため、本章ではオスマン・トルコ語教科書に対象を限定する。オスマン・トルコ語教科書がイスラーム以外の諸宗教をどのように扱っているかを見るなかで、非ムスリムの位置づけも浮かび上がってくるだろう。

第1節　近代的王朝史——教科書のなかの伝統と近代

新しい教科書

タンズィマート期にはじまった新式学校において、歴史教育が開始された年代を確定することは難しい。文書史料からは、一八五〇年にすでに歴史の講義が行われていたことがわかる[2]。ただし、全面的な導入は一八六九年の公教育法以降と見られる。第3章で論じているように、公教育法はオスマン近代教育の全面的な改革を意図して制定された。フランスの例を参考に綿密に組み立てられた教育カリキュラムには、「歴史」と「世界史」の科目が含まれている。同法は科目の具体的な教授内容には触れていないが、「歴史」はオスマン史、「世界史」はヨーロッパで教えられているような古代文明から始まる歴史を想定していたと思われる。この公教育法という器に内実を与えるため、新しく書き下ろされた歴史教科書が登場したのもこの時期である。

その嚆矢は、一八七〇年に高等小学校用に著された『オスマン史要諦』であった[3]。著者は、駐仏大使の子としてフランスで学歴や職歴を積み、教育大臣や大宰相も務めたアフメト・ヴェフィクである。彼は、モリエールの作品やフェヌロン『テレマックの冒険』をオスマン・トルコ語訳したことでも知られる。『オスマン史要諦』は、ヒジュラ暦の世紀ごとに章立てされ、君主ごとに節分けされたオスマン史である。章末に要点がまとめられ、君主の治世年などの表が付されるなど構成に工夫が凝らされている。全二九六頁と教科書にしては長めで、印刷、製本や段組は一八世紀や一九世紀前半の揺籃期の刊本を感じさせるつくりであり、まだ教科書としては洗練されていない印象を与える。しかし本書は版を重ねベストセラーとなった。

一八七四年には、教育の専門家で「新方式」教育を提唱したセリム・サービトが、小学校用の歴史教科書『要約オスマン史』を執筆する。本書は一君主一頁で構成されたオスマン朝史であり、全三八頁と非常にコンパクトなつくりである。君主の事績が平易な文章で簡潔に記され、君主の即位年・没年などの年代情報が各頁の下部にまとめられている。一見して「新しい」印象を読者に与えるこの教科書は、「近代的な意味で初の歴史教科書」[4]と評される。『オスマン史要諦』と同様に広く用いられたこの教科書は、オスマン版「プティ・ラヴィス」といえる存在であった。

タンズィマート期は黎明期であるため、教科書として書き下ろされ、実際に利用されたことが明らかな史書は以上の二点にとどまる。しかし公教育省関連の文書史料は、より古い時代に著された歴史書も教科書として用いられていたことを伝えている。そのなかでもっとも頻繁に言及されるのが、一六世紀半ばに小ニシャンジュによって著された『ニシャンジュ史』である。[5] この史書は、アダムから始まる預言者たち、ウマイヤ朝やアッバース朝などのイスラーム諸王朝、オスマン史そして補遺（ササン朝などの古代イラン史）からなり、刊本は全三四八頁である。とくにオスマン史の部分が長く、君主の治世別に征服地や著名人の説明などが羅列されている。この史書には多くの伝本があり、歴史ハンドブックとしてよく読み継がれてきたと言える。『ニシャンジュ史』は、新しい歴史教科書が不足した際に支給されたほか、[6] 代用としてではなく、この史書そのものが学校側から望まれた例もある。[7]

こうした伝統的史書を歴史教育に用いる際、不都合がなかったわけではない。たとえば、『ニシャンジュ史』は古代イラン史を含むという欠点があるためヴェフィクの『オスマン史要諦』を用いる方が相応しい、と命じた文書が存在する。[8] しかしこの命令とほぼ同時期に、高等小学校のため『ニシャンジュ史』三〇〇〇冊の増刷が命じられている。ここから、不適当な部分があることが認識されつつも、『ニシャンジュ史』の需要は高かったことがわかる。簡潔ながら世界史の要素を含んでいること、旧来の知識人（現場の教師も含まれよう）に親しまれていたことなどがその理由であろう。このように、過去のリソースを弾力的に用いて運用されていたのが黎明期の歴史教育であった。

内容と形式

この時代、政府は歴史教科書に何を求めていたのだろうか。公教育法制定直後である一八七〇年刊の法令集には、「小学校のために公募された書物の編纂の方法と条件を説明した布告」が収録されており、その「歴史」の条には次のように記されている。

［以下の事柄が書かれるように。］オスマンの至高の国家がどのように現れたか、この時アナトリアにあった国家と民族の状況に関する序。至高の国家の登場から今までに起こったさまざまな重要な出来事。すべてのオスマン朝スルタンたちの誕生、即位、逝去の年を示した表。この歴史［教科書］に掲載される重要な出来事の生じた年を示した表。ヨーロッパ、アジア、アフリカ大陸のオスマンの国土の部分の地図。今まで即位した君主の各治世が一章ずつ分けられるように。事件が真実でもって公平に書かれ、祖国愛に関する事柄が賞讃をもって喚起されるように。件の歴史は物語の方法で書かれ、評価が加えられず、ただ伝えられた美徳が賞讃され、恥ずべき行いが非難されるように。町や高官の名前や年を常に記す必要はなく、重要な事件でのみ言及されるように。オスマン史は百頁ほどで、一等には五〇〇〇、二等には三〇〇〇クルシュが報賞として与えられる。この歴史の編纂のために、四ヶ月が割り当てられる。(9)

ここで望まれているのは、君主の即位年や地理的情報などの基本的な知識の教授であり、君主ごとの章立てというといわば紀伝体というべき伝統的な形式である。また、祖国愛――それまでの帝国の歴史叙述には見られない新しい用語である――の涵養や、簡単な善悪の判断のみが許容されることも求められた。

布告の内容と、ほぼ同時期に書かれた『オスマン史要諦』、『要約オスマン史』を比較するとどうであろうか。両書では、表の利用によって基本的な情報の提供に意が払われているのが分かる。これは布告において求められた点ではあるが、事績や関連年代のコンパクトな提示は、前近代オスマン人たちの歴史マニュアルたる『ニシャンジュ史』と共通するため、新しい特徴とは一概に言えない。布告では祖国愛が重視されているが、ヴェフィクとサービトの二書にそれに類する文句はない。代わって強調されるのは、タンズィマートの成果である。ヴェフィ

図6－1　1874年刊行のセリム・サービト著『要約オスマン史』

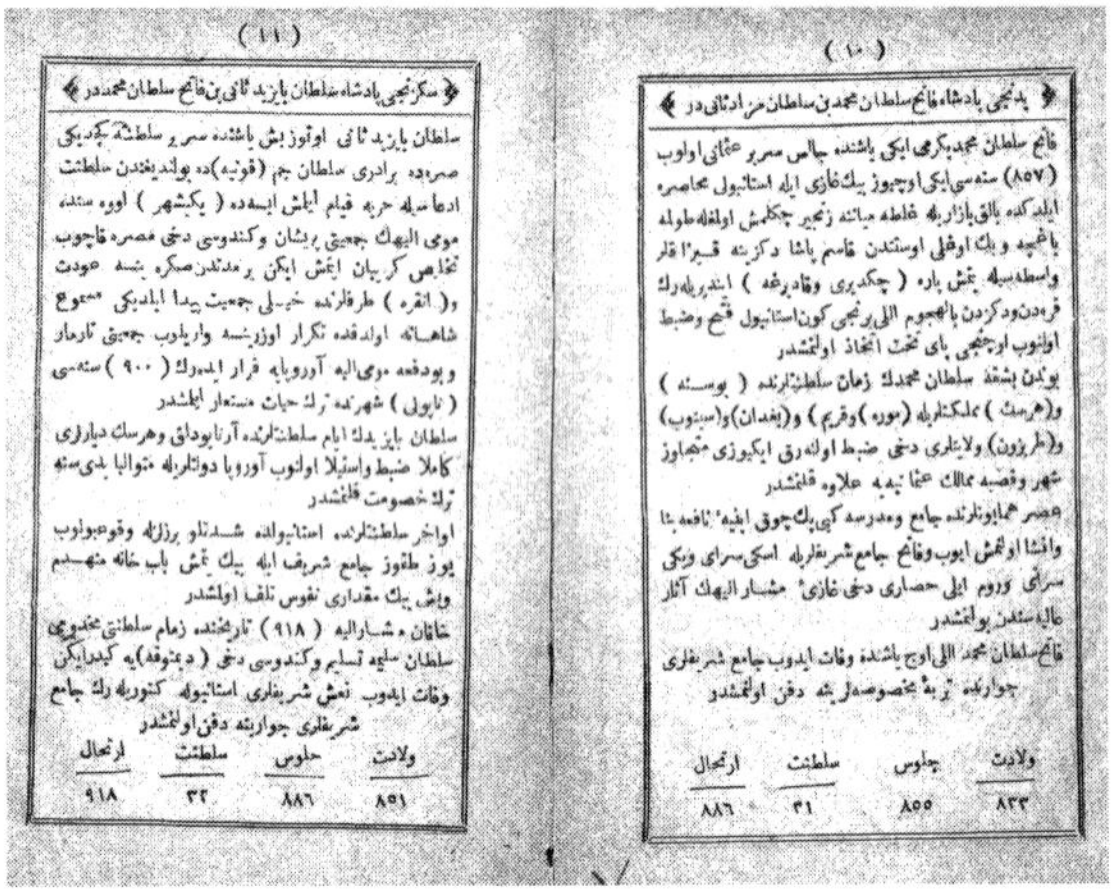

１頁につき１人の君主を割り当て、頁下部に即位年などの情報をまとめている。

出典：Selim Sabit, *Muhtasar Tarih-i Osmanî*, İstanbul, 1291.

図6-2　1899年に石版で刊行されたマドラサの教科書（イスラーム法学書）

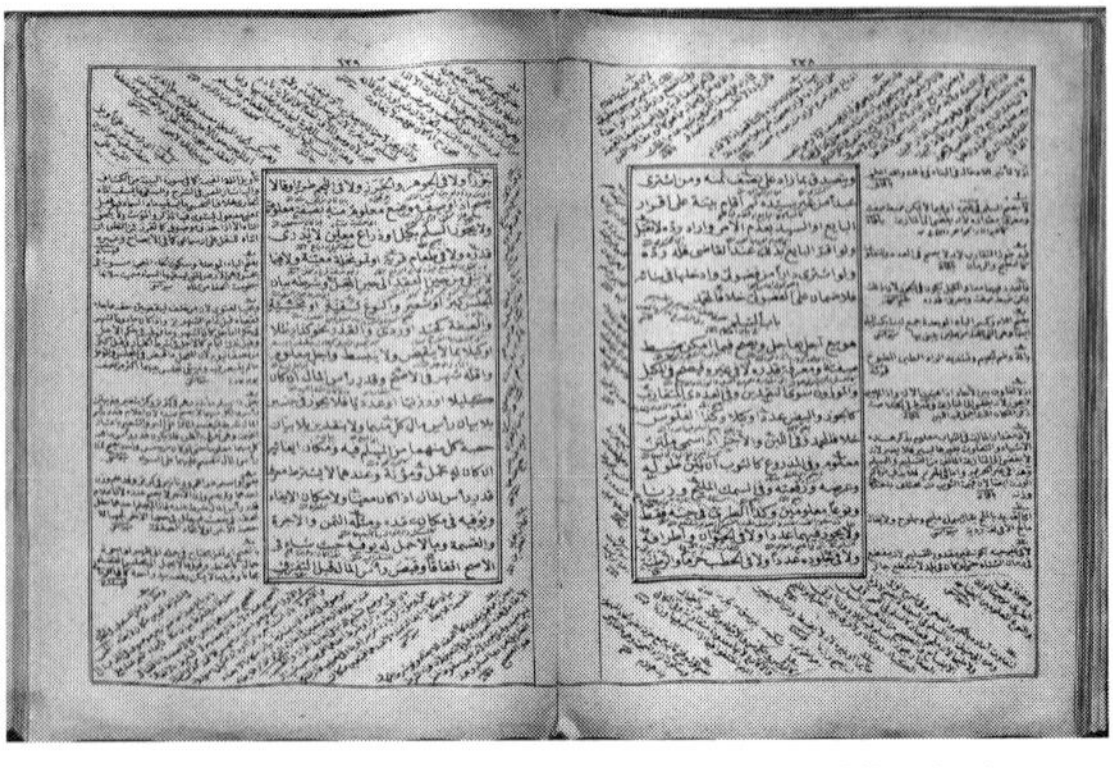

欄外を斜めにも使いながら注釈を書き込む写本の形態が継承されている。

出典：Ibrāhīm b. Muḥammad al-Ḥalabī, *Multaqā' al-abḥur*, İzmir, 1315.

クは、イェニチェリ軍団が歴史上悪徳を積み重ねてきたことを論じ、マフムト二世が軍団を廃止したことを賞賛する[10]。こうした内容は、政府の政策の擁護という、それまでの伝統的な歴史叙述において一般的に見られた主張と言える[11]。

となると、新しく書き下ろされた教科書の、一体どこが新しいのだろうか。サービトの教科書で一見して新しさを感じるのは、空間の使い方である。一頁につき一人の君主、十分にとられた行間、そしてページの下部に君主の在位年などのまとめを配する、といった要素は、サービトの教科書の特徴である（図６－１）。また、文章が平易であることも特筆すべき点である。こうした特徴は、印刷技術の発展や生徒の読解力への配慮に由来するものであろう。

この特徴は、マドラサで用いられた伝統的なテキストと比較したときに際だった対照をなす（図６－２）。欄外にぎっしりと注釈が書き込まれたマドラサのテキストは、写本のレイアウトから影響をうけたものである。こうした旧来のテキストは、詠み上げることで内容を暗記するのに適した形式を持っていた。帝国においては、第１章（秋葉）、第４章（佐々木）で触れているように音読の根強い伝統が存在していたから、新しい教科書も一定程度は音読されていたはずである。しかしそれを踏まえたとしても、新しい教科書は、視覚による理解と暗記に相応しい形式をとっているのである。

伝統的な内容を斬新な空間的配置でもって叙述したタンズィマート期の歴史教科書は、いわば「近代的な王朝史」だったといえよう。とはいえタンズィマート期は黎明期であり、著された教科書の点数も限定されていた。歴史教科書は、次のアブデュルハミト二世期（以下、ハミト期）においてさらなる展開を見せる。

第２節　「愛国」なき国民史――検閲と成熟

検閲下の歴史教科書

「ハミトの時代、君主や政府は歴史を好まず恐れていた」――第一回トルコ歴史大会（一九三二年）の席上で、ハミト期を生きたロシアからの亡命タタール人、ユースフ・アクチュラが述べた一節である。この評は、ハミト期の歴史教育を象徴する言葉としていまも流布している。(12)

一八七六年に即位したアブデュルハミト二世は翌一八七七年に議会を閉鎖、憲法を停止して専制をしいた。この時代を特徴づけるのが言論統制であり、とくに一八八〇年代から検閲が強められた。当時版を重ねていたヴェフィクとサービトの両歴史教科書も、発禁の憂き目を見ている[13]。愛国や改革を訴えた進歩的文化人であるナームク・ケマルやアフメト・ミドハトの作品も多数発禁となった。人心を乱すとして「祖国」「革命」「自由」などの語は禁句となったとも言われている[14]。教育カリキュラムにも変更が加えられた。一八九〇年初頭よりイスラーム的な傾向が強まり[15]、ヨーロッパ中心的な「世界史」が廃止、代わって「イスラーム史」が導入される[16]。例えば、フランス式教育を採用したエリート校であったガラタサライ・リセでは、フランス語の『世界史』（詳細は不明）が用いられていたが、それをイスラームに相応しいよう書き直す命令が出された[17]。こうした潮流に反発したのか、指定された教科書を使用せずに処罰された教師の例も報告されている[18]。

しかし、ハミト期が単なる暗黒時代ではなかったという見解は現在定説になりつつある。厳しい検閲はあったものの、非政治的な書物の出版点数はむしろ増加しており、新しく書かれた教科書の点数も多い。廃止されたという世界史教育も、当時発行された『教育年鑑』を検討してみると、科目名としては存在しないものの実質的に継続していることがわかる。世界史教員の新たな任命や、世界史教科書の出版も確認できるのである。

改良の試み

タンズィマート期に頻繁に見られた伝統的史書の利用は、ハミト期の文書史料中にまだ確認できる。しかし教科書の不足や補充にかんする文書は、タンズィマート期に比して少ない。これは、教科書の手配が適切に行われるようになったことを示している。

そしてハミト期には、教科書の読みやすさは大きく進展する。例として、小学校のため一八九〇／一年に書き下ろされたイブラヒム・ハック『オスマン小史』（全七九頁）の序文を紹介する。ここでは、この教科書において試みられたさまざまな工夫について述べられている。

初等教育の最初に来る分野の一つであるべき我らがオスマン国民の歴史に関して、幾つかの著作が書かれた。『要説オスマン史』という名で、メフメト・アズミーと私が一緒に著した書物は[19]、高等小学校のプログラムに従っていたため、小学校にとっては大部であった。故に件の学校で用いるために、私はこの小著を著した。私の考えでは、オスマン国家以前のイスラーム諸国家の歴史は、我らが国家の歴史の源であって、二つを完全に分かつことはできないため、これら諸国家に関する知識の要約数頁を本書冒頭に置いた。時折生徒に課す試験の材料とするため、各部の終わりには、その部の内容に関する必要な量の質問を追記することが適切と考えた。本書は可能な限り明快なトルコ語で書かれると同時に、小学校の生徒が容易く理解できるよう、アラビア語やペルシア語の語句にトルコ語で説明を付した[20]。

ここからわかることは、まず高等小学校や小学校といった学校の種類に応じて教科書が作り直されたことである。「イスラーム史」が「オスマン史」の前提であることについては、ハミト期のイスラーム史重視が反映されたものといえる[21]。各セクションの終わりに、試験のために「質問」が導入されたことは興味深い。フランスの歴史教科書を踏襲したと思われる「質問」は、教師が一方的に教えるのみならず、生徒が考え返答するという、いわば双方向性を強いるしかけである。

生徒が内容を理解しやすくすることにも、意が払われている。文章を簡潔に書く試みや表の利用だけではなく、語句説明もまた、ハミト期の教科書には見られるようになった。アラビア語やペルシア語の語彙を多数含んだ難解な文語であるオスマン・トルコ語の簡略化運動は、タンズィマート期より続いていた。ハミト期には、語句の説明を加えるという形で、より積極的に読解を助ける試みがなされたのである。また、カンマやピリオドが導入されたのもこの時代である。タンズィマート期にはじまった、教科書における空間的配置の革新が、より進展したと位置づけられよう。

君主批判の忌避

それでは、形式面に次いでその内容を見ていこう。この時代に刊行された多数の教科書は、それぞれ個性をもちつつも、一定の枠組みのなかで書かれていた。いずれの教科書にも共通している特徴的なテーマを抜き出せば、まずオスマン朝建国の契機として、オスマン一世が自らの名のもとでフトバ（金曜礼拝時の説教）を詠ませた出来事が取りあげられている。イスラーム世界においてフトバの際に王の名を詠むことは、その王の支配権を示す行為であった。オスマン朝の史書においてはトルコ民族的な建国の指標も存在したが、[22]この時代の歴史教科書においてはイスラーム的な独立の指標であるフトバを詠む行為が、ほとんどの教科書で採用されているのである。

また、一六世紀初頭にマムルーク朝を征服したセリム一世の事績も強調されている。セリムは、アッバース朝カリフの末裔からカリフ位を禅譲され、スルタンとカリフを兼ねる「スルタン＝カリフ制」を創始したとされる。これは現在の研究ではフィクションであることが明らかになっているが、スルタン＝カリフ制という伝説は一八世紀末以降、オスマン朝君主のイスラーム的権威の源泉となった。このスルタン＝カリフ制は、サービトの教科書には記されず、ヴェフィクの教科書では各章のまとめ部分で言及されるに留まった。しかしイスラーム的権威が高められたハミトの時代において、スルタン＝カリフ制は教科書に必須の歴史的事件となったのである。

君主の賞讃も随所で行われた。現在の君主であるアブデュルハミト二世への賛辞が序や末尾で繰り返され、場合によっては紋章も大きく飾られた。君主の権威を損なうような記述は徹底的に避けられ、歴代君主の悪徳が触れられることはない。例えば、その精神異常から「痴愚帝」と渾名され政治に混乱をもたらした一七世紀半ばのスルタン、イブラヒムの悪行はまったく取りあげられない[23]。アブデュルハミト二世の実質的な先代君主アブデュルアズィズ（在位一八六一～一八七六年）の自死は、不名誉であるとしてタブー視された。サービトの教科書が発禁処分を受けたのは、これを仄めかしていた故である。

タンズィマート改革の成果も、共通して取りあげられるテーマである。当時を代表する歴史家アブドゥッラフマン・シェレフによる教科書『オスマン帝国史概要』（中学校用、一八九二／三年、全二二四頁）は、改革によって「オスマン兵はヨーロッパで第一級に達した。国土という身体にとって、魂にあたる財務も改めて新しい規則と法のもと扱われ、国財が獲得され、歳入歳出が大いに秩序あるものとなった[24]」と述べる。タンズィマートによって帝国の政治・軍事が整備され、かつてより改善されたのは間違いなかろう。しかし改革のための費用を借款に頼ったオスマン政府は、ヨーロッパへの経済的な従属度をより高めた。そのためシェレフの記述は、学生たちに改革の成果を示すために強調された内容といえる。

同胞愛と非ムスリムの欠如

こうしたハミト期歴史教科書の内的な特徴をまとめると、「君主批判の忌避」、「政府の政策の支持」そして「イスラーム的価値観の強調」となろう。そして一方で、書かれなかったものにも着目する必要がある。ハミト期の教科書には、祖国愛、同胞愛といった要素はみられない。これらの語句を含む書物が発禁の対象となっていたことから考えると、教科書においてもこうした要素が慎重に排除されたと見なすべきである。一八七〇年の布告において「祖国愛」が求められていたのと対照的である。

非ムスリム臣民への言及がほとんどないのも特徴的である。第3章、第5章で取り扱われているように、タンズィマート期より混合教育が導入されたとはいえ、本章で言及した歴史教科書が対象とする生徒のほとんどはムスリム・トルコ人であったから、これは当然かもしれない。しかし当時を代表する文人アフメト・ミドハトが新聞連載をまとめた大著『詳説近代史』（一八八八年）では、過去のオスマン朝の事件に遡ってキリスト教徒臣民が果たした重要性、そして平等の価値について触れている。『詳説近代史』の主人公は紛れもなくムスリム・トルコ人であるものの、キリスト教徒という同胞をオスマン史のなかに肯定的に受け入れているのである[25]。ミドハトは、これまで「王家の歴史」であったオスマン史を「国民の歴史」に組み替えるべく、歴史を通じた国民意識の涵養にいち早く取り組んでいた。そのミドハトの著作と比較したとき、歴史教科書における非ムスリム臣民の不在は、政府の意図すら感じさせる。

こうした事実は、ハミト期にどのような国民統合が目指されていたのかを窺わせる材料となる。すなわち、国民に求められる帰属意識の対象は、祖国という抽象概念ではなく、君主であった。それに加え、異なる宗教共同体の臣民同士、すなわち横の繋がりでの同胞意識の育成ではなく、君主と臣民の垂直的な関係の構築に意が払われていると言える[26]。

アブデュルハミト二世は、北西アナトリアの小村ソウトに建てられた、建国者オスマンの父エルトゥールルの墓廟を整備し、そこへの行幸を執り行ったことで知られる。教育だけではなく、王権の権威を高めるページェントのなかに「歴史」を導入したのである。彼が「歴史を好まず恐れていた」という、同時代を経験したアクチュラの認識は、逆説的な意味で正しい。アブデュルハミト二世は「歴史の持つ力」を十分に認識していたからこそ、それを恐れ抑圧し、またコントロールして利用したのである。

第3節　未完のオスマン国民史——第二次立憲政と独立戦争

革命下の歴史教科書

三〇年に及んだアブデュルハミト二世の専制時代は、一九〇八年の青年トルコ革命をもって終わりを告げる。憲法が復活、議会が再開され、第二次立憲政と呼ばれる時代が始まる。ハミト期における検閲を過度に強調するのは、すでに乗り越えられた神話に過ぎないことは上述した。しかし一方で、検閲が取り払われたことによって、第二次立憲政期に出版点数が急激に増加したことも事実であり、さらに多くの歴史教科書が著されることになる。一九一一／二年、高等小学校のためにアリー・ハイダル・エミルが著した『要説オスマン史』（全一一四頁）の序からは、新しい時代にかける著者の意気が認められる。

歴史の必要性と重要性については多言を要すまい。残念ながら、我らの学校で学ばれた「古典」となるべきオスマン小史［これまでの歴史教科書のこと］は、歴史の必要性と重要性にまったく見合わない。我らの小さな子供の脳は、蓄音機の蝋管のように聞いたことを覚え込むため、彼らに我々の祖先について与える最初の知識は、まさに正しく真正であることが必要である！(27)

前代の歴史教育を批判し、教育に関する「科学的な」見解を提示したこの序は、新しい時代の歴史教育のはじまりを宣言している。この時代、教科書の技術面での進化は歴然である。とくに目を引くのは、絵や写真の利用が圧倒的に増加している点である。ハミト期には図像を利用した教科書はほとんど見られないが、この時代の教科書には、君主を中心に、オスマン史上の偉人と目される人々の肖像が多数収録されている。ナームク・ケマルのような、その改革志向からハミト期に不遇だった人物も、その中に含まれる。特定のテーマを個別に扱ったコラムも、この時期の歴史教科書に積極的に導入された試みである。

ただし、ハミト期の特徴がすべて排除されたわけではない。たとえばイスラーム史という科目は、引き続きカリキュラムのなかに位置を占めている。その世俗的な性格が指摘される第二次立憲政には、古代文明から始まるヨーロッパ式の世界史教科書が増加するものの、それは反イスラームであることを意味しないのである。[28] なお一九〇〇年頃から徐々に「トルコ民族史」が書かれるようになるが、教科書としてではない。国家統合のための凝集力としてトルコ民族史が本格的な役割を演じるのは、トルコ共和国期に入ってからである。ただしこの時代の教科書中に「トルコ人」という語句が増加しつつあるのは、来るべきトルコ民族主義の先触れと言えよう。

君主への批判

それでは、この時代の歴史教科書の内容はどうだろうか。とくに顕著な特徴は、タンズィマート期、ハミト期ともにタブー視されてきた君主への批判がみられることである。[29] 多くの歴史教科書で、アブデュルハミト二世の専制に対して苛烈な批判が行われている。もはや、イブラヒムの精神異常やアブデュルアズィズの自死が隠されることはない。アリ・ルザーによる教科書『小オスマン史』（全九六頁）[30] では、章末の質問において「アズィズの死はどのようであったか?」という、あけすけな問いが設けられている。[31] イスラームでは自死が禁じられているから、これはアブデュルアズィズがムスリムとして不適格であることを、生徒自らの口で答えさせることを意味する。

前近代の君主たちについて、これまで取りあげられることのなかった事柄も新たに批判の対象となった。君主が即位した際にその兄弟を殺すという慣習、いわゆる「兄弟殺し」は、オスマン帝国の野蛮さの象徴として――東洋学者が抱く偏見への反駁に尽力したナームク・ケマルすら、その非を認めざるをえなかった――ヨーロッパの東洋学者たちに攻撃されていた。ハミト期までの教科書においては非難されることのなかったその兄弟殺しは、第二次立憲政期の教科書では批判の対象となったのである。[32]一六世紀半ばに即位したスレイマン一世以降の君主は驕奢に耽り、国事が混乱したとも指摘される。[33]また、チューリップ時代と呼ばれる文化的爛熟期をもたらした一八世紀初頭の君主アフメト三世は、大宰相ネヴシェヒルリに無制限の権力を与えたとして批判された。[34]

ただし、すべての君主が批判されたわけではない。スルタン＝カリフ制を創始したとされるセリム一世は常に賞讃される存在であり、[35]帝国の近代化に尽力したセリム三世やマフムト二世も評価の高い君主である。絶対的な忠誠の対象としての君主の権威は引きずり下ろされたが、帝国が君主制国家である以上、象徴的中心としての君主の権威はかろうじて保たれたのである。

オスマン国民史の試み

その君主に代わって、オスマン史の主体となったのは誰か。イスタンブル高等師範学校校長サーティウが主幹をつとめた『教育雑誌』（一九一〇年創刊）を見てみよう。本雑誌は、教師たちの教育の指針となるべく教育省から刊行されたものであり、当時求められていた教育の内容を知るのに適切な史料である。そのなかでサーティウは、歴史は祖国愛の育成にとって重要な教科であり、ドイツ統一、あるいはブルガリアやギリシア独立の原動力は歴史教育によって育まれたと論ずる。[36]愛国ではなく忠誠を原理とし、君主を主人公としたハミト期の歴史教科書とは異なり、第二次立憲政期の歴史教科書では主体は国民であり、国民がそのよりどころとするのは祖国だった。専制時代が終わり、立憲政の時代にあって、求められる国民統合の概念が変わったのである。

第二次立憲政期は、諸民族の共存が試みられ、議会やメディアにおいては自由な言論の交換が見られた時代であった（第9章〔藤波〕）。歴史叙述の分野でも、歴史愛好家であった当時の君主メフメト五世の肝煎りで、オスマン歴史協会が一九〇九年に創設されるという転機を迎えた。個人技ではなく制度として近代的な歴史の学知が集積される「場」が、帝国において初めて、形成されたのである。しかしバルカン戦争、第一次世界大戦と度重なる戦乱のなかにあったオスマン帝国が新しい国民の歴史を完成させるには、時局が許さなかったと言わざるを得ない(37)。第一次世界大戦につぐ独立戦争のさなかに著された、フアト・キョプリュリュによるその名も『国民史』は、「オスマン国民史」の終着点を如実に示している。キョプリュリュは、のちにアナール派を形成するリュシアン・フェーブルらと親交を持ち、建国間もないトルコ共和国において実証的歴史研究をリードした人物である。小学校向けに作成されたこの教科書は、対象学年を異にする五種類が存在する。ここで取りあげる一九二一年版は、一七世紀から同時代までのオスマン史であり、表紙にナームク・ケマルの写真が掲載された、全六二頁からなる。困難な時代を反映してか、紙質や製本はおせじにも良いとはいえない。しかし写真や地図を多数盛り込みコラムを収録するなど、形式的な面では第二次立憲政以降の歴史教科書の展開を受け継いでいる。

そして何より、この教科書の内容はきわめて先鋭的である。かつての史書においては、歴史の主体は基本的に君主であった。しかしこの教科書では、「我々」「我らが軍隊」「我らの兵」など、「我々の〜」といった文言が多用されている。過去に遡って、歴史の主人公という役割を、君主から「我々」へと移し替えているのである。そしてキョプリュリュにとってその「我々」とは、文中で多用されているように「トルコ人」に他ならなかった。それでは、多宗教国家オスマン帝国の同胞であったキリスト教徒はどこにいってしまったのか。キョプリュリュは次のように述べる。

「トルコ人」である我らが遅れに遅れてとうとう理解したのは、「オスマン人」という名のもと我らが兄弟と見なしていたキリスト教徒の諸民族が、悔やしいことに、最も恐るべき敵となったことである。(38)

本教科書にはバルカン戦争時にバルカン半島から追われたムスリム難民の写真が掲載されており、生徒に「敵」が誰かを視覚的に喚起させる役割を果たしている。キリスト教徒の裏切りによるオスマン国民創出の失敗と、その反省からなるトルコ人の団結が、『国民史』を貫くライトモティーフなのである。ハミト期までの教科書がキリスト教徒に対する無関心をその特徴とするのに対し、『国民史』では積極的に「敵」としてキリスト教徒が措定され、それが「我々トルコ人」の団結を強めるというレトリックが用いられている。つねに曖昧さを含んでいた国民の輪郭は、帝国の滅亡直前になって初めて明確になったのである。

おわりに

オスマン帝国において新しく作成された歴史教科書の革新的な点は、なによりもまず、空間を支配するその形式にある。そこでは、行間、ピリオドやカンマ、註、そして平易な文章の採用など、生徒の理解を助けるさまざまな配慮が施された。形式は時代を追うごとに徐々に発展し、写真や地図、質問欄やコラムなども追加された。視角的なアプローチを促すこの新しい形式が採用されることによって、生徒は基礎的な歴史的事実をたやすく理解し共有することができただろう。さらに質問欄は、生徒に能動的な返答を強要し内容を反復的に教え込む役割を担うことで、教科書を強力無比なメディアにしたのである。

それでは、こうした新しい形式を備えた教科書は何を伝えようとしたのだろうか。タンズィマート期に意図されたのは、歴史的事実の端的な提供、君主の顕彰、そして政策の支持という伝統的な史書においても見られるものである。ハミト期は基本的にタンズィマート期の延長線上にあるが、国民の教化が本格的に進展したこの時代の教科書では、君主の権威が徹底的に強調され、君主を頂点とした君主—臣民という垂直方向の統合原理が求められた。他方、愛国心や同胞愛の涵養は、多民族・多宗派から構成される専制王朝においては歓迎されざる不安定要素として回避された。しかし第二次立憲政期には、忠誠を原動力とした垂直方向の凝集力は解体され、国民同士を水平方向に繋ぐ同胞意識が希求される。しかしその国民、すなわち「我々」の範囲は、潜在的にムスリム・トルコ人に限られていた。そしてその範囲は、ギリシア人やブルガリア人などのキリスト教徒を敵として定めることによって、帝国最末期に初めて明確な輪郭を得たのであった。

むろん帝国が君主制国家である以上、そして歴史家が帝国臣民である以上、王朝史という歴史叙述の前提が根本的に破棄されることはなかった。歴史叙述の決定的な転換は、トルコ共和国建国後に主張される公定歴史学を待たねばならない。公定歴史学では、帝国のみならずイスラームのはじまりすら遥かに越え先史時代にまで遡ることで、歴史を全面的に書き換えるという壮大な実験が行われるのである。(39)

［付記］本章は、日本学術振興会科学研究費助成事業若手研究（B）（課題番号二四七二〇三三二）の助成による研究成果の一部である。

注

（1）桜井啓子『革命イランの教科書メディア――イスラームとナショナリズムの相克』岩波書店、一九九九年、とくに第四章。

（2）トルコ首相府オスマン文書館（以下、BOA）、A.}AMD（大宰相府アーメディー局文書）21/1（1850.10.9）.

（3）Ahmed Vefik, *Fezleke-i Tarih-i Osmanî*, İstanbul, 1286（1869/70）. 本章では一二八八年の版を利用した。

（4）S. A. Somel, *The Modernization of Public Education in the Ottoman Empire, 1839-1908: Islamization, Autocracy and Discipline*, Leiden, 2001, p. 194.

（5）Küçük Nişancı Mehmed Paşa, *Tarih-i Nişancı Mehmed Paşa*, İstanbul, 1279（1862/3）.

（6）BOA, MF.MKT（公教育省文書局文書）15/5（1873.12.9）.

（7）MF.MKT 73/20（1881.12.24）. これはハミト期の文書であるが、タンズィマート期にも同様の要求はあったものと思われる。

（8）MF.MKT 11/22（1873.6.8）. 詳しい理由は明示されていないが、古代イラン史の部分には伝説上の王朝も含まれているため、不都合と見なされたと考えられる。

（9）*Düstur*, 1st Series, İstanbul: Matbaʻa-i Amire, 1289-1302（1872/3-1884/5）, Vol. 2, pp. 241-242.

（10）Ahmed Vefik, *Fezleke*, pp. 153, 157, 163, 179, 201, 204, 273, 289.

（11）帝国の公式修史官による歴史書が政策の擁護という性格を持っていたことについては、小笠原弘幸「オスマン朝修史官の叙法」『日本中東学会年報』第二〇-一号、二〇〇四年、一四二～一四三頁。

（12）Yusuf Akçora [sic], *Tarih Yazmak ve Tarih Okutmak Usullerine Dair*, n.p., n.d, p. 3. アクチュラの見解は、歴史教育についての専論を著したバイムル（A. F. Baymur, *Tarih Öğretimi*, Ankara, 1941）によって踏襲されている。

（13）サービトの教科書は一八八九年（MF.MKT 105/101 [1889.1.30]）、ヴェフィクの教科書は一九〇一年（MF.MKT 586/48 [1901.10.23]）にそれぞれ発禁処分を受けている。

（14）C. Kudret, *Abdülhamit Döneminde Sansür*, Vol.1, İstanbul, 1977, p. 53. ただし、これらの語句が当時の出版物にまったく見られな

いわけではない。ハミト期の出版物における禁止語句の問題については、より詳細な検討が待たれる。

（15）Somel, *Modernization of Public Education*, p. 182.

（16）M. Ö. Alkan, "Modernization from Empire to Republic and Education in the Process of Nationalism," in K. H. Karpat, ed., *Ottoman Past and Today's Turkey*, Leiden, 2000, pp. 74-75.

（17）BOA. İ.DH（内務関係勅旨）879/70128（1883.3.19）.

（18）Somel, *Modernization of Public Education*, p. 182.

（19）İbrahim Hakkı and Mehmed Azmi, *Muhtasar Osmanlı Tarihi*, İstanbul, 1307(1889/90)のこと。

（20）İbrahim Hakkı, *Küçük Osmanlı Tarihi*, İstanbul, 1308(1890/91), p. 3.

（21）この時期出されたガラタサライ・リセにかんする布告でも、預言者の歴史のあとオスマン史を教えるよう規定されている（Alkan, "Modernization," p. 74）。

（22）トルコ・オグズ族に伝わる儀式を行うことで、建国が宣言された事例のこと（小笠原弘幸『イスラーム世界における王朝起源論の生成と変容――古典期オスマン帝国の系譜伝承をめぐって』刀水書房、二〇一四年、三〇～三一頁）。

（23）Somel, *Modernization of Public Education*, p. 195.

（24）Abdurrahman Şeref, *Fezleke-i Tarih-i Devlet-i Osmaniye*, İstanbul, 1315(1897/8), p. 221.

（25）小笠原弘幸「王家の由緒から国民の由緒へ」歴史学研究会編『由緒の比較史』青木書店、二〇一〇年、一四五～一四六頁。

（26）「祖国」から「スルタンへの忠誠」への置き換えについては、アルカンの指摘も参照（Alkan, "Modernization," p. 65）。

（27）Ali Haydar Emir, *Mücmel-i Tarih-i Osmanî*, İstanbul, 1327(1911/12), p. 2.

（28）青年トルコ人たちが反イスラームではなかったことについては、新井政美編『イスラムと近代化』講談社、二〇一三年、七三頁を参照。

（29）Somel, *Modernization of Public Education*, p. 195.

（30）Ali Seydi, *Mekâtib-i İ'dadiye Şakirdanına Mahsus Devlet-i Osmaniye Tarihi: Resimli ve Haritalı*, İstanbul, 1329(1911), p. 413.

（31）Ali Rıza, *Küçük Tarih-i Osmanî*. İstanbul, 1328（1910/1）, p. 83. 対象とする学校についての記載はないが、簡潔さから鑑みて小学

校用と思われる。

（32）Ali Haydar Emir, *Mücmel*, pp. 28-29.

（33）Ibid., p. 34; Ali Seydi, *Mekâtib*, p. 139. スレイマン以降帝国が衰退したという史観は前近代から一般的なものだが、教科書ではこれまで取りあげられていなかった。

（34）Ali Haydar Emir, *Mücmel*, p. 51.

（35）Ibid., p. 31.

（36）田村真奈「オスマン帝国における師範学校の制度的発展と近代国民教育」『お茶の水史学』五一号、二〇〇八年、五〇～五一頁。当該記事は一三二六（一九一〇）年に刊行された号に掲載。

（37）この時代における諸民族の共存の試みとその挫折について、憲政史の視点から扱った研究として、藤波伸嘉『オスマン帝国と立憲政——青年トルコ革命における政治、宗教、共同体』名古屋大学出版会、二〇一一年。

（38）Fuad Köprülü, *Milli Tarih*, İstanbul, 1337 (1921), p. 60.

（39）本章は、近代オスマン帝国における歴史教科書の展開の大まかな見取り図を示したに過ぎない。タンズィマート期、ハミト期、そして第二次立憲政期の各時代についての本格的な論考については他日を期したい。公定歴史学については、とりあえず永田雄三「トルコにおける「公定歴史学」の成立」『植民地主義と歴史学』刀水書房、二〇〇四年、一〇七～二三三頁、小笠原弘幸「トルコ共和国公定歴史学における「過去」の再構成」『東洋文化』九一号、二〇一一年、二八九～三〇九頁を参照。

第Ⅲ部

接続する帝国、
交錯するネットワーク

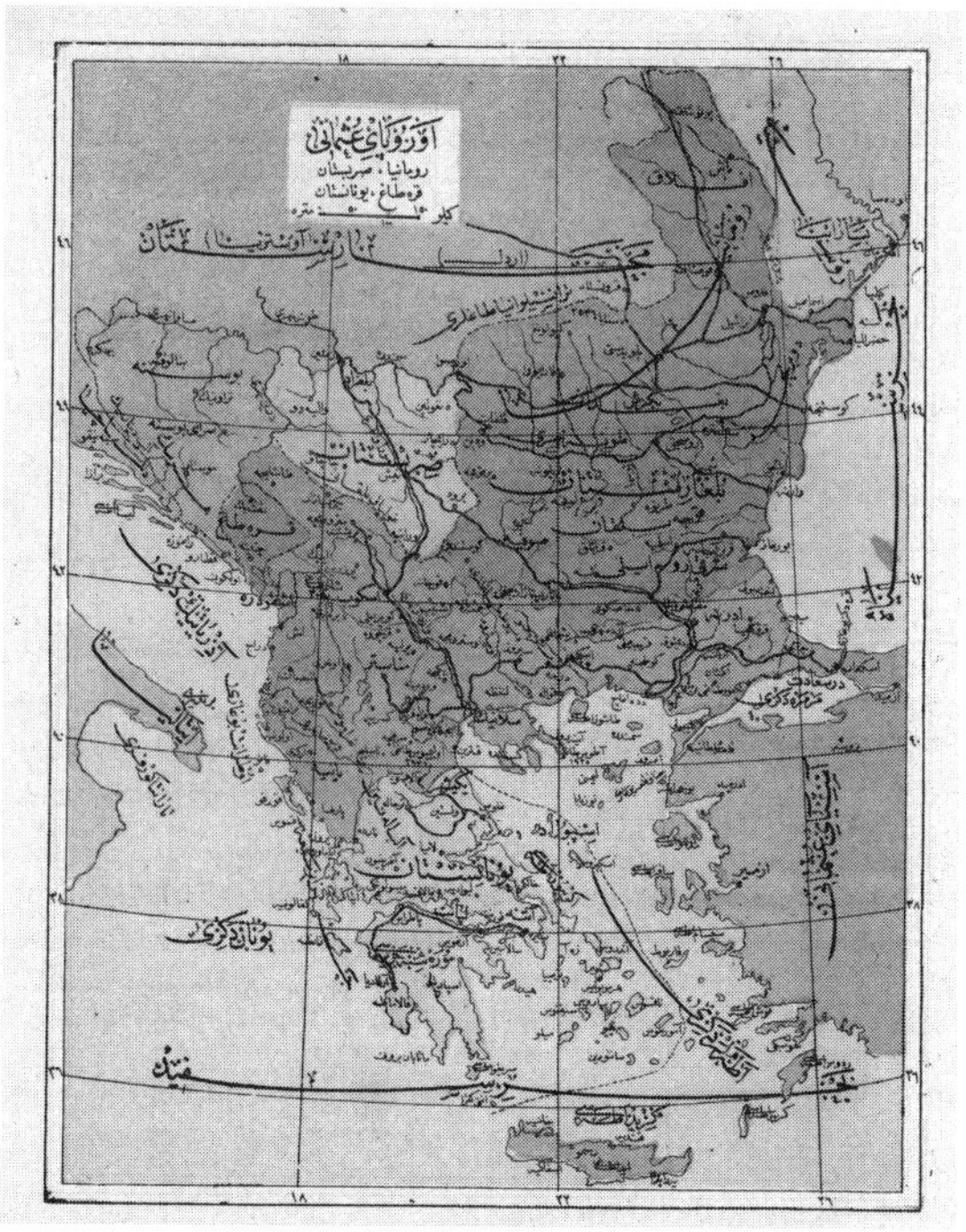

オスマン帝国のヨーロッパ領（1909/10 年）
出典：Safvet, *Resimli Haritalı Coğrafya-yı Umumî*, İstanbul, 1327.

越境するネットワークと帝国

「長い一九世紀」後半の約四〇年間は、「帝国の時代」と呼ばれる。この時代を特徴づける帝国は、イギリスやフランスを代表とする、産業の発達した資本主義国を本国として、海外に多くの領土をもつ植民地帝国であり、「帝国の時代」には、ドイツやアメリカ合衆国、そして日本が加わった。それに対して、オスマン帝国とそれに隣接するロシアとハプスブルク帝国は、近世的王朝の伝統を引き継ぐ、大陸型の帝国であり、三帝国ともに第一次世界大戦を契機に滅亡するという運命の共通性も相俟って、帝国論ではしばしば比較されてきた。三者はまた、国民国家の「本国」をもたない、多民族・多宗教（多宗派）の帝国だった点においても共通する。さらにオスマン帝国は、ハプスブルクとは一六世紀以来、ロシアとは一七世紀末以来、戦争を繰り返してきたのであり、単に類似や共通性があるだけではなく、それぞれの歴史が互いに絡み合ってきたという関係性をもつ（終章も参照）。

さて第Ⅲ部では、オスマン帝国と密接に関わってきたこのロシアとハプスブルク帝国それぞれの統治下のムスリムたちの教育改革の動きが、まず論じられる（第7、8章）。そして、それらがオスマン帝国内の状況と連動していたことについても指摘されるだろう。これら地域のムスリムとオスマン帝国との間に移動と交流のネットワークが存在していたのに加えて、一九世紀末以降、出版を通じた情報の流通網が成立していたからである。ここでは、とくにオスマン帝国の公用語であるトルコ語（オスマン・トルコ語）と、イスラームの宗教・学術言語であるアラビア語の出版物が重要な役割を果たした。

第9章では、そうしたオスマン帝国内部と外部にまたがる出版のネットワークが主題となる。それを形成していたのは、トルコ語とアラビア語出版物だけではない。第9章ではその二言語に加えて、オスマン帝国内で非ムスリムとしては最大の人口を有するギリシア人の言語、ギリシア語が採り上げられる。そして、これら諸言語による越境的な出版網が構築されていたことにとどまらず、各言語における言論が、オスマン帝国という場において互いに交錯していたという点が論じられる。同様に、ロシアやハプスブルク帝国内のイスラーム教徒の教育改革やその言論活動も、越境的ネットワークと、それぞれの帝国における文脈とが交差したところに成立したと見ることができるだろう。

以下、第Ⅲ部を構成する各章を読むうえでの前提となる知識をまとめておこう。アラビア語出版については第Ⅰ部の、ギリシア人については第Ⅱ部のイントロダクションも参照されたい。

ロシア帝国下のムスリムとテュルク語世界

ロシアは、ジョチ・ウルス（キプチャク・ハン国）の後継王朝であるカザン・ハン国を一五五二年に併合し、ヴォルガ川中流域とウラル山脈南麓地域を支配下に入れた。その住民の多くは、テュルク系ムスリム（広義のトルコ人、テュルク系の言語を母語とする人々）で、ロシア側からはタタールという総称で呼ばれた。

一八世紀後半に入るとロシアは、露土戦争での勝利の見返りにオスマン帝国から独立させたクリミア・ハン国を併合した（一七八三年）。クリミア・ハン国もジョチ・ウルスの後継王朝であったが、一五世紀以来オスマン帝国の属国となっており、その住民はテュルク系のクリミア・タタール人であった。ロシアによる併合後、クリミアには多数のロシア人が流入し、ロシア社会の諸制度が移植される。それに対して、一九世紀半ばまでに多数のクリミア・タタール人がオスマン帝国内に移住した。その一方で、ロシア皇帝エカテリーナ二世はクリミア併合を機に宗教的な寛容政策を打ち出し、それまで改宗政策の対象だったイスラームを公認した。そして、クリミアとヴォルガ・ウラル地域でそれぞれ、ロシアが「聖職者」と名付けたところのウラマーの組織を設立した。

一九世紀の半ばまでに、ロシアはカフカス地方のムスリムも支配下におさめた。カフカス山脈の南側のザカフカス地方は、一八二〇年代にイラン（ガージャール朝）とオスマン帝国から獲得したが、北カフカス地方は、シャーミル率いるイマーム国家の根強い抵抗により、長期にわたるカフカス戦争を経て、一八六〇年代に初めてロシアの支配が確立した。なお、ザカフカス地方にはテュルク系のアゼルバイジャン人のほかに、主にキリスト教徒であるアルメニア人、グルジア人などが、北カフカス地方にはチェチェン人、アディゲ人、アヴァール人など、

カフカス地方の旧方式マドラサ（マクタブ）の風刺

ロシア帝国領のティフリス（トビリシ）で刊行された週刊紙『モッラー・ナスレッディン』の風刺画。
出典：*Molla Nasreddin,* no. 3, 1906, p. 1（東京外国語大学アジア・アフリカ言語文化研究所蔵）.

さまざまな民族が住んでいた（民族名は今日の呼称）。

続いてロシアは、一八六〇年代に中央アジア（トルキスタン）に進出する。一八六七年にタシュケントにトルキスタン総督府が置かれて古都サマルカンドなどとともにロシア統治下に編入されたのに続いて、ブハラ・アミール国とヒヴァ・ハーン国がロシアの保護国とされた。これらの地域に住んでいたのは、やはり主としてテュルク系のムスリムであるが、一部イラン系住民も居住しており、ペルシア語も広く使われていた。とくにペルシア語は、文語としての権威を長らく保っていた。

ロシアの支配下に入ったムスリムの諸集団は、歴史も伝統も社会システムも異なる人々であったが、移動と交流のネットワークによって相互につながり、また、外部のイスラーム世界にも接続していた。例えば、ヴォルガ・ウラル地域のウラマーは、従来北カフカスのダゲスタン地方の学者と頻繁に交流していたが、一八世紀後半からタタール商人が中央アジアに進出し始めると、その後を追うようにして、同世紀の末頃までには留学先の中心をブハラに移した。そのブハラはアフガニスタン、インド、イランへの窓口でもあった。トルキスタンがロシア支配下に組み入れられてからは、知識人たちはオスマン帝国内のダマスカス、メッカ、カイロ、そしてイスタンブルへと目を向け始めた。

一八八〇年代には、第7章で詳述されるように、クリミア・タタール人のイスマイル・ガスプリンスキーによって「新方式《ウスーリ・ジャディード》」と呼ばれる教育改革運動が始められた。この教育法は、タタール商人の商業ネットワークと出版の流通網を通じて、二〇世紀に入るとロシア領トルキスタンからブハラ、そしてさらに東トルキスタン（新疆）にも伝播した。ガスプリンスキーのもう一つの重要な功績は、「共通トルコ語」と彼が名付けた、オスマン・トルコ語を平易にして、クリミアやヴォルガのテュルク語の要素を加えた書き言葉を考案したことである。これは、中央ユーラシアのテュルク系諸ムスリム知識人に容易に理解できるものであり、彼が共通トルコ語で刊行した新聞『翻訳者《テルジュマン》』は、新方式教育や啓蒙運動を各地に広めるのに貢献した。また、ロシアのムスリム知識人らが共通トルコ語かそれに近いテュルク語で著したものは、オスマン帝国でも読まれたし、彼ら自身がオスマン帝国の内外からオスマン・トルコ語で発信することも少なくなかったので、出版を通じたコミュニケーションはオスマン帝国とロシアの間で双方向的におこなわれた。

オスマン帝国下ボスニアのムスリム

ボスニアは一四六三年、オスマン帝国によって占領された。これはコンスタンティノープル陥落の一〇年後にあたる。ボスニア（以下、オスマン帝国の「ボスナ州」とほぼ同義で、ヘルツェゴヴィナを含む）にはスラヴ系のキリスト教徒が居住していたが、イスラームへの改宗が徐々に進行し、一六世紀までに人口の四割程度が改宗した。これは、この地域における教会組織の弱さに一因があったと考えられている。

ボスニアのムスリムは、改宗後も、同地域に住むキリスト教徒（正教徒とカトリック）と同じ、南スラヴ系の言語を用い続けた（「ムスリム」はユーゴスラビア時代に民族名称となるが、ここではイスラーム教徒という一般的な意味で用いる）。のちにセルボ・クロアチア語と呼ばれるその言語を、正教徒はキリル文字、カトリックはラテン文字で書き記した。一方、ボスニアのムスリム知識人はマクタブやマドラサでアラビア語を学び、同時に文学的素養としてペルシア語を操ったが、より実用的な言語として読み書きに用いたのはトルコ語（アラビア文字で表記するオスマン・トルコ語）であった。また、これら三言語と同様にアラビア文字を使って母語（セルボ・クロアチア語）を書き表す、アレビツァという書き言葉も存在した。しかし、スラヴ語の単語がトルコ語の文章中に使わ

サライェヴォ旧市街（バシュチャルシャ）

モスクなどオスマン時代の建築物が見える。米岡大輔撮影(2007年)。

れることは多々あっても、アレビツァが文章語として普及することはなかった。それを普及させる努力が始まるのは、第8章で述べられるように、二〇世紀のことである。

　オスマン帝国支配下のボスニアでは、ムスリムが軍人＝地主層を構成した。帝国の辺境に位置し、ハプスブルク帝国と接していたこの州で、防衛と治安を強化するためにも、帝国政府はムスリムの軍人＝地主層を保護し、特権を認めてきた。それに対して、小作農をキリスト教徒が占めるという社会構造が成立していた。

　一九世紀に入ると、地方勢力の排除を図るマフムト二世は、抵抗するムスリム特権層に制裁を加え、ボスニアを中央の統制下に置いた。タンズィマート期には、ムスリム有力者による反乱の鎮圧後、中央集権化がさらに進められ、教育政策もその一環として重視された。地方で最初に中等学校《リュシュディエ》が設置されたのはボスニアであり、一八五〇年代に七校が開校した。六〇年代には、政府主導で初等教育のマクタブが建設された。辺境の地のムスリムの信仰心を強化することでオスマン国家への忠誠心を育もうとしたのである。

　一八六四年にトゥナ州で開始された地方行政改革は、その翌年にボスニアでも施行された。地方の官庁組織、評議会、裁判所、警察などの整備とともに、道路などのインフラの建設が進められた。また、州立の印刷所が設けられ、年鑑（トルコ語）や、トルコ語とセルビア語（キリル文字）を併用した週刊の官報『ボスナ』が刊行された。この印刷所では、キリル文字やラテン文字でも小学校用教科書が印刷された。一八七七年の州年鑑によると、ヘルツェゴヴィナ県を除くボスニア州に中学校《イーダーディー》一校、高等小学校《リュシュディエ》一七校、マクタブ八〇二校が存在した。

オスマン政府にとって、ボスニア統治の最大の課題は土地問題だった。一八五〇年代末からキリスト教徒農民による反乱が相次ぎ、政府は小作人の無償労役を禁ずるなどして対応を図るが、ムスリム地主層の抵抗も大きく、解決は進展しなかった。こうした状況下で一八七五年にヘルツェゴヴィナで発生したキリスト教徒農民蜂起は、諸外国の介入と他地域への波及を引き起こした。セルビアとモンテネグロとの戦争、オスマン帝国憲法の公布、そして露土戦争を経て、一八七八年のベルリン条約に従い、ボスニアはハプスブルク帝国によって占領されるに至るのである。

（秋葉　淳）

参考文献

江川ひかり「タンズィマート改革期のボスニア・ヘルツェゴヴィナ」『岩波講座世界歴史 21　イスラーム世界とアフリカ』岩波書店、一九九八年、一一九～一四〇頁。

小松久男「ブハラとカザン」護雅夫編『内陸アジア・西アジアの社会と文化』山川出版社、一九八三年、四八一～五〇〇頁。

同編『中央ユーラシア史』（新版世界各国史 4）山川出版社、二〇〇〇年。

佐原徹哉『近代バルカン都市社会史——多元主義空間における宗教とエスニシティ』刀水書房、二〇〇三年。

ドーニャ、R・J、J・V・A・ファイン（佐原徹哉他訳）『ボスニア・ヘルツェゴヴィナ史——多民族国家の試練』恒文社、一九九五年。

長縄宣博「イスラーム教育ネットワークの形成と変容——一九世紀から二〇世紀初頭のヴォルガ・ウラル地域」橋本伸也編『ロシア帝国の民族知識人——大学・学知・ネットワーク』昭和堂、二〇一四年、二七五～二九六頁。

濱本真実『共生のイスラーム——ロシアの正教徒とムスリム』（イスラームを知る 5）山川出版社、二〇一一年。

柳田美映子「ボスニア・ヘルツェゴヴィナにおける学校教育の発展（一八五〇—一八七八）」『年報地域文化研究』第三号、一九九九年、三五三～三七六頁。

Somel, S. A. *The Modernization of Public Education in the Ottoman Empire, 1839-1908: Islamization, Autocracy and Discipline*. Leiden, 2001.

第7章　ロシア帝国ヴォルガ・ウラル地域ムスリム社会の「新方式」の教育課程

磯貝真澄

はじめに

ロシア帝国政府は、クリミア戦争敗北を直接の契機とし、後に「大改革」と呼ばれる一連の改革を開始した。とくに、教育制度については、これより二〇世紀初頭にかけて徐々に、教育機会の身分による制限が緩み、初等教育が農村に普及していく[1]。ヴォルガ中下流域やウラル南麓のテュルク系ムスリム――現在のタタール人、バシキール（バシュコルト）人に相当する――も、こうした制度と社会の変化に応じていくこととなった。

とりわけ、一八七〇年の「異族人教育規則」は、テュルク系ムスリムが、まずキリル文字表記の「タタール方言《ナレーチエ》」を媒介にロシア語を学び、そしてマドラサやマクタブでなく、ロシア語で教える一般教育機関で修学することを、制度的に可能にした。この場合、一般学校で、ムスリムは正教の授業を受けなくてもよく、経費を負担すればイスラームの教義を受講できると定められた。「規則」は、マドラサやマクタブでのロシア語クラス開講も求めており、つまるところ、テュルク系ムスリムのロシア語習得、ロシア化を教育で促すものだった。しかも、その教授法は、東洋学者として著名なニコライ・イリミンスキーが、非ロシア人の受洗者や非正教徒に正教の教義を教えようと考案した、「イリミンスキー・システム」だった。[2] それゆえ、「規則」に基づき設置された、いわゆるロシア・異族人学校《ルースコ・イノローチェスカヤ・シコーラ》は、ムスリムにそう簡単に受容されなかったが、それでも、その数は少しずつ増加した。テュルク系ムスリムがロシア語で学校教育を受ける機会は、徐々に拡がった。

　こうしたなか、一八八四年、クリミア・タタール・ムスリムで貴族身分の知識人イスマイル・ベイ・ガスプリンスキー（一八五一〜一九一四年）が、バフチサライに新しいタイプの初等学校を開校した。彼は「新方式《ウスーリ・ジャディード》」の教授法導入によるマドラサやマクタブの改革を実践に移したのである。彼の教育改革構想は、彼自ら編集・発行した新聞『翻訳者《テルジュマン》』（バフチサライ、一八八三〜一九一八年）や、その他の出版物、人的交流などを通じ、早い例で一八八〇年代末から、より広くは一八九〇年代以降、ヴォルガ・ウラル地域のムスリム社会に普及していく。二〇世紀初頭には、この地域に固有の状況もあいまって、「新方式」を標榜するさまざまな教育課程のマドラサやマクタブが、学生・生徒を集めるようになっていった。

　本章は、そうしたこの地域の新方式の教育課程が、ガスプリンスキーの新方式教育構想やオスマン帝国の教育改革に影響されながら、異族人教育の制度や、地方自治機関であるゼムストヴォの活動などで形成された地域の状況に応じて、さまざまに考案・実践されていたことを述べるものである。なお、本章での日付は露暦による。

第1節　ガスプリンスキーの新方式教育

ガスプリンスキーの経験

ガスプリンスキーは、一九世紀半ば生まれのムスリム知識人としては、ロシア語にきわめて堪能で、ロシア言論界をよく知る人物だった。マドラサで初等程度の教育を二年ほど受けた後[3]、彼は一〇歳でシンフェローポリのギムナジアに学び、ヴォロネジの陸軍幼年学校二年間を経て、一八六四〜一八六七年、モスクワ第二軍ギムナジアで勉学を続けた[4]。

モスクワで彼は、新聞『モスクワ通報《モスコーフスキエ・ヴェードモスチ》』や雑誌『ロシア報知《ルースキー・ヴェースニク》』の編集発行者で、教育相ドミトリー・トルストイの友人でもあった、「保守的西欧主義」ロシア知識人ミハイル・カトコーフのもとに寄宿していた。そこで作家ツルゲーネフとも知りあったと推測される。ガスプリンスキーは一〇代半ばですでに、ジャーナリストの活動を間近に観察し、ロシア啓蒙思想はもちろん、ロシア語論壇のさまざまな議論に強く影響され、自らの思想を形成しはじめたとみられる[5]。

一八六七年、彼はモスクワの軍ギムナジアを中途退学する。その契機は彼が起こした事件にあったらしい。クレタ問題を知った彼は、学友だったリトアニア・タタール出自のムスタファ・ムルザ・ダヴィドヴィチと一緒にロシアを去り、オスマン軍に入ろうとした、と伝えられている[6]。だが、二人はオデッサ港で捕まり、企ては失敗した。この事件から、ガスプリンスキーがカトコーフのもとにいながら、カトコーフや周囲のロシア知識人らの思想に対して部分的に強く反発し[7]、オスマン帝国への共感を抱いていたことが窺われる。

クリミアに戻ったガスプリンスキーは、マドラサやロシア・現地人学校《ルースコ・トゥゼームナヤ・シコーラ》でテュルク系ムスリムにロシア語を教えはじめた。彼がマドラサやマクタブの改革を初めて考えたのは、この時期とされる。だが、一八七一年、彼はフランスに渡り、ソルボンヌで聴講しながら、出版社アシェットの翻訳者やツルゲーネフの個人秘書を務めて、その社会や文化を見聞する。一八七四年にはオスマン帝国の首都イスタンブルに行き、軍事教育機関入学を望んだ。希望は叶わなかったが、彼はオスマンの社会や文化を、とくに教育制度に関心を持って観察し、翌年帰国した。クリミアで再びロシア語教師となった彼は、二年ほどで転職し、バフチサライ市の行政職に就く。市長に選任された彼は、一八八一年にシンフェローポリで、『ロシアのムスリム集団』という長文のロシア語論説を発表した[8]。

ガスプリンスキーの意図

ガスプリンスキーが新方式教育の事業に着手する直前に考えていたことは、『ロシアのムスリム集団』から読みとれる。以下、新方式教育の実践にいたった彼の意図を確認したい[9]。

ガスプリンスキーによれば、ロシアの「テュルク・タタール族」は、イスラームという「同じ宗教を信仰し、同じ言語《ヤズィク》の諸方言《ナレーチエ》で話し、同じ社会習俗、同じ伝統を持つ」。ただ、「東方の文明化というロシアの偉大な使命」が語られる一方で、政府が彼らに対する適切な政策を採らなかったため、彼らは「ロシアという祖国の利益」も、「ロシアの全国家的な趨勢や思想」も理解していない。彼らはロシア語で会話できず、ロシア思想や文学も知らない。しかし、イスタンブルやカイロ、ダマスカスなどのムスリム社会は、「あらゆる点でロシアのムスリム社会より先進的」である。ガスプリンスキーはこう指摘し、ロシアのムスリム社会の問題はイスラームではなく、政府のムスリム統治政策の結果だと主張する。

彼は、政府が採るべきムスリム政策を提言する。それは、ロシア人がムスリムを飲み込むようなロシア化や同化ではなく、ロシア国家やロシア的文物についての知識普及と啓蒙による、ムスリムの「道徳的統合」である。それは、換言すれば、「民族的個性、自由と自治の諸原則に基づく道徳的、精神的同化」であり、さらには「平等、自由、科学と教育に基づく、道徳的な統合、歩み寄り」である。こうした統合は、ムスリム居住地域の「急速な知的・経済的繁栄をもたらすはずである」[10]。そして、彼は次のように記す。

ムスリムの道徳的ロシア化は彼らの知的レベルと知識の向上という方法で実現されうるが、それは学校や文学［界］のなかでタタール語に市民権を認めるという方法によってのみ、実現されうる[11]。

なぜなら、彼によれば、タタールがロシア語で会話できるには相当時間をロシア語学習に費やさねばならず、さらにロシア語で科学的知識を得るなど、あまりに困難だからである。それゆえ、彼は、一八七〇年異族人教育規則に基づく諸学校を「死産で生まれた施設」とまで言って否定し[12]、次のように提唱する。

ロシア・ムスリムの知的な発展の問題を従来の基礎の上に据えるには、カザン、ウファ、オレンブルグ、アストラハン、タシケント、サマルカンド、バクー、ヌハ、バフチサライのような、ロシア中のムスリムの中心地のマドラサ九～一〇校に、小さな改革を施すことのみが必要である。……改革の要となるのは、……これらのマドラサの課程に初等の、普通教育の諸科学の、タタール語による教授を導入することであるはずだ（地理、歴史、理科、算数……）。……［その後］一五年も経ずしてロシアのムスリム集団は、現在の無学な聖職者らのかわりに、教育を受けたウラマーである進歩的な聖職者らを、……専門教育を受けた進歩的な教育者らを、擁するだろう。そうなれば、初等学校であるマクタブの課程を時代が要請するレベルにまで引き上げ、そこに……より良い、改善された教授法を導入できるだろうに[13]。

ようするに、ガスプリンスキーは、ムスリム社会がロシア社会に同化することなく、しかしロシア国家には統合され、発展することを期待して、ムスリムに対する啓蒙の必要を主張した。その手法は、既存のマドラサやマクタブを改革し、そこでテュルク語により普通教育の初等の教科を教えることである。

ここでの彼の語りかた――「道徳的ロシア化」のくだりなど――は、ロシア人読者にいくらか配慮したものにみえる。だが、彼はこの論説を、「教育を受けたムスリム青年ら」に対する、「諸兄、民衆《ナロード》教育の問題に、真剣に着手せよ」という、ロシアの啓蒙家らしい訴えで締めくくる。彼はロシア語を理解する読者のために書いたが、そこにはムスリムも含まれたのである。(14) それゆえ、この論説の内容は、彼の真意から大きく外れていないだろう。

ガスプリンスキーの新方式教育

ガスプリンスキーは、『ロシアのムスリム集団』の三年後、一八八四年、バフチサライに最初の新方式の初等学校を開設した。一八九八年になって彼は、彼の学校を直接見学できない人びとのため、新方式の初等教育を解説する著作『教授指南』を上梓し、無料配布する。(15) ちょうど、ヴォルガ・ウラル地域で彼の新方式に影響された教育施設が増えていた頃である。彼はヴォルガ・ウラル地域の読者を念頭に執筆しただろう。

この書物によれば、彼が提唱する教育の新方式とは、「短時間でより多く、より十全に教授・学習する方法」であり、テュルク系ムスリムのなかに「父祖の時代から遺された宗教共同体《ミッリー》のマクタブを改革すること」で実践される。(16) その新しい学校運営法では、教師と生徒の数的比率は、教師一名につき生徒三〇名、多くて四〇名である。新入生徒の入学は一年に二度、五～六ヵ月の間隔を空けて行なう。その同期となる新入生が一学年を構成し、一斉授業を受ける。教師一名のマクタブは三～四学年の生徒からなる。また、一日の授業時間は、七～九歳の生徒には午前三時間、午後二時間であり、一時間につき一〇分の休憩をとる。昼休憩は三〇分か四五分だが、教師

図 7-1　ガスプリンスキーが構想した新方式の教室設備

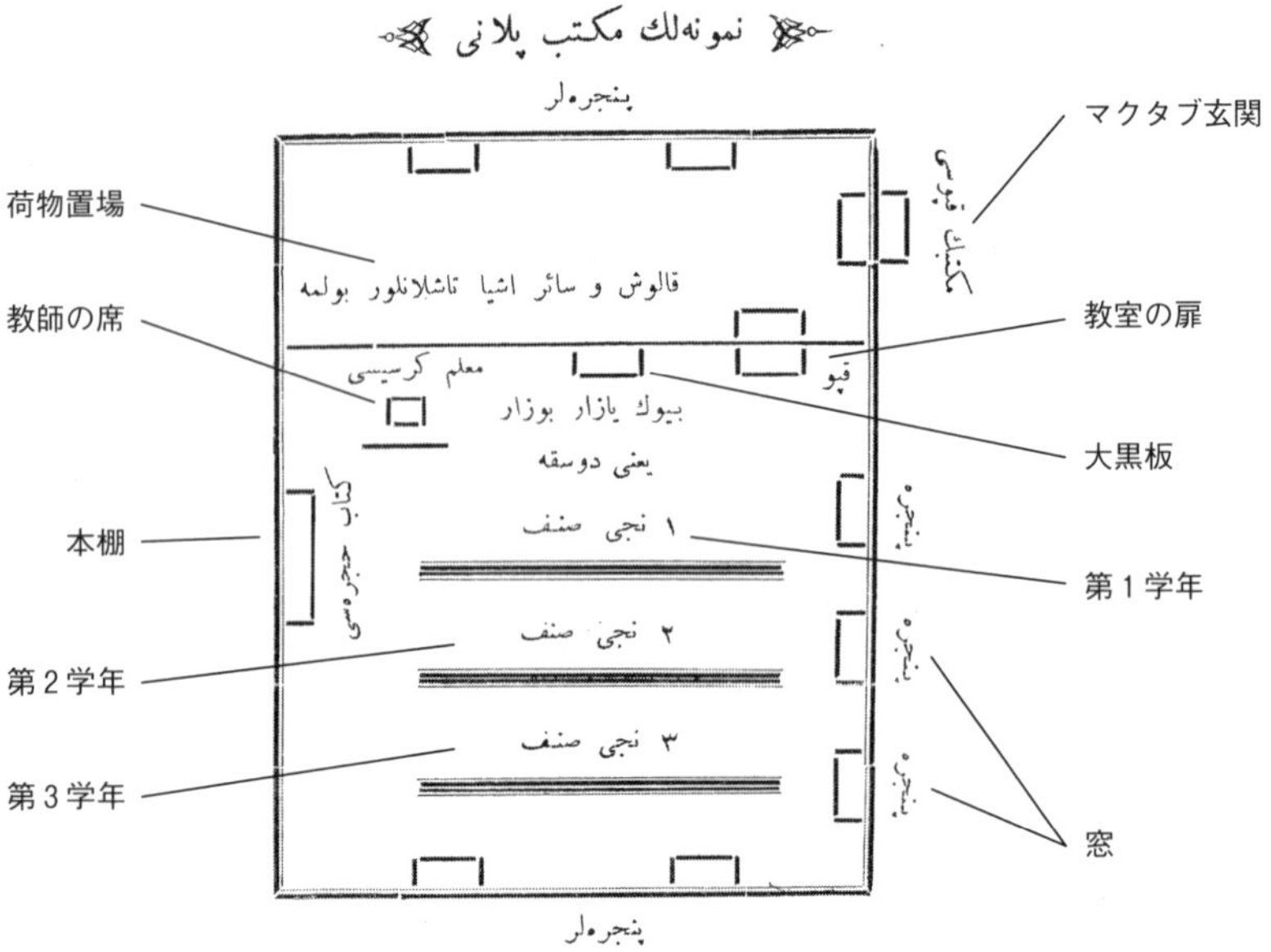

出典：Ismā'īl Bik Ghaṣprīnskī, *Rahbar-i mu'allimīn, yāki mu'allimlara yūldāsh,* Bāghchasarāy, 1898, p. 26.

は生徒とモスクで礼拝をし、それをもって三時間目とする。授業内容は教科別に編成し、四五分か一時間ごとに交替する。そして、金曜、祝日週、「国家の日」は休日とし、[17] 夏季の一カ月は休暇とするか、授業時間を減らして内容も簡単にする。週末は生徒に、その週の学習状況について記録し、「優秀《アーファリーン》」と記した「週間記録」を渡す。体罰は不要であり、教師は生徒を言葉で戒めるか、「優秀証」を渡さないなどの対応をとる。教室設備は図7-1のようなもので、大きな窓があり、室内は明るく、床が清潔である。冬は暖房する。

　つまり、ガスプリンスキーが説明する新方式の初等学校のモデルは、学年制、二学期制をとり、複数の教科を配当時間に応じて替えながら並行的に教授・学習する方法で運営されるものである。彼は学年別の教科・教育内容も示す。第一学年の生徒は、アラビア文字の読み書き、トルコ語《テュルクチェ》[18]の読み、暗算を学ぶ。第二学年は、テュルク語《テュルキー》[19]とアラビア語の読み、暗記した文の書き取り、暗算による計算問題、数字の書き取り、習字を学習する。第三学年は、テュルク語とアラビア語（一部ではペルシア語）の読誦、教理書《イルミ・ハール》と儀礼基礎《ウスーリ・イバーダ》、テュルク語基礎、算数、トルコ語文を読んで暗唱するか、またはノートに書き取るといった学習をする。そして、教師は、生徒のなかから生徒長か学年長を選任する。教師一名が三学年を教えるマクタブでは、教師がある学年にある教科の講義をする間、他の二学年のうち一方は生徒長のもと、それとは異なる教科を学習し、他方は教科書で、さらに別の教科を自主学習する。こうして教師一名、生徒三学年三〇名の授業が成立する。(20)

さまざまな教科の教授法を解説する彼が最も重視したのは、やはり識字だった。その「発音方式《ウスーリ・サウティーヤ》」という新しい識字教育法について、彼は次のように説明する。

　子音の文字が［生徒に］提示される場合に、「アリフ、バー、……ヌーン」と文字の名称を言うだけで満足すべきでない。必ず、文字各々の音、発音、音声を明らかにすべきである。このため、我々の方法は「発音の《サウティーヤ》（有音の）」［方式］とも呼ばれるのだ。(21)

　初学者にアリフ、バー、ラというA、B、Rの文字の名称だけを教えて、「B・A・R」すなわち「bār」という単語を見せても、読むことができない。……しかし上述のような文字の音を、音声を知っていれば、すぐさま、音に従って「バル」と読んでしまう。(22)

ようするに、発音方式とは、個々の文字の音価と、その組みあわせによる単語の発音を、単語の綴りとともに教える方法である。それ以前の方法が、文字や発音符号の名称と、単語としての発音を暗記させるだけであり、個々の文字や発音符号が持つ音価を説明しないものだったため、(23) ガスプリンスキーの方法は効果を挙げたに違いない。

ガスプリンスキーとオスマン帝国の教育改革

ところで、先行研究には、ガスプリンスキーが新方式《ウスーリ・ジャディード》という言葉を、オスマン・トルコ語から採用した可能性を指摘するものがある。(24) 彼がオスマン帝国に滞在した一八七〇年代半ば、そこではたしかに初等教育改革が進んでおり、新しい教育法を指して新方式《ウスーリ・ジェディーデ／ジェディード》という言葉が使われていた。(25)

当時、オスマン帝国では近代教育学の専門家セリム・サービト・エフェンディが初等教育改革を牽引していた。彼が一八七〇年に著した『教授指南』は、初等教育の「新方式《ウスーリ・ジェディーデ》」を解説する書物であり、一八七二年から新たに設置されはじめた小学校の基本だった。その教育法はやはり学年制で、複数の教科を配当時間によって替えながら、平行的に教授・学習するものである。たとえば、第一学年はアラビア文字、クルアーン、道徳《アフラーク》、暗算、書き方といった教科を、第三学年はクルアーン、クルアーン読誦法、預言者史、四則計算、ナスフ体書道を学ぶものだった。(26) 彼はオスマン・トルコ語の識字をとりわけ重視し、その新しい教授法を次のように解説した。

> 子音字は、母音の名称と綴りではなく、文字の読まれかたと母音の発音が一緒に説明されて、音節方式が実践される。たとえば、Jの文字の三母音と綴りでは、「ジーム・ウステュン・ジャ……」と言うのでなく、「ジュ（J）・ア（A）・ジャ（JA）……」と言って綴り、同様に母音字と発音［符号］および綴りでは、「ジーム・エリフ・ウステュン・ジャー……」と言うのではなく、「ジュ（J）、アー（Ā）、ジャー（JĀ）……」と言って綴るべきである。(27)

つまり、オスマン帝国の初等教育改革で採用された識字教育法は、個々の文字や発音符号の音価と、その組みあわせによる単語の発音を、単語の綴りとともに覚えるというものだった。セリム・サービトは、これについて、識字教育の「新方式《ウスーリ・ジェディーデ》」と説明している。[28]

さて、ここでガスプリンスキーの新方式教育を再確認すれば、それがセリム・サービトの提唱した新方式と、よく似ていることがわかる。とくに、識字教育法はまったく同じである。ガスプリンスキーは、ロシアのムスリム社会における教育改革の具体的手法を、オスマン帝国の教育改革に着想を得ながら構想したと考えられる。新方式《ウスーリ・ジャディード》という用語も、オスマン・トルコ語から借用したものとみてよいだろう。[29]

第2節　ヴォルガ・ウラル地域における新方式教育の展開

新方式のマドラサやマクタブとロシア・異族人学校、ゼムストヴォ

ヴォルガ・ウラル地域のムスリム知識人のなかには、ガスプリンスキーより早く、ムスリムの啓蒙・教育のために活動した人びとがいた。たとえば、マドラサで修学したものの、カザン神学セミナリアの講師をしながらロシア語を習得し、カザン・タタール師範学校の教師も務めた啓蒙家アブドゥルカイユーム・アンナースィリーや、オレンブルグ・ムスリム宗務協議会の通訳官を務めながら教育問題に取りくんだ文筆家ムハンマドサリーム・ウメトバーエフである。[30] ただ、「新方式」を標榜するマドラサやマクタブの改革は当然ガスプリンスキー以降、とくに一八九〇年代からめだちはじめる。その意味で、やはり彼の新方式教育構想は、この地域にマドラサやマクタブの改革を普及させる役割を果たした。

ここで、この地域のマドラサやマクタブの行政的位置と状況について少し説明したい。一八七四年まで、マドラサとマクタブは実質的に宗務協議会が管轄していた。ウファ市にあった宗務協議会は、地域のムスリム行政を

担当した行政機関であり、一九世紀後半には基本的に内務省の異国信教宗務庁管下にあった。その主要業務の一つは、管轄地域の「教区」共同体であるマハッラで任務にあたる「ムスリム聖職者」候補の学識を審査してイマームなどの資格を認定し、彼らを監督することだった。ムスリム聖職者――つまり、ウラマー――は、県庁から政令《ウカーズ》を受けて着任したため「政令ムッラー《ウカーズヌィ／ウカーズリ》」とも呼ばれ、認定されたムダッリスやムアッリムの資格で、マハッラのマドラサやマクタブの教師を務めた。こうした事情から、マドラサとマクタブは内務省、直接には宗務協議会の一応の監督下にあったのである。一八七四年、マドラサとマクタブは法的に国民教育省管轄と定められた。しかし、宗務協議会に監督される政令ムッラーが教師である以上、実態はそう簡単に変わらなかった。こうしたマドラサやマクタブは通例、マハッラや学生・生徒の親によって財政維持された[31]。

ところで、地域のムスリムはマドラサやマクタブ――伝統的か、新方式かにかかわらず――以外の学校も選択できた。それが本章のはじめに述べた、一八七〇年異族人教育規則によるロシア・異族人学校である。ムスリムを対象とするものには、ロシア・タタール学校、ロシア・バシキール学校、マドラサやマクタブに併設のロシア語クラスがあった。これらは国民教育省が管轄したが、運営にかかる財源も確保したわけではない。結局、一部地域ではゼムストヴォの補助金により、ロシア・異族人学校が増えはじめたらしい。大改革期の地方行政改革で創設された地方自治機関であるゼムストヴォは、初等教育関連事業への経済的参画を任務の一つとし、正教徒農民の教会教区学校や読み書き学校に財政援助したが[32]、ムスリムの教育問題にも参入していた[33]。

たとえば、ウファ県では一八八〇年代から、ゼムストヴォがロシア・異族人学校でイスラームの教義を教える政令ムッラーへの報酬を負担すると[34]、異族人学校に対するムスリムの拒否姿勢は徐々に軟化したとみられる。ムスリム対象の異族人学校は、一八九〇年に三一校、一八九六年に三四校が存在したが、一九〇三〜一九〇四年度には八〇校に達した。一九〇七年、ロシア・タタール学校とロシア・バシキール学校はあわせて一〇六校、生徒三四三八名を数え、マドラサ併設のロシア語クラスも八つ存在した[35]。こうした普及度は、そこにおける正教化圧力の強度とも相関したと考えられる。ムスリム社会全体をみれば、実社会での必要性からロシア語習得が奨励されることがあっても、ロシア化をよしとする雰囲気はまずなかった。そのことは、一九〇六年、一八七〇年異族人教育規則を継承する新たな「ロシア東部・南東部居住の異族人のための初等教育施設規則」が定められた時、ムスリム社会が新規則に大いに不満を示し、国民教育省をはじめとする関係機関に改正を要求したことからもわかる[36]。その一方で、とくに一九〇五年第一次革命前後から、一部地域でムスリムがロシア・異族人学校を選択する機会は増え、それにゼムストヴォの活動が影響していたことも事実だった。

ゼムストヴォは、ごく一部では一八八〇年代から、より広くは第一次革命後、マドラサやマクタブにも経済援助を行なった。一八八二年に早くも、サマーラ県ブグリマ郡（現ロシア連邦タタルスタン共和国ブグリマ地区）のゼムストヴォはマドラサ二校に対する補助を決定した。ウファ県のゼムストヴォは、一九〇八年にムスリムの初等普通皆教育を議題として以降、マドラサやマクタブの問題に参画しはじめた。そして、新方式教育を支持するムスリム知識人の方も、ゼムストヴォの初等教育に対する財政補助に着目しはじめる。イスラーム改革の論客であったウラマー、リザエッディン・ブン・ファフレッディン（一八五八～一九三六年）は一九〇五年、ガスプリンスキーの新聞『翻訳者』に寄稿し、マドラサやマクタブの改革について意見募集をした。彼は寄せられた回答をまとめ、一九〇九年に出版した『マクタブとザカート、国庫とゼムストヴォの援助』で、マドラサやマクタブがゼムストヴォから補助金を受けることはイスラーム法で禁止されないと論じた。この間、一九〇六年に宗務協議会が、マドラサやマクタブの建設と維持のためのゼムストヴォ財源の利用はイスラーム法で禁止されないという見解を示している[37]。ゼムストヴォの活動がマドラサやマクタブのありかたに影響する条件が整っていった。

さて、カザン市では一九〇〇年、カザン・タタール師範学校長の妻で、未亡人となったばかりのハディージャ・

アフメロヴァが、数名のムスリム女性とともに、女子のためのロシア・タタール学校を開くよう請願した。翌一九〇一年、学校は国民教育省の予算で設置された。学校の後見職《ポペチーテリ》に就いた彼女は、新方式教育を支持していたマーフルーイ・ムザッファリーヤという女性教師に、イスラームの教養の授業を担当し、かつマーフルーイ自身の女子生徒をも連れてきて学ばせるよう依頼した。マーフルーイは、アブスタイと呼ばれるタイプの女性有識者[38]だった。彼女はタタール語も教えることを条件に承諾した。こうして、二〇世紀初頭、カザン教育管区唯一のロシア・タタール女子学校で、新方式教育を支持・実践する教師がイスラームの教養とタタール語を教えはじめた。[39]

　ロシア・異族人学校は本来、上述のように、非ロシア人のロシア化を促す教育機関であり、その教授法の考案者イリミンスキーや、彼を支持・支援した人びとは、非ロシア人の受洗者や非正教徒に正教教育を行なう意図を持っていた。また、新方式の提唱者ガスプリンスキーはロシア・異族人学校を厳しく批判した。だが、彼らそれぞれの当初の意図とかけ離れた状況が――アフメロヴァの学校は、やや特殊な事例だが――生じつつあったのである。第一次革命の後、国家ドゥーマのムスリム議員の間で、そしてムスリム知識人が刊行するアラビア文字表記テュルク語の定期刊行物でも、教育は最も重要な論題の一つとなった。一九〇八年、ドゥーマで正教会教区学校の国家財源による設置が議論されると、ムスリム議員の一部はマドラサやマクタブに対する国庫からの助成すら期待した。[40]ようするに、地域のムスリム社会には、設置・運営の主体や財源が異なるさまざまな学校を比較・選択するという考えかたが浸透していったとみられる。

　こうした、地域に特有の社会変化と並行して、新方式を標榜するマドラサやマクタブの改革が普及した。つまり、地域のムスリム社会で新方式教育を推進したものは、ガスプリンスキーの影響だけではない。地域に固有の、教育（とくに初等教育）をめぐる制度や状況の変化と、それに対する人びとの関心の高まりにもあったと推定できる。[41]大改革期以降の行政的施策がムスリム社会のなかの教育改革問題に与えた影響は多大だった。

さまざまな新方式の教育課程

ヴォルガ・ウラル地域で新方式を標榜したマドラサやマクタブの改革を伝える史料からは、一口に「新方式」と言っても、さまざまに異なる教育課程が存在し、また議論されたことがわかる。

たとえば、カザン市の改革マドラサ、ウスマーニーヤの一九一〇年の教育課程は、政令ムッラーとして就職するウラマーを養成できるものだったと言える。このマドラサは、一八七〇年異族人教育規則で定められるロシア語クラスを併設し、一九一〇年には、全体で教師七名、学生・生徒一二〇名を擁した。教育課程は、イブティダーイー（初等）四年、ルシュディー（後期初等）四年、イウダーディー（中等）四年の計一二年で構成された。イブティダーイー課程の授業は土曜から木曜の午前中に時間を区切って行なわれ、各曜日・時間に、アラビア文字、口述書き取り、アラビア語文法、『六信《アカーイド》』、『学生への学習方法の教授』による行為規範《アダブ》、クルアーン、ハディースといった「教科」が配当された。ルシュディー課程でも、識字教育にくわえ、クルアーン、ハディース、六信や礼拝の基礎知識などの授業があった。イウダーディー課程には、アラビア語文法学、イスラーム法学、遺産分割学、クルアーン学、ハディース学の授業が存在した。ロシア語クラスは昼から午後三時までで、ロシア語の読み書きや文法と算数の授業があった。これには希望者だけが参加した[42]。

つまり、ウスマーニーヤは一見して伝統的マドラサ教育を継承するかのような[43]、普通教育の教科をほぼ導入しないマドラサだった。イブティダーイー課程の生徒は早くもアラビア語文法を学び、『六信』や一二〜一三世紀の著者ザルヌージーの『学生への学習方法の教授』を学習した。イウダーディー課程で利用された書物に述べられた内容は、伝統マドラサのそれと変わりなかったはずである。

しかし、ウスマーニーヤのイウダーディー課程は、少なくとも三つの点で伝統マドラサと異なる。第一に、伝統マドラサは学生に、アラビア語文法学、論理学、神学、法理論、法学のイスラーム諸学を、この順序で教授した。学生はアラビア語文法学を終えた後に、次の論理学を学んだ。だが、ウスマーニーヤは、複数の学問分野の書物を曜日や時間で交替させ、並行して学ばせた。第二に、ウスマーニーヤのイウダーディー課程には論理学と神学の授業が見られないかわりに、宗務協議会の資格審査で出題対象だった法学と遺産分割学にくわえ、クルアーン学とハディース学が確認される。ここには、資格のための教育という実利的傾向だけでなく、イスラーム法の第一・第二法源であるクルアーンとハディースを重視するという、イスラーム改革への指向も認められよう[44]。第三に、ウスマーニーヤは修学年限を一二年に定め、その期間をイブティダーイー、ルシュディー、イウダーディーの三段階にわけたが、これは伝統マドラサに存在しなかった方法であり、しかもオスマン帝国の教育改革から着想を得たものと考えられる。本書第1章、第3章（秋葉）が解説するように、オスマン帝国では新式普通教育が、小学校《イブティダーイー》、高等小学校《リュシュディエ》、中学校《イーダーディー》という編成であり、これとは別にマドラサが存在した。改革マドラサであるウスマーニーヤのイブティダーイー、ルシュディー、イウダーディーという課程構成はオスマン帝国の新式学校に由来するだろう。ウスマーニーヤでは「世俗」教科の授業が、ほぼ行なわれなかったにもかかわらず。

ウスマーニーヤとは異なるタイプの改革マドラサの事例として、ヴャトカ県サラプル郡イジ・ブビ（イジ・ボビヤ）村（現タタルスタン共和国アグルィズ地区）にあった「ブビのマドラサ」の教育課程を確認したい。これはウバイドゥッラー・ブビ、アブドゥッラー・ブビ兄弟が、一八九五年以降、一九一一〜一九一二年の閉鎖まで改革しつづけた特殊なマドラサだった。妹のムフリサが運営する女子学校を併設した点でも特異だった。それを可能にしたのは、一八九五年にイスタンブルの行政学院の中等《イーダーディー》（高等予備教育）課程を修了して帰国したウバイドゥッラーと、村で政令ムッラー職に就いたウラマーのアブドゥッラーが協力したことである。そもそも、それ以前から兄弟は、ガスプリンスキーの『翻訳者』紙を愛読していた。

一九〇二〜一九〇三年度、ブビのマドラサはイブティダーイー（初等）四年課程のマクタブと、それより上級

表7-1　トロイツクの新方式教育の教師らによる学年別教科時間配当表（数字はママ）

教科	学年							備考
	1		2	3	4	5	6	
	Ⅰ	Ⅱ						
1. 宗教	—	3	6	7	4	4	4	
2. 母語	12	12	12	10	6	3	3	
3. 算数	6	6	6	6	4	5	5	
4. 地理	—	—	—	—	—	2	2	
5. 理科	—	—	—	3	3	2	—	
6. ロシア語	—	—	—	—	11	12	12	
7. 民族史《ミッリー》	—	—	—	—	—	2	2	
8. ロシア史	—	—	—	—	—	—	—	ロシア語の授業の時間内に
9. 音楽	—	1	1	1	1	1	1	
10. 図工	—	1	1	1	1	1	1	
計	18	24	26	28	30	30	30	授業

出典：Mullā ‘Alī Yāvshif, *Ālṭī yilliq ibtidā’ī maktab prūghrāmmāsī*, Ūrinbūrgh, 1916, p. 15.

のマドラサで編成された。マドラサはさらに、ルシュディー（後期初等）四年とイウダーディー（中等）三年の課程で構成された。ルシュディー第一学年は一週あたり、アラビア語六時間、道徳《アフラーク》四時間、イスラーム法学、地理、イスラーム史、ペルシア語、テュルク語文法、テュルク語作文、算数各二時間の授業を受けた。マドラサの第六学年にあたるイウダーディー第二学年は、神学を四時間、法学、道徳、世界史、テュルク語作文、法理論、幾何学、修辞学、代数学、動物学、植物学、物理学、化学、天文学各二時間を受講した。その後もブビ兄弟は、オスマン帝国の新式教育を意識して改革を続けた。ブビの教育課程は、他の改革マドラサとくらべてイスラーム諸学の授業が相当少なく、「世俗」教科がかなり多いものとなっていった。これにはゼムストヴォも関係していた。一九〇七年、ブビ兄弟はサラプル郡のゼムストヴォに働きかけ、ゼムストヴォ財源によるロシア・タタール学校設置に成功し、さらに、この異族人学校の授業を自らのマドラサの教育課程に組みこむことで、助成金を受けはじめた。その後、近隣の他のマドラサを運営するムスリム聖職者らがこのことを知り、ゼムストヴォに補助金支給を願いでたという[45]。ゼムストヴォの補助金が新方式教育と異族人教育のコラボレーションを促したと言える。こうしたブビのマドラサを卒業してムスリム社会で著名となった人びとは、ウラマーではなかった[46]。

さて、一九一三年、ムスリム知識人らは定期刊行物で、新方式マクタブと初等普通教育導入の問題をめぐって議論を始めた。ゼムストヴォが啓蒙の理念にくわえ、教育課程の「世俗性」を重視して初等普通教育の普及活動を行なったため、新方式のマクタブ教育課程が論争の的となっていた。一九一五年、オレンブルグ県のゼムストヴォは、教育問題に取りくむムスリム知識人イブラーヒーム・ビクチェンタエフがこの論争を意識しながら提案した、四年間のマクタブ教育課程案を承認した[47]。こうしたなか、オレンブルグ県トロイツク市（現ロシア連邦チェリャビンスク州）で新方式教育を実践する教師らは、新方式の初等《イブティダーイー》マクタブに共通して採用されるべき六年間の教育課程を考案し、発表した。その学年別教科時間配当表が表7－1である。とくに重視された教科は、宗教、母語、算数、そして第四学年以上を対象とするロシア語である。教育目的は、「宗教を保持し、美しい気質を備え、「年長者などの」人に従い、教養を備え、民族《ミッリー》や祖国《ワタニー》の精神を持ち、勤勉で、健康で、社会集団に利益をもたらす、祖国《ワタン》の子どもたちを育成すること」だった。彼らは、その「精神」が「我らの国家《ダウラ》」、つまりロシア国家と「民族《ミッラ》への忠誠と愛」であると言明したが、この表現には第一次世界大戦中の言論状況も反映していよう[48]。いずれにせよ、彼らはゼムストヴォがこの教育課程案を承認するよう望んだ。その後、さまざまな議論を経て、オレンブルグ県では六年間の教育課程案が採用された[49]。

おわりに

ヴォルガ・ウラル地域で新方式を標榜するマドラサやマクタブの改革は、ガスプリンスキーの新方式教育構想と、オスマン帝国の教育改革から直接・間接に着想を得たうえで、地域に固有の事情に応じて実行された。そうした地域特有の状況は、とくに異族人教育の制度やゼムストヴォの初等教育助成によって形成された。

だが、改革を進めるムスリム知識人らは単に状況に左右されていたのではない。第2節で確認したように、新方式の改革マドラサのルシュディーやイウダーディーの課程には、政令ムッラーとなるウラマーを育成できるものと、「世俗」知識人を養成するものがあった。ムスリム知識人らは教育目的——いかなる人材を育成するか——を意識し、自立的に改革したと言える。学生からみれば、学校を教育課程で比較・選択する機会が増えたことになる。とくに、普通教育の大幅な導入を行なったブビのようなマドラサでは、学生がウラマーとは相当異なる考えかたを身につけた「世俗」知識人となって卒業した。[50]一方、イブティダーイー課程、とくにマドラサから独立して運営された初等のマクタブでは、普通教育の教科の導入が相当進んだ。ここではムスリム知識人らが、ゼムストヴォに承認されうる教育課程改革を行ないつつ、「宗教」という教科に編成しなおしたイスラーム教育と母語教育を継続したのである。

［付記］本章の一部は、日本学術振興会科学研究費助成事業若手研究（B）（課題番号二四七二〇三二七）の助成による研究成果である。

注

（1）橋本伸也『帝国・身分・学校——帝制期ロシアにおける教育の社会文化史』名古屋大学出版会、二〇一〇年、高田和夫『近代ロシア農民文化史研究——人の移動と文化の変容』岩波書店、二〇〇七年、一四一〜一二八頁。

(2) W. Dowler, *Classroom and Empire: The Politics of Schooling Russia's Eastern Nationalities, 1860-1917*, Montreal, 2001, pp. 62-84, esp., pp. 78-79; 奥村庸一「一九世紀ロシア民衆教育改革の性格について――対東方民族『異族人教育規則』（一八七〇）の検討」『日本の教育史学』第三九号、一九九六年、二三〇～二四八頁。

(3) マドラサの初等程度の教育について、ヴォルガ・ウラル地域の事例だが、磯貝真澄「一九世紀後半ロシア帝国ヴォルガ・ウラル地域のマドラサ教育」『西南アジア研究』第七六号、二〇一二年、一～三一頁。

(4) 陸軍幼年学校と軍ギムナジアについて、橋本『帝国・身分・学校』一三三～一三八頁、一九一～一九五頁。

(5) カトコーフの教育思想とトルストイの教育政策については、橋本『帝国・身分・学校』二三五～二三九頁、橋本伸也『エカテリーナの夢　ソフィアの旅――帝制期ロシア女子教育の社会史』ミネルヴァ書房、二〇〇四年、二二一～二二八頁。トルストイは一八七〇年異族人教育規則を整備した教育相である。まさにガスプリンスキーがカトコーフのもとにいた一八六六年、トルストイはカザン教育管区を視察してイリミンスキーと初めて会い、「東方」の「無学」な人びとの「文明化」が必要であるとの認識を示して、「異族人」の教育問題に着手していた。奥村「一九世紀ロシア民衆教育改革の性格」二三六頁、Dowler, *Classroom and Empire*, pp. 63-75.

(6) クレタ問題については本書第4章（佐々木）参照。リトアニア・タタールとは、ジョチ・ウルス後裔諸ハン国からリトアニア大公国やポーランド王国に移住したテュルク系ムスリムである。近年、「ポーランド＝リトアニア・タタール」と呼ぶことが提案されている。濱本真実「ポーランド＝リトアニア・タタール人のイスラームの記憶」塩川伸明他編『ユーラシア世界 3 ――記憶とユートピア』東京大学出版会、二〇一二年、一八九～二一六頁。

(7) この時、カトコーフの方はスラヴ人会議に参画していた。カトコーフ自身は、厳密には、スラヴ派あるいは汎スラヴ主義者とみなされる人物ではない。高田和夫「一八六七年スラヴ人会議について」『法政研究』第七〇巻第四号、二〇〇四年、八一～一一六頁。

(8) 以上、ガスプリンスキーの経歴について、I. Gasprali（A.-A.Rorlich trans. and intro.）, *French and African Letters*, Istanbul, 2008, pp. 13-16; N. Devlet, *İsmail Gaspıralı: Unutturulan Türkçü, İslamcı, Modernist*, İstanbul, 2011, pp. 27-45; E.J. Lazzerini, "Ismail Bey Gasprinskii and Muslim Modernism in Russia, 1878-1914," PhD diss., University of Washington, 1973, pp. 2-14.

（9）小松久男「汎イスラーム主義再考――ロシアとイスラーム世界」塩川伸明他編『ユーラシア世界 3』一九～五〇頁、とくに一九～二一頁も参照。

（10）*Гаспринский И.-Б.* Русское мусульманство: Мысли, заметки, и наблюдения мусульманина // *Усманов М.А.* ред. Россия и восток. Казань, 1993, С.16-46.

（11）Там же., С.46-47.

（12）Там же., С.47-49.

（13）Там же., С.54-55. ヌハは、現アゼルバイジャン共和国シェキ市を指す。

（14）Там же., С.58. そもそも、ガスプリンスキー自身にとって、より難解な語彙で抽象度の高い議論をするには、テュルク語よりロシア語の方が便利だった可能性が高い。

（15）Ismāʻīl Bīk Ghaṣprīnskī, *Rahbar-i muʻallimīn, yāki muʻallimlara yūldāsh*, Bāghchasarāy, 1898, p. 2.

（16）Ibid., p. 4.

（17）国家の日とは、新年一月一日の他、皇帝ニコライ二世と一家にかかわる、即位や戴冠の日、誕生日や名の日である。

（18）平易な（口語に近い）オスマン・トルコ語を指す。ガスプリンスキーは口語タタール語でもよいと考えていたらしく、そのことは彼の「タタールやトルコの子弟らに対し、自らの言語［母語］を使いこなすようになる前にアラビア語の文章を持ち出すのは、大変難しい。しかし、一定程度トルコ語かタタール語を学んだ後で聖なる言葉を学ぶ場合、大きな困難は見受けられない」という文章から窺われる。Ghaṣprīnskī, *Rahbar-i muʻallimīn*, p. 17.

（19）ガスプリンスキーが使いはじめた、いわゆる共通トルコ（テュルク）語を指す。これは、オスマン・トルコ語とクリミアやヴォルガのタタール語の要素を組みあわせ、テュルク・トルコ系の人びとが共通して理解できることをめざしたものだった。

（20）以上の学校・授業運営法については、Ghaṣprīnskī, *Rahbar-i muʻallimīn*, pp. 8-12, 27-29.

（21）Ibid., p. 13.

（22）Ibid., p. 14.

（23）伝統的な文字の読みかたの教授法について、磯貝「一九世紀後半ロシア帝国ヴォルガ・ウラル地域のマドラサ」一九～二〇頁。

（24）H. Kırımlı, *National Movements and National Identity among the Crimean Tatars*（*1905-1916*）, Leiden, 1996, p. 46, n. 37; S. A. Somel, *The Modernization of Public Education in the Ottoman Empire, 1839-1908: Islamization, Autocracy and Discipline*, Leiden, 2001, pp. 169-170, n. 5.

（25）以下、オスマン帝国の新方式については、Somel, *Modernization of Public Education*, pp. 169-173.

（26）Selim Sabit, *Rehnümâ-yı Mu'allimîn: Sıbyân Mekteblerine Mahsus Usul-i Tedrisiye*, n.p., n.d., p. 7, 10. この書物を参照するため、長谷部圭彦氏の助力を得た。感謝したい。

（27）Ibid., p. 14.「ウステュン」は、もともと「上」を意味するトルコ語だが、ここではアラビア文字の綴りかたにおいて子音字の上部に付され、母音aの発音を示す母音符号ファトハのことを指す。

（28）Ibid., p. 16.

（29）このことについては否定的見解も出されてきたが、そうした異論に適切な史料による裏づけがあるわけではない。また、本章はロシアのテュルク系ムスリムがオスマン帝国の教育改革から受けた影響について述べるが、とくに二〇世紀初頭には、その逆の影響関係もめだつようになった。詳しくは、A. Kanlıdere, "Eğitim Merkezli Etkileşim: Osmanlı ve Rusya Türkleri," *Türkiye Araştırmaları Literatür Dergisi,* 6（12）, 2008, pp. 287-320.

（30）ウメトバーエフについては、*Фархшатов М.Н.* Народное образование в Башкирии в пореформенный период 60–90^{е} годы XIX в. М., 1994, С.80-81. カザン神学セミナリアは正教司祭を養成する学校、カザン・タタール師範学校は一八七〇年異族人教育規則に基づくロシア・タタール学校の教員を養成する教育施設である。宗務協議会については後述する。

（31）長縄宣博「日露戦争期ロシア軍のなかのムスリム兵士」『ロシアの中のアジア／アジアの中のロシア（Ⅱ）』北海道大学スラブ研究センター、二〇〇四年、一～一九頁、*Азаматов Д.Д.* Оренбургское магометанское духовное собрание в конце XVIII – XIX вв. Уфа, 1999; *Фархшатов*, Народное образование в Башкирии, С.42-43.

（32）高田『近代ロシア農民文化史研究』一八〇～一九九頁。

（33）ムスリムの教育問題とゼムストヴォの関係について、とくに一九〇五年第一次革命後の政治・行政的状況は、N. Naganawa, "Maktab or School?: Introduction of Universal Primary Education among the Volga-Ural Muslims," in T. Uyama, ed., *Empire, Islam, and*

Politics in Central Eurasia, Sapporo, 2007, pp. 65-97 でよく整理されているため、参照されたい。

（34）一八八八年、内務省は、ゼムストヴォがムスリム対象の異族人学校におけるイスラーム教義の授業に財源提供することを、正式に許可した。*Владимирова Л.М.* Земские учреждения и татарское просвещение в Самарской губернии во второй половине XIX – начале XX вв. // *Загидуллин И.К.* ред. Источники существования исламских институтов в Росийской империи. Казань, 2009, С.9-34, в частности, 19-20.

（35）*Азаматова Г.Б.* Уфимское земство（1874-1917 гг.）: Социальный состав, бюджет, деятельность в области народного образования. Уфа, 2005, С.124-126.

（36）*Фархшатов М.Н.* Самодержавие и традиционные школы башкир и татар в начале XX века（1900-1917 гг.）. Уфа, 2000, С.55-62, 181-183.

（37）*Владимирова*, Земские учреждения и татарское провещение, С.11-12; *Азаматова*, Уфимское земство, С.138-154; Riḍā' al-Dīn b. Fakhr al-Dīn, *Maktab va zakāt, khazīna va zīmstvā yārdamī*, Оренбург,［1909］, pp. 54-63; Naganawa, "Maktab or School?" p. 71.

（38）アブスタイとは、マハッラで女子や、ごく幼い男子の教育を担っていた女性である。通例、政令ムッラーの妻だった。磯貝真澄「ヴォルガ・ウラル地域のテュルク系ムスリム知識人と女性の啓蒙・教育」橋本伸也編『ロシア帝国の民族知識人——大学・学知・ネットワーク』昭和堂、二〇一四年、一五六〜一七七頁。

（39）*Sūyum Bīka,* 1（8）, 1914, pp. 3-4; "Māhrūy khānim Muẓaffarīyaning qiṣqachaghina tarjuma-i ḥālī," *Sūyum Bīka,* 1（8）, 1914, pp. 12-13; *Махмутова А.Х.* Пора и нам зажечь зарю свободы!: Джадидизм и женское движение. Казань, 2006, С.227-251.

（40）*Усманова Д.М.* Мусульманские представители в российском парламенте: 1906-1916. Казань, 2005, С.406-427, в частности, 424-425.

（41）新方式教育普及の経済的要因としては、ムスリムの商工業経営者が啓蒙活動のパトロンとなるだけの資本を有し、かつ実際に良質な労働者の育成を望んだことが、よく指摘される。

（42）*Салихов Р.Р.* Участие татарского предпринимательства России в общественно-политических процессах второй половины XIX – начала XX в.: Реформа институтов локальной мусульманской общины. Казань, 2004, С.174-177.

（43）伝統的なマドラサ教育課程については、磯貝「一九世紀後半ロシア帝国ヴォルガ・ウラル地域のマドラサ」。

（44）ウスマーニーヤの教育課程を研究したサリーホフは、それがイスラーム教育を専らとするものだったことを強調するが、宗務協議会の資格審査試験準備や、イスラーム改革論との関係については触れていない。*Салихов*, Участие, С.169-179, 194.

（45）*Махмутова А.Х.* Лишь тебе, народ, служенье!: История татарского просветительства в судьбах династии Нигматуллиных-Буби. Казань, 2003; Бертуган Бубыйлар һәм Иж-Бубый мәдрәсәсе: Тарихи-документаль җыентык. Казан, 1999, Б.14-105.

（46）たとえば、ブビで学んだ経験を持つジャマール・ヴァリドフの宗教論、民族論を見よ。長縄宣博「ヴォルガ・ウラル地域の新しいタタール知識人——第一次ロシア革命後の民族（миллэт）に関する言説を中心に」『スラヴ研究』第五〇号、二〇〇三年、三三～六三頁。

（47）Naganawa, "Maktab or School?" pp. 85-91.

（48）Mullā 'Alī Yāvshif, *Ālī yillīq ibtidā'ī maktab prūghrāmmāsī*, Ūrinbūrgh, 1916, pp. 2-3, 12.

（49）Naganawa, "Maktab or School?" p. 91-94.

（50）M. Tuna, "Madrasa Reform as a Secularizing Process: A View from the Late Russian Empire," *Comparative Studies in Society and History*, 53 (3), 2011, pp. 540-570, esp., pp. 559-564.

第8章　ハプスブルクとオスマンの間で
――ボスニアの「進歩的ムスリム」による教育改革論

米岡大輔

はじめに

一九世紀以降西洋諸国の支配領域が拡大する中、世界各地のイスラーム教徒は総じて、イスラームに則った生活様式や社会規範を維持しつつ、西洋的な制度や思想をいかに受容していくべきか、という問題に直面した。一八七八年六月のベルリン会議後、ハプスブルク帝国統治下に入ったボスニア・ヘルツェゴヴィナ(以下ボスニア)のイスラーム教徒もまた、同様の課題を抱えていた。バルカン半島北西部のボスニアには当時、四〇〇年以上続いたオスマン支配の影響もあり、同じ南スラヴ系に起源をもつ正教徒、イスラーム教徒、カトリックが混住していた(1)。そのうち正教徒とカトリックは、隣接したセルビア王国やハプスブルク帝国領内のクロアチアを後ろ盾とし、それぞれセルビア人あるいはクロアチア人としての民族性を高め、両国へのボスニア統合をも目論む民族主義的な活動を拡大しつつあった。他方イスラーム教徒は初の西洋的な支配を経験する中、オスマン支配下で長らく育んできたイスラーム教徒としての自意識を再考せねばならない状況に迫られた。

そこでボスニアのイスラーム教徒の中から現れたのが、ハプスブルク治下において西洋的な教育経験も得た新たな知識人層であった。「進歩的ムスリム（Napredni Muslimani）」（以下、カギ括弧省略）と自称した彼らは、帝国治下の現状に直面する中で、従来のイスラームとは異なる民族的な帰属意識に着目するようになった。その際、彼らとしては、イスラーム教徒がこうした帰属意識に自覚的になるためには、宗教的な知の獲得に終始する彼らの教育状況を抜本的に変えることが必要不可欠だと考えられるに至った。

本章は、ボスニアの進歩的ムスリムがいかなる教育改革論を唱えたのかを考察するものである。これまで、ロシア帝国をはじめ他の西洋支配下のイスラーム知識人研究では、彼らの教育改革論に着目し、そこから、イスラーム教徒内の民族・国民意識の成熟や帝国統治に抗するナショナリズムの展開を見通そうとする議論が提示されてきた。しかしボスニアに関しては、こうした視角から進歩的ムスリムによる教育改革論を検討した研究は未だ見当たらない。そこで本章では、ハプスブルク帝国によるイスラーム教徒への宗教・教育政策とそれに対する反応も視野に入れつつ、進歩的ムスリムが創刊した文芸誌の諸論稿を主な手がかりとして彼らの教育改革論の内容を明らかにする。(2)

第1節　ハプスブルク対イスラーム

条件付きの占領

ベルリン会議でボスニア占領が認められたハプスブルク帝国は、ボスニアに主権をもつオスマン帝国との間で、実際の領有の在り方をめぐる直接の交渉に臨んだ。(3) ハプスブルク帝国としては当時の内政状況及び外交情勢から、このボスニア領有をめぐる交渉を早急に決する必要があった。内政面ではまず、占領軍に対するボスニアの地元住民の強固な反抗に伴い、帝国の軍事・経済的負担が増大するにつれ、占領に対する批判的な声が国内で高まり始めた。他方外交面においては、占領をめぐる争いが長期化すれば、それがセルビアやロシアを巻き込む国際問題にまで再燃する可能性があった。そこでハプスブルク帝国は一八七九年四月、オスマン帝国との間で全一〇項目からなる協定（以下、四月協定）を締結し、ボスニア占領を実現した。

四月協定ではまず前文において、ハプスブルク帝国によるボスニア占領が「スルタン皇帝陛下の主権を侵害することはない」と明記された。そのうえで各条項には、地元住民の官吏としての優先的な採用やオスマン帝国通貨の流通等を認める規定まで含まれた。とくに、占領後のボスニアにおけるハプスブルク帝国の統治実践は、以下の第二項により規定されていくことになった。

> ボスニア・ヘルツェゴヴィナにおけるすべての信仰の実践とその自由は、ボスニアに定住あるいは一時的に滞在する住民に保障される。とりわけイスラーム教徒には、その宗教指導者との交流において完全な自由が保障される。(中略)イスラーム教徒の財産や信仰に対するいかなる攻撃も罰せられる（以下略）[4]。

この協定によりハプスブルク帝国は、一九〇八年に併合宣言を出すまで、スルタンの主権を完全に排しないままボスニアを統治していくことになった。他方、後述のとおり、ボスニアのイスラーム教徒にとってはこの協定こそ、オスマン帝国との関係を前提とし、ハプスブルク帝国統治に抗する際の拠り所として大きな意味を有することになった。

レイスルウレマー職の創設

ハプスブルク帝国はボスニア占領当初、住民内の強固な反発にも直面したため、統治体制の構築を円滑に進められない状況にあった。そこで四月協定を反故にすることなく、より集権的な統治体制の整備に努めたのが、一八八二年より約二〇年間ボスニア統治の最高責任者たる共通大蔵大臣に就いたカーライであった(5)。カーライは就任当初より、ボスニア以外の帝国出身官吏の採用やシャリーア法廷も組み込んだ司法制度の整備等、つぎつぎと改革を断行し、ボスニア統治の基盤を強固にすることに寄与した。とくに彼が重視したのは、帝国統治の影響力を住民全体により深く浸透させるべく、これまで存続してきた宗教・教育制度をいかにして統括するのか、という問題であった。

オスマン支配下のボスニアでは、各宗教集団がそれぞれに教育施設を運営していた。正教徒とカトリックは各教会組織のもと管理された宗派別学校に通った一方、イスラーム教徒はワクフを基盤として運営されるマクタブやマドラサに通学した。こうした環境のもと正教徒はキリル文字、カトリックはラテン文字、イスラーム教徒はアラビア文字を学ぶことになり、その結果ボスニアでは、母語としてセルボ・クロアチア語が共有されつつも、各信仰にもとづく文字も広がることにつながった。これらの教育施設は、オスマン帝国がタンズィマート期にリュシュディエ（中等学校／高等小学校）など新式の学校を導入してからも存続し、ハプスブルク治下でも受け継がれることになった(6)。例えば一八七九年にはボスニア全体で、正教徒運営の小学校五六校、カトリック運営の小学校五四校が活動しており、生徒数はそれぞれ三五二三名と二二九五名であった。またイスラーム教徒に関しては、マクタブ四九九校、マドラサ一八校が存続しており、マクタブには二万三三〇八名の生徒が通学していた(7)。

占領直後よりハプスブルク帝国は、正教会とカトリック教会についてそれぞれイスタンブルの世界総主教とローマ教皇と直接協約を結び、ボスニアの各教会組織を自らの管轄下においていた(8)。他方イスラーム教徒の諸制度に関しては、そこへの介入が四月協定に反し、オスマン帝国との外交問題に至る可能性もあったため、当初は十分に統括できなかった。そこでカーライは、一八八二年一〇月ボスニア独自のイスラームの宗教制度として、レイスルウレマー職（「ウラマーの長」）とその諮問機関で四名の委員からなるウレマー・メジュリス（「ウラマーの会議」）を創設した。これらの地位はハプスブルク皇帝により任命され、帝国から俸給を受け取る官吏として定められた。その任務は、ボスニア各県のムフティーやカーディーの選出、帝国により組織化されたワクフ委員会の委員の適任者選出、マクタブやマドラサなど教育施設の監督等、主にイスラーム全般に関わる業務を担うことにあった。カーライはこの制度の創設が四月協定に抵触することのないよう、最初のレイスルウレマーに占領以前からサライェヴォのムフティーを務めていたオメロヴィチを任命した(9)。こうしてハプスブルク帝国は、オスマン帝国の影響力を可能な限り骨抜きにしつつ、イスラーム教徒に対する統治政策を実践しようとした。

「ボスニア主義」と教育政策

カーライにとってイスラーム教徒の存在は、「ボスニア主義」という統治理念に沿う教育政策を展開するうえできわめて重要な地位を占めた。当時セルビア王国は自国領土の拡大にむけボスニアの獲得を目論んでいた一方、ハプスブルク帝国領内のクロアチアもまた、アウスグライヒ体制の中でオーストリアやハンガリーと同等の国制的地位を得るべく、ボスニアへの政治的影響力の拡大を目指していた(10)。カーライは、こうした隣国の政治動向及び帝国内の体制の維持も念頭におき、ボスニア全住民が元来ボスニア生まれの一つの民族だとする「ボスニア主義」を掲げることで、その帝国領土としての地位を保持しようとしたのである。

ボスニアではカーライの統治期、ギムナジウムなどさまざまな教育機関が設置される中、とくに四年制の公立小学校が広がった。オスマン支配期のリュシュディエもイスラーム教徒に特化した学校として指定され、公立小学校とほぼ同じ機能を果たすことになった。この公立小学校こそ、「ボスニア主義」を住民内に浸透させる装置として指定されたのだった。例えばセルボ・クロアチア語は、「ボスニア語」という名称で教えられた。それは、正教徒とカトリックそれぞれが利用していた「セルビア語」あるいは「クロアチア語」という民族別の言語名称の定着を防ぐための措置であった。また歴史・地理教育では、ハプスブルク帝国とボスニア以外の地域を想起させる内容が最小限に留められた。その学校数は一八八三年度にはボスニア全土で四二校にすぎなかったが、一八九二年度には一四八校に達し、通学者数も三三四四名から一万一九七二名に増加した。[11]

しかしこの「ボスニア主義」は、正教徒とカトリックがそれぞれセルビア人あるいはクロアチア人としての民族意識をすでに高めつつある現実において、十分に浸透しえない状況にあった。[12]そこでカーライは自らの統治理念の支えとしてイスラーム教徒に注目し、彼らを公立小学校に通学させることこそが重要な課題だと認識するようになった。

ではマクタブのような教育施設を存続させつつ、いかにして公立小学校へのイスラーム教徒通学者数を増加させうるのか。こうした課題に直面したカーライは一八九二年に改革マクタブという学校を創立することで、新たな学校の選択肢をイスラーム教徒に提供しつつ、こうした現状を改めようと考えた。従来のマクタブでは、正式な就学期間が定められることはなく長期化することがたびたび生じた。他方、改革マクタブでは三年間の年限が設定され、その卒業生は公立小学校の第三学年に編入することができた。この学校では、学習内容については従来のマクタブと同様にクルアーンの暗誦に重点がおかれた一方、設備に関しては、教室内にベンチやテーブルが設置され、授業に必要な学習用具も用意されるなど近代的な学習環境が整備された。また教員には、ハプスブルク帝国が一八九二年に創立したイスラーム教徒専門の師範学校の修了者から主に任命された。改革マクタブは開設当初からボスニア各地へ広がり、その数は一九〇六年度に全九三校にまで伸び、生徒数も七五九三名に達した。[13]

イスラーム教徒の反応

こうしたハプスブルク帝国による教育政策の展開は、ボスニアのイスラーム教徒内において一部の支持を得ながらも、幅広く受け入れられることはなかった。それは、イスラーム教徒をめぐる当時の教育状況からも明白にうかがえる。一九〇〇年度の公立小学校における宗教所属別の生徒数割合をみると、学校数二〇〇校全学生数二万一八三〇名のうち正教徒三八パーセント、カトリック三八パーセントに対して、イスラーム教徒は一八パーセントにとどまっていた。イスラーム教徒のこうした姿勢は、彼らが未だ存続する従来のマクタブを主たる教育施設と見なしていたことに起因していた。ハプスブルク帝国統治期間中マクタブの活動は退潮することなく、その学校数と通学者数は一九〇七年には九四〇校三万五八五六名にまで増加した(14)。この点を踏まえれば、レイスルウレマーを頂点とする宗教制度が帝国統治に寄与すべく、マクタブの設置・管理などを実際に統括できたかどうかについては更なる検討の余地があるものと思われる。いずれにせよハプスブルク帝国にとってこうした状況は、ボスニア主義に立脚する公教育の浸透を妨げるものとして捉えられたことであろう。

またイスラーム教徒のこうした教育状況からは、公立小学校へのイスラーム教徒通学者数の増加を目的とした改革マクタブの設置が十分な成果をもたらしえなかったことも把握される。実際ヘルツェゴヴィナ南部のストッツァという町からの報告によると、改革マクタブの卒業生のうち公立小学校に入学した生徒はほんの少数で、その他の多くはカフェや賭博場に出かけているという状況にあった(15)。イスラーム教徒にとっては改革マクタブもまた、従来のマクタブと並び宗教的知識を得る施設にすぎず、公教育へのステップとしては考えられなかったのだった。

公立小学校から距離をとり、マクタブでの学習に執着するイスラーム教徒のこうした姿勢はしばしば、西洋的な統治体制に対する彼らの保守性に帰せられる。だが、見方を変えればそれは、当時のボスニアのイスラーム教徒にとって、従来からのマクタブが自らの宗教生活を支える重要なものとして見なされていたことの表れだったとも言えよう。たとえハプスブルク帝国が公教育の整備を進めたとしても、ボスニアのイスラーム教徒から見てマクタブでの教育は、その価値を即座に失うことはなかったのである。

さらに、こうしたイスラーム教徒の行動の背景には、四月協定に従い、イスラームとしての習慣や信仰の保護を統治当局に求める嘆願活動が拡大していたことも看過すべきではない。この活動は、西洋的な統治体制に対するボスニアのイスラーム教徒なりの抵抗活動として展開された。その過程では、イスラーム教徒のさまざまな不満を集約し、統治当局に訴えていく中で、民衆による一種の政治参加を促すことになった。それは、この活動が最終的に一九〇六年一二月ボスニアのイスラーム教徒初の政治団体ムスリム民衆組織（Muslimanska narodna organizacija, 以下 MNO と表記）の創立に結実したことからも明らかである。

モスタル出身のムフティーであるジャビチを指導者として展開された嘆願活動では、四月協定に基づきカリフたるスルタンの下での庇護が保障されることを条件として、オスマン帝国におけるウラマー組織の長であるシェイヒュルイスラームにより任ぜられたレイスルウレマーのもと、自治的な宗教制度を導入することが希求された。この活動は各地の地主層等も巻き込み、ボスニア全土のイスラーム教徒の支持を集めるほど拡大した。一九〇〇年一二月には、ボスニアの全イスラーム教徒の意見を集約したとされる嘆願書がカーライに提出された。そこでは、カリフたるスルタンとの関係を前提とした自治的な宗教制度を基盤として、自立したワクフ財政とそれに依拠した教育制度の運営を実現することの必要性が訴えられた。教育に関しては、マクタブの数が現状でも不十分であることへの不満や公立学校創設に対する非難が提示された。ここからは、嘆願活動がイスラーム教徒の幅広い要望を汲み取っていた現実とともに、イスラーム教徒もまたこの活動に支持を与えていた状況がうかがえる。

この嘆願書はカーライにより即座に棄却されたが、その内容は最終的に、ＭＮＯの基本理念として受け継がれることになった[16]。

このようにハプスブルク帝国は、イスラーム教徒内に嘆願活動が拡大するにつれ、彼らを支えとした統治体制を構築し難い状況におかれた。それは、占領後のボスニアでもオスマン帝国の影響力が未だ根強く作用していたことの表れであったとも言える。では両帝国の間におかれたこのボスニアのイスラーム教徒内から、進歩的ムスリムと名乗る新たな知識人層はいかにして登場し、どのような活動を展開したのであろうか。

第２節　進歩的ムスリムによる教育改革論

進歩的ムスリムとは

ハプスブルク帝国によるボスニア統治はイスラーム教徒の内に、嘆願活動を惹起すると同時に、全く新しい知識人層を生み出した。彼らは、西洋的・近代的な思想の持ち主であるという点で、ウラマーのような従来の知識人層とは一線を画することを強調すべく、進歩的ムスリムと自称した。この「進歩的」という表現からうかがえるとおり、彼らにとって最大の課題は、近代西洋世界において生み出されてきたさまざまな価値観や思想をいかにイスラーム教徒一般に伝達し、定着させていくのかという問題であった。

では進歩的ムスリムとは、いかなる教育的・社会的背景をもつ人々だったのか。そこで以下では、この点について確認するべく、彼らの文芸誌『ベハール（花）』の創刊に関わった五名のイスラーム教徒の経歴（表８－１、図８－１参照）をみていこう。

まず表からは、彼らが教員や裁判官など帝国統治に従事した人々であったことが把握される。実際、イスラー

図8-1　進歩的ムスリム（左から 1．オスマン・ハジチ、2．エドヘム・ムラブディチ、3．フェヒム・スパホ、4．アデム・メシチ）

出典：Z. Hasanbegović, *Muslimani u Zagrebu 1878-1945,* Zagreb, 2007, str. 37.

表8-1　代表的な進歩的ムスリム

名前	生没年	最終学歴	ハプスブルク統治期の主な職歴
サフヴェト・バシャギチ	1870-1934	ウィーン大学	各種公立学校の教員、ボスニア議会議員
エドヘム・ムラブディチ	1862-1954	サライェヴォの公立教員学校	各種公立学校の教員
オスマン・ハジチ	1869-1937	ザグレブ大学	各種公立学校の教員、裁判官、官吏
フェヒム・スパホ	1877-1942	シャリーア法官学校＊	官吏、翻訳官、カーディー
アデム・メシチ	1868-1945	マクタブ・小学校	各種イスラーム系雑誌のオーナー、企業家、ボスニア議会議員

＊ハプスブルク帝国がカーディーの養成にむけ新設した学校。
出典：M. Rizvić, *Bosansko-Muslimanska književnost u doba preporoda 1887-1918*, Sarajevo, 1990 より作成。

ム教徒内には当初より占領を支持し、その後の統治体制を支えていこうとした人々も存在した。例えば、一八三九年生まれのメフメド・カペタノヴィチは、タンズィマート期にボスニア各地の郡長《カイマカム》を務める中で、オスマン帝国の支配体制が限界に達しつつあることを自覚した。そのため、オスマン帝国の官僚であったにもかかわらず、ハプスブルク帝国の占領には支持を表明し、その直後から数年間サライェヴォ市議会の議員を務め、一八九三年から五年間はサライェヴォ市長として勤務した。(17) こうしたイスラーム教徒の存在があったからこそ、ハプスブルク帝国は四月協定を締結していたにもかかわらず、イスラームの宗教制度の創設や新たな教育制度の導入など独自の統治体制の構築に邁進することができたのだった。

しかし、ここで紹介する進歩的ムスリムは、カペタノヴィチのようなイスラーム教徒とは決定的に異なる経歴も有していた。それは、彼らが一八六〇年代以降に生まれ、ハプスブルク治下で中高等教育を受けられる世代であったという点である。事実、メシチ以外の人物はいずれも、帝国により新設された学校を修了しており、バシャギチとハジチについては大学も修了している。こうした背景には、占領後のボスニアにおける教育環境の変化の中で、イスラーム教徒がマドラサのみならず、ギムナジウムや師範学校など帝国が新設した中高等教育機関にも通学する機会を得たことがあった。例えばサライェヴォ、モスタル、トゥズラの三都市に設置されたギムナジウムには、一九〇四年度の時点で計一七三名のイスラーム教徒が通学していた。これらのギムナジウムでは、セルボ・クロアチア語や歴史・地理の学習にくわえ、ボスニア以外の帝国領内のそのカリキュラムに従いドイツ語やラテン語の習得も義務づけられた。ギムナジウムに通うイスラーム教徒の割合は全学生数のうち一七パーセントを占めており、彼らの中からは卒業後ウィーン大学やザグレブ大学といったボスニア以外の帝国領内の大学に留学する者も現れ、そこで法学、哲学、医学等を学習した。一八九九年から一九〇八年の間にウィーンには、ボスニア出身のイスラーム教徒学生四八名が滞在した。(18)

このようにボスニアの進歩的ムスリムは、イスラームの伝統的な知識人層とは異なる教育的・社会的背景をもつ集団であった。この点で彼らが、前章（磯貝）で言及されたロシア帝国の改革派イスラーム知識人ガスプリンスキーに並ぶ、新たな知識人層であったことは明白であろう。そしてそれは、彼らが文芸誌『ベハール』を創刊し、現状に対するさまざまな改革論を提唱していったことにも表れていた。

文芸誌『ベハール』の創刊

進歩的ムスリムは、ボスニアの現状に沿う思想や知識を社会的に浸透させるためにはまず、セルボ・クロアチア語で書かれた文芸誌を刊行せねばならないと考えていた。オスマン支配下のボスニアでは、帝国の公用語であるトルコ語が、イスラーム教徒の官吏層や知識人層の間で広く用いられていた。そのため占領後のボスニアでも、トルコ語の雑誌が一時的に刊行されることは見られたが、イスラーム教徒自身による、自らの母語で書かれた文芸誌は皆無だった。そこで一九〇〇年五月一日、進歩的ムスリムによって創刊されたのが文芸誌『ベハール』であった。

一九一一年まで刊行を続けた文芸誌『ベハール』は、ほぼ全号ラテン文字のセルボ・クロアチア語で執筆された。その内容は、トルコ語やアラビア語の詩・小説等の翻訳作品からボスニアの社会問題に関する論説まで多種多彩であった。初年度の発行部数が当初千部で、のちに八〇〇部増刷されたことを念頭におくと、創刊時より一定の読者層が得られたものと思われる[19]。

この創刊の目的の根底にはまず、非イスラーム治下の現状において西洋的な思想をより積極的に自らのものとすべきだという進歩的ムスリムの考えがあった。ここには進歩的ムスリムとしての教育経験が大きく反映されていた。彼らは「ここ数十年の占領という新たな時代」の到来により、「現在までの思考、行動、生活様式が急速に廃れていく」ことを指摘したうえで、「新たな思考、行動、生活様式を求める時代が続くこと」をイスラーム教徒がより現実的に理解していかねばならないと考えていた[20]。

ただし、ここから進歩的ムスリムが『ベハール』の刊行を通じ、単なる帝国統治の代弁者としての役割を担ったと考えることは早計である。例えば、ボスニアの統治当局が一九〇三年にカーライの統治二〇周年記念の記事掲載を求めたとき、『ベハール』編集部はこれを断固として拒否した[21]。あくまで彼らは、ボスニアのイスラーム社会の現状を変革せねばならないという危機意識から新たな文芸活動に取り組もうとしたのだった。

だが他方、イスラーム教徒内では、この文芸誌の創刊に対する批判的な声も聞かれた。一部の宗教家からは、『ベハール』に「スルタンに捧げる詩を掲載すべし」といった意見や「アラビア文字の表題が小さい」などの苦情が当初より寄せられることになった[22]。嘆願活動が拡大する状況の中でイスラーム教徒としては、進歩的ムスリムによるこうした文芸誌の創刊自体もまた容易に受け入れ難いものであったのだろう。

「民族」理念の提唱

進歩的ムスリムにとって、オスマン帝国との関係を前提とする嘆願活動に与したイスラーム教徒の動向はもはやボスニアの現状に沿うものではないと考えられた。そこで彼らは、自らの教育経験や官吏としての勤務経験に依拠して、ボスニア生まれのイスラーム教徒としての民族的な帰属意識に着目し始めた。そのため彼らが『ベハール』誌上で主に論ずるべき課題となったのは、ボスニア出自の「民族」かつイスラーム教徒であるという二重の帰属意識がいかに接合されうるのか、という問題であった[23]。

この点で特記すべきは、一九〇三年の『ベハール』第一号から第二一号にかけて連載されたバシャギチの「一〇一のハディース」という論稿である[24]。これは、預言者ムハンマドの言行を記録したハディースに依拠して、ボスニアのイスラーム社会が直面する諸問題についてバシャギチが見解を示すというかたちで叙述された。ハディースをもとに現状に対する改革論を提唱しようとするこうした手法は、当時各地の改革派イスラーム知識人がすでに実践していたものであった。そのためこの論稿からは、進歩的ムスリムが、他地域の改革派イスラーム知識人層といかなる問題関心を共有していたのかという点を読み取ることも可能である。

バシャギチはこの論稿において、「祖国」という概念に関する議論を通じ、ボスニアのイスラーム教徒の「民族」としての在り方を具体的に論じた。彼はまず、当時のエジプトなど「国民」あるいは「民族」意識の成熟を目指すイスラーム知識人層も注目していた「祖国への愛は信仰の一部である」というハディースを引用し、郷土愛とイスラームの信仰が重なることを強調した。そのうえでバシャギチは次のように説き、「祖国」の理念を媒介項として宗教・言語・歴史的伝統も組み込んだボスニアのムスリムとしての「民族」理念を提唱した。

祖国《ドモヴィナ》は、われわれの過去の歴史が刻まれ、われわれの今が映され、われわれの将来が映じられる素晴らしい石だ。（中略）喜びや悲しみを分け合い、同じ言語で語り、不平も述べる人間がいる、同じ一民族《ナロド》の揺籃の地以外何ものでもない。

だがバシャギチによれば、ボスニアのイスラーム教徒内ではこうした「民族」理念が未だ定着し難い状況にあった。彼はその原因が「家庭と学校での教育」に加えて、時代遅れの「ウラマー層の存在」にあると指摘した。ここには、嘆願活動に対する進歩的ムスリムの批判的な姿勢があらわれていた。その結果『ベハール』誌上では、イスラーム教徒に「民族」意識を萌芽させるための教育改革が訴えられていくことになった。

「民族言語」で宗教を学ぶ

進歩的ムスリムが教育改革を唱えるうえでまず参照しようとしたのは、実際に改革を進めつつあるロシア帝国内のイスラーム教徒の状況であった。前章で論じられたとおり、当時ロシア帝国内のイスラーム諸地域では、ガスプリンスキーを主導者とする教育改革運動の展開により、従来からの伝統的なマクタブに代わって、算数や地理・歴史など基礎的な教養諸科目や母語の学習を目標とした新方式学校が拡大していた。『ベハール』誌上では、教育改革を実際に進める彼らの活動が紹介され、「われわれボスニア・ヘルツェゴヴィナのムスリムにとって素晴らしい教訓」だと説明された。(25)

では、ロシア帝国内の状況も念頭におき、進歩的ムスリムはいかなる教育改革論を唱えたのか。それは、一九〇四年の『ベハール』一七号と一八号に掲載されたムフティチの論稿「われわれの教育」から明らかとなる。(26)この論稿ではまず、マクタブの環境の未整備さやクルアーンの暗誦に終始する学習方法が批判された。改革マクタブについても、整備された教育環境を除き、学習内容については従来のマクタブと大差がないと指摘された。さらにマドラサに関しては、宗教のみに特化した学習内容が批判された。こうしてムフティチはイスラーム教徒に関わる教育の問題点を挙げつつ、次のように主張した。すなわち「教育言語として民族言語《ナロドニイェジク》が導入されなければ、教育における本当の進歩はありえない。それこそ満足のいく改革の最初の基礎となるのだ」と。続けて彼は、「民族言語」を学ぶことがイスラームとしてもふさわしい行為なのだということを強調するべく、「もし宗教についての書物が民族の話す言葉で書かれていなければ、美しいシャリーアも人々に対して届くことのない声になるということを覚えておこう」と唱えた。

このムフティチの主張の背景には、イスラームと「民族」としての帰属意識双方が調和するという進歩的ムスリムとしての信念を読み取ることも可能である。だからこそ彼はここで「民族言語」の学習の必要性を説きながらも、イスラーム教徒に公立小学校への通学を促すのではなく、あくまでマクタブやマドラサの改革の必要性を強調したのだった。そして彼はこの論稿の最後に、マクタブやマドラサの具体的な改革案も示した。マクタブに関しては、民族言語で書かれた書物による学習を導入すること、さらに、オスマン支配期にフモというウラマーが実用化させようとした、セルボ・クロアチア語を表記するためのアラビア文字アレビツァの導入も検討すべきだと提案した。またマドラサについては、従来からの宗教教育に加えて、数学等の世俗的な科目も導入される必要があると説いた。とくに地理・歴史に関しては、自らの母国やイスラーム世界について学習するうえで必須の科目として重視された。

こうした「民族」理念を基底とする進歩的ムスリムの教育改革論は、嘆願活動が支持を集め、イスラーム教徒が従来からの教育に固執しようとする現状では、彼らに十分な影響力を及ぼすことはなかった。しかしそれは、ボスニアを取り巻く政情が大きく変化すると同時に、現実性を帯びていくこととなった。

第3節　帝国の中の「民族」へ

ボスニア併合と自治法の制定

一九〇八年一〇月五日ハプスブルク帝国はボスニア併合を宣言した。それは、青年トルコ革命後、立憲政を復活させたオスマン帝国がボスニア再領有にむけて動き出すことを回避するためであった。オスマン帝国は当初この併合に強固に反対したものの、一九〇九年二月二六日にはハプスブルク帝国との間に協定を締結し、併合を正式に承認するに至った。この協定では、ハプスブルク帝国が多額の賠償金を支払う代わりに、オスマン帝国が四月協定を無効とすることを認め、併合を承認することが決定された。(27)

このボスニア併合をうけてセルビアとハプスブルク帝国領内のクロアチアは、ボスニアへの民族主義的な影響力をより高めようとし始めた。併合前にすでにボスニアのセルビア人とクロアチア人はそれぞれ、この両国の後ろ盾のもと自らの政治組織を結成していた。[28]さらに併合後には、ボスニアでの民族構成上の優位性を得るべく、イスラーム教徒を自民族とする宣伝活動も活発化させた。

ハプスブルク帝国は併合後のこのボスニア情勢も念頭におき、嘆願活動から組織された政治団体ＭＮＯに対して、自治的な宗教制度の導入を認めた。ここに、スルタンの主権が排された状況を前提として、ロシア帝国によるイスラーム統治のごとく、自治的な宗教制度をイスラーム教徒に認めることで、帝国統治のもとイスラーム共同体の支配体制をより確固たるものとしようとしたのである。[29]一九〇三年にカーライの後任者となった共通大蔵大臣ブリアーンは、一九〇七年からすでにＭＮＯの代表者と接触し、イスラームの宗教制度に関する自治法制定にむけた交渉を続けていた。その結果一九〇九年五月一日ついに、イスラーム教徒にむけて全一八四項からなる自治法を公布した。[30]この自治法において特筆すべき点は、レイスルウレマーやウレマー・メジュリスの選出から、ワクフ及びイスラームの教育施設の運営に至るまで、イスラーム教徒に自治的な権利が認められたことにあった。たとえばレイスルウレマー職については、まずボスニア全体のイスラーム教徒代表者三〇名からなる選挙委員会が三名の候補者を選出すると規定された。そのうえでハプスブルク皇帝がその候補者の中から適任者を任命したのち、オスマン帝国のシェイヒュルイスラームから認可を求めるという手続きが定められた。こうした手続きはボスニアのイスラーム教徒にとって、ハプスブルク皇帝がレイスルウレマーの最終的な任命権を未だ保持しているとはいえ、自らの意見を代表する宗教指導者を自ら選出できるという点で画期的な措置であった。

教育改革の実現にむけて

ボスニア併合とそれに伴う自治法制定は、これまで相容れることのなかったMNOと進歩的ムスリムとの関係を大きく変化させた。もともと併合に反対していたMNOは、その直後からオスマン帝国議会に直接はたらきかけ、その取り消しにむけたオスマン政府の外交行動を求めた。その甲斐なくオスマン帝国が併合承認の協定を締結すると、今度はそれを非難する覚書をオスマン帝国議会に提出した。だがこれらの活動が実を結ばないことを見たMNOは、併合後のボスニアにおいてオスマン帝国との関係を保持することがもはや現実的な選択とはなりえないことを認識し始めた。ハプスブルク帝国による自治法制定には、こうしたオスマン帝国とMNOとの関係を明確に離間させる政治的目的もあったものと思われる。[31]

その結果MNOは、ボスニアの現状に適う「民族」としての帰属意識を唱える進歩的ムスリムと徐々に歩調を合わせ始めた。それはとくに、MNOの機関紙『ムサヴァト（平等）』一九〇九年六月一九日号の記事「われわれの教育状況」から明らかなとおり、学校教育に対する彼らの考え方に反映された。[32] その冒頭ではまず、「近代的な学校教育」の重要性が説かれるとともに、それがボスニアにおける「民族」としての「信仰、言語、祖国を守る力」の前提となることが訴えられた。そのうえで、これまでの嘆願活動が「西洋的教育をうけた少数の知識人層」の存在を無視し、ボスニアのイスラーム社会の教育状況に多大な損害をもたらしたことについて次のように語った。すなわち「まさに新たな学校に対する根本的な拒否感、西洋的な教育の精神に対する神経質な態度こそ、われわれの最初の活動による悲劇的な結末として非難されるべきであろう。こうした苦い経験こそが、全く実ることのない計画の唯一の産物であったのだ」と。そしてここでは、進歩的ムスリムとともに、教育改革がボスニアのイスラーム共同体全体として解決すべき課題であると説かれたのだった。

他方、併合に肯定的な態度を示した進歩的ムスリムは、MNOの動向が変化する過程の中で、これまで訴えてきた教育改革をイスラーム共同体の中で実現する一つの契機を得た。そこで彼らは、文芸活動を通じた意見発信にとどまらず、自治的な宗教制度に依拠することで「民族」理念を基底とする教育改革を実現していこうと考えた。それは、一九〇九年の『ベハール』第三号と第四号に掲載された「新たな宗教的自治法にもとづいたイスラーム教徒の学校教育について」という論稿から明らかとなる(33)。まずそこでは、自治法の制定によりイスラーム教徒には学校教育の運営が委ねられたと明言された。今後は、教育施設の整備やカリキュラムの設定もすべてイスラーム教徒自身、すなわちその代表者たるレイスルウレマーとウレマー・メジュリスにかかってくるというのである。そのため今後は、イスラーム教徒全体が時代に則した学校教育の在り方を希求することにより、彼らに教育改革を実行させていかねばならないと唱えられた。

またこの進歩的ムスリムの主張の背景には、セルビア人とクロアチア人による民族主義的な活動の拡大も大きく影響したことであろう。進歩的ムスリムはこれまで以上に、イスラーム教徒に「民族」としての自覚を萌芽させねばならない局面に対峙していたのである。そのため進歩的ムスリムとしては、イスラーム共同体の中で「民族」理念を基底とする教育改革を実践するためには、自治的な宗教制度を利用することも現実的な選択だと考えられた。そこで、こうした流れから教育改革の実践にむけてレイスルウレマーとして選出されたのが、ジェマルディン・チャウシェヴィチという人物であった。

チャウシェヴィチのもとで

一九一四年三月二六日、イスラーム教徒の総意にもとづき、チャウシェヴィチはハプスブルク皇帝によりレイスルウレマーとして任命された。その後彼は一九三〇年までその地位にとどまり、イスラームに関わる社会運動や政治活動において指導的な役割を果たした。彼が宗教指導者として推された理由は、その経歴にあった。

一八七〇年生まれの彼は一七歳の時点でイスタンブルに留学し、一九〇三年九月ボスニアに帰国した。その後一九〇五年から一九〇九年までウレマー・メジュリスの一員として勤務した。その際彼の主な責務はボスニア各地を訪問し、イスラーム教徒の教育状況を調査することにあった。その過程で彼は、教育改革の必要性を強く感じるとともに、意見を同じくする進歩的ムスリムと歩調を合わせることになった。実際、一九〇六年から一九〇七年の一年間は文芸誌『ベハール』の編集業務にも携わった。他方で進歩的ムスリムとしては、イスタンブルへの留学経験をもち、ウレマー・メジュリスにおいても勤務する彼の存在は、イスラーム教徒に教育改革の必要性を訴えていくのに資するものとなると考えられた。こうしてチャウシェヴィチは、進歩的ムスリムの活動にも与することで、教育改革の先導者としての立場を明確化させていった(34)。

ではレイスルウレマーに就任したチャウシェヴィチはいかなる教育改革を実践したのか。彼はまず、進歩的ムスリムもその必要性を認めていた民族言語用のアラビア文字アレビツァを実用化にむけて整備し、その文字による多数の教科書を出版した。彼はボスニアへの帰国直後からすでに、イスラーム教徒の教育状況に合わせてアレビツァを普及すべきだと考え、その考案に取り組んでいた。そのためレイスルウレマーに就任する前後を通じて、マクタブやマドラサでの学習用にアレビツァで書かれた教科書を刊行したのだった。三二年間に及ぶチャウシェヴィチの執筆活動において、その発行部数が総計五二万部に達したという事実を考慮すると、それらがボスニアにおいてイスラーム教徒向けの教科書として特別な地位を得たことは間違いなかろう。

また、チャウシェヴィチのレイスルウレマー就任中の一九一六年から一九一七年の間には、従来の宗教教育に加え、世俗的科目も導入された改革マドラサがボスニア各地で設立された。その一つサライェヴォのマドラサでは、従来の宗教教育とならび民族言語や歴史・地理学等も教授され、一九一七年度には六七名の学生が通学した(35)。

このように、「民族」理念の定着にむけ進歩的ムスリムが唱えてきた教育改革論は、レイスルウレマーに選出されたチャウシェヴィチのもとで実行に移されていった。ここにボスニアのイスラーム教徒が、自治的な宗教制度を支えとして「民族」意識を成熟させていく基盤が整ったと言える。しかし、こうした状況が彼らにとって、ボスニアの「民族」として帝国統治からの自立化をはかり、ボスニアをイスラーム教徒固有の領土とするような足がかりとなることは決してなかった。むしろ、彼らは第一次大戦下の政情下で、チャウシェヴィチの指導を介し、帝国統治の中でボスニアの「民族」としての自覚を深めていくことが求められたのである。そこで最後にこの点を確認するべく、戦時におけるチャウシェヴィチの言動について若干の考察を加えておきたい。

一九一四年六月二八日のサライェヴォ事件と同年七月二八日のハプスブルク帝国によるセルビアへの宣戦布告をさかいに、ボスニアでは民族間の対立が激化し始めた。例えばサライェヴォでは事件翌日の二九日から、一部のクロアチア人やイスラーム教徒が反セルビアのデモを起こし、セルビア人の学校や教会を襲撃した。このような状況がさらに悪化すれば、ボスニアが民族間で分断され、隣接するセルビアやクロアチアといった単一の民族国家に統合される可能性も浮上した。そうなれば、イスラーム教徒がボスニアの「民族」として存立することはもはやできない。そこでチャウシェヴィチは、イスラーム教徒がボスニアの「民族」としてあろうとするならば、ボスニアがハプスブルク帝国治下にあることが前提となると考えた。そのため一九一四年七月三〇日にはイスラーム教徒にむけて、戦時下ではハプスブルク国家と皇帝への忠誠に適う行動をなすべきであると説いた。さらに、翌月一日には以下のような声明を出し、イスラーム教徒が他民族との関係も維持しながらボスニアで生きていく必要性を訴えた。

この過酷な時期にムスリムが宗教の差異なく自らに近しい人々や近隣の人々を助け、この土地で良心的かつ忠実な人間としてふるまうよう自らの努力をなす、と私は確信している。（中略）われわれは祖国において他の非イスラーム系の市民とともに生活している。われわれは彼らとともに生まれ、生き、そして亡くなるのだ[36]。

チャウシェヴィチは戦争中このような主張を繰り返しながら、帝国統治の中でボスニアの「民族」として自覚的になるようイスラーム教徒を導いていったのであった。

おわりに

ハプスブルク帝国統治下のボスニアで現れた進歩的ムスリムは、西洋的な教育経験や官吏としての経験から、「民族」理念を基底とする教育改革論を唱えた。とくにロシア帝国のイスラーム教徒の動向を参照しつつ、時代に応じたマクタブやマドラサの改革の必要性を訴えた。こうした主張は当初、オスマン帝国との関係を前提とする嘆願活動が拡大したこともあり、イスラーム教徒に大きな影響を及ぼしえなかった。だが、併合後のボスニアでイスラーム教徒がオスマン帝国との関係をもはや維持しえない状況になると、進歩的ムスリムは自治的な宗教制度を支えとしつつ、教育改革を通じてイスラーム共同体に「民族」意識を萌芽させていく契機を得たのだった。こうした道程からは彼らが、近代に世界各地で民族・国民意識の成熟を目指していたイスラーム知識人層と共時的な歩みを進めつつあったことが理解できよう。

ただし、ボスニアの政情の中で最終的に進歩的ムスリムが、同時期にナショナリズムや独立運動に傾斜していく他地域のイスラーム知識人層とは異なり、帝国統治の中でイスラーム教徒に「民族」として自覚させていこうとしたことも看過してはなるまい。たしかにこうした彼らの立場が、ボスニアのイスラーム教徒のその後の歩みに大きく影響した点については考慮すべきであろう。一九一八年一二月、ハプスブルク帝国の解体とともに誕生した南スラヴ諸民族の新国家において、ボスニアのイスラーム教徒は、国家の主要な構成民族として認められることもなく、単なる一宗教集団としての地位にとどまることとなった。彼らはその後も二〇世紀末に至るまで、ユーゴスラヴィアの政情に翻弄される中で「民族」としての在り方を自問自答し続けていかねばならなかった。だが本章で見たとおり、国家を後ろ盾とする他民族の民族主義にさらされたボスニアの同時代的状況では、進歩的ムスリムが帝国統治の中でボスニアの「民族」としての自覚をイスラーム教徒に深化させていこうとしたことは現実的な選択であったと言えよう。そして国民史や民族史の見直しが進む今日において、近代におけるイスラーム教徒の多様な歴史展開をこれまで以上に浮き彫りにするためには、たとえ国民国家の論理に収束しなくとも、「民族」理念を提唱し続けた進歩的ムスリムによるこうした独自の歩みに目を向けることもまた必要ではないだろうか。

［付記］本章は、日本学術振興会科学研究費助成事業特別研究員奨励費（課題番号一一Ｊ〇二九九〇）の助成による研究成果の一部である。

注

（1）一八七九年時のボスニアの主な住民構成（全人口一一五万八一六四名）は正教徒四三パーセント、イスラーム教徒三九パーセント、カトリック一八パーセント、その他一パーセント未満であった。ロバート・Ｊ・ドーニャ／ジョン・Ｖ・Ａ・ファイン（佐原徹哉他訳）『ボスニア・ヘルツェゴヴィナ史』恒文社、一九九五年、九二頁より算出（以下、ドーニャ／ファイン『ボスニア史』）。

（2）帝国の統治政策の諸相とそれに対するイスラーム教徒の反応の一端については、以下の拙稿でもすでに考察した。米岡大輔

「ハプスブルク帝国によるボスニア占領とイスラームの対応」『史潮』七四号、二〇一三年、二三〜三六頁。

（3）この交渉については、以下の拙論参照。米岡大輔「ハプスブルク帝国下ボスニアにおけるイスラーム統治とその反応——レイスルウレマー職をめぐって」『史林』九四巻二号、二〇一一年、九二〜九六頁（以下、米岡「イスラーム統治」）。

（4）*Sammlung der für Bosnien und die Hercegovina erlassen Gesetze, Verordnungen und Normalanweisungen 1878-1880*, Bd. 1, Wien, 1881, S.4-5.

（5）ボスニアは帝国内の民族均衡をはかる理由からオーストリアにもハンガリーにも属さず、アウスグライヒ体制を支える共通三省の一つ共通大蔵省の管轄下におかれた。ドーニャ／ファイン『ボスニア』一〇一〜一〇二頁。

（6）オスマン支配末期のボスニアの教育状況については、柳田美映子「ボスニア・ヘルツェゴヴィナにおける学校教育の発展（一八五〇—一八七八）」『年報地域文化研究』第三号、一九九九年、三五三〜三七三頁。

（7）L. Dlustuš, "Školske prilike u Bosni i Hercegovini od okupacije do danas," *Školski Vjesnik*, Sarajevo, 1894, str. 52.

（8）R. Okey, *Taming Balkan Nationalism: The Habsburg 'Civilizing Mission' in Bosnia, 1878-1914*, New York, 2007, pp. 34-46.

（9）米岡「イスラーム統治」九八〜九九頁。

（10）クロアチアは帝国内のハンガリーの中で一定の自治を認められている状況にとどまっていた。大津留厚「ハプスブルク帝国——アウスグライヒ体制の論理・構造・展開」『岩波講座世界歴史　5　帝国と支配——古代の遺産』岩波書店、一九九八年、三〇七頁。

（11）L. Dlustuš, "Školske," str. 103.

（12）教育政策をめぐるセルビア人の反応については、以下の拙論参照。米岡大輔「ハプスブルク帝国統治下ボスニア・ヘルツェゴヴィナにおける初等教育政策の展開」『東欧史研究』二八号、二〇〇六年、三二〜三五頁。

（13）H. Ćurić, *Muslimansko školstvo u Bosni i Hercegovini do 1918. godine*, Sarajevo, 1983, str. 209-225.

（14）Ibid., str. 205-206.

（15）*Bošnjak*, 1894, br. 37, str. 2.

（16）米岡「イスラーム統治」一〇〇〜一〇五頁。

（17）Okey, *Taming Balkan*, p. 103.
（18）I. Kemura, *Uloga "Gajreta" u Društvenom Životu Muslimana Bosne i Hercegovine*（*1903-1941*）, Sarajevo, 1986, str. 106-107.
（19）E. Mulabdić, "Behar-prilikom 40-godišnjice njegova pokretanja," *Narodna uzdanica*（*kalendar*）, 1940, str. 107.
（20）M-H. Muftić, "Rad," *Behar*, br. 21, 1901, str. 325.
（21）Mulabdić, "Behar," str. 109.
（22）Ibid., str. 106.
（23）進歩的ムスリムの民族論については、以下拙論参照。米岡大輔「ボスニア系ムスリム知識人による『民族』論――ハプスブルク帝国統治期を中心に」『西洋史学』二三五号、二〇〇九年、三九～五七頁（以下、米岡「民族論」）。
（24）Mirza Safvet［Bašagić］, "Sto i jedan hadisi šerif," *Behar*, 1903, br. 1-21.
（25）M. Spaho, "Početak civilizovanja ruskih muslimana," *Behar*, 1901, br. 16, str. 249-251, br. 17, 1901, str. 267-268.
（26）M. H. Muftić, "Naša nastava," *Behar*, 1903, br. 17, str. 261-263, br. 18, str. 276-279.
（27）藤由順子『ハプスブルク・オスマン両帝国の外交交渉　一九〇八―一九一四』南窓社、二〇〇三年、三五～三六頁。
（28）ドーニャ／ファイン『ボスニア』一〇七～一一〇頁。
（29）ロシア帝国におけるイスラームの統治制度に関しては、長縄宣博「ロシア帝国のムスリムにとっての制度・地域・越境――タタール人の場合」宇山智彦編『講座　スラブ・ユーラシア学２　地域認識論』講談社、二〇〇八年、二五八～二七九頁参照。
（30）*Gesetz- und Verordnungsblatt für Bosnien und die Hercegovina*, Sarajevo, 1909, S. 419-454.
（31）米岡「民族論」四九～五一頁。
（32）"Naše prosvjetne stanje," *Musavat*, 1909, br. 21, str. 2.
（33）A. Hadžikadić, "O muslimanskom školstvu obzirom na novi vjersko-autonomni štatut," *Behar*, 1909, br. 3, str. 36-39, br. 4, str. 57-58.
（34）チャウシェヴィチの活動については、E. Karić, ur., *Reis Džemaludin Čaušević, Prosvjetitelj i Reformator*, Sarajevo, 2002 参照。
（35）Ćurić, *Muslimansko*, str. 231-234.
（36）Karić, *Reis*, str. 291-292.

第9章　帝国のメディア
——専制、革命、立憲政

藤波伸嘉

はじめに

本章は、「長い一九世紀」の後半、オスマン帝国領の内外に存在した多言語的かつ越境的な知の伝達網を、アラビア語、ギリシア語、トルコ語の各々の出版網の例に即して提示し、そこに盛り込まれた宗教改革や国民形成、そして民族主義の言語を考察することによって、帝国的編制と主権国家体系、そして在来の宗教的普遍主義と新たな民族主義の潮流が織り成した相互関係を論じることを目的とする。それぞれが主権国家の枠組みを超えるこれら各言語の出版網は、オスマン領内外に重畳する帝国的編制の下で互いに交錯し、二〇世紀初頭に各国に伝播した革命の波の媒体となった。この際、本章では、一定の政治的な志向性を伴う知識人の言論に議論を絞ることで、個々別々の民族主義の並列として論じられがちな当時の言説空間を再考し、「民族史」の閉じた枠組みからではなく、政治と思想、言論と出版をめぐる多民族多宗教的な力学が表出する場として、当時のオスマン領内外の言説空間の実像に接近し、その再検討を行なうことを目的とする。

以下、まずは一八九〇年代以降のオスマン国制における政治と出版との関係を概観した上で、それをアラビア語、ギリシア語、トルコ語各々の出版網に即して敷衍し、ロシアの一九〇五年革命と一九〇八年の青年トルコ革命とがそれらにもたらした変容を検討することにしたい。

第１節　加護された領域で

オスマン帝国において、タンズィマート期に拡大した近代的主権国家の諸装置は、続くアブデュルハミト二世の治世（一八七六〜一九〇九年）、すなわちハミト期に一層の定着を見る。政治社会の文脈では、ムスリム主体の中央政府周辺において、大宰相府以下の府省制が大きく発展すると、その担い手たる官僚を養成し、また忠良な臣民を創出すべく、公教育機関も拡充された。これに対し経済社会においては、後述の通り黒海・地中海交易を背景に顕著な成長を遂げた正教徒商人たちが、オスマン帝国の資本主義的発展の原動力となる。(1) ハミト専制はこの両者の一種の機能的分業の下に運営されたが、それに伴って帝国の統治構造もこの間に変容した。かつて党派的結合を介してタンズィマートを主導した外務官僚たちの影響力が弛緩する中、ハミト期、とくにその後半には、大宰相府を越えて宮廷の次元で政策決定や利益配分を行なう、家父長主義的な君主専制のシステムが確立した。これは、軍、教会、銀行家、タリーカ、部族、地方名望家など、社会各層の既存の権力構造を温存しつつ、その各層の代表者と直結することで、中央地方関係やムスリム・非ムスリム関係、さらには政治社会と経済社会との関係などを調整しようとする、新たな国策統合の様式であった。この際、「政治」をもっぱら西洋列強との外交として表象することで国外に括り出したハミト専制は、社会全体の経済成長を前提に、結果的に臣民の生活水準を向上させながら、社会的強者を支持基盤に据えることで、帝国の領土保全を図った。そしてこの間、「東方問題」の過程でオスマン内政への干渉を繰り返した西欧列強が、その当面の関心を東アジアやアフリカでの植民地獲得へと振り向けたため、オスマン外交は一定の余裕を獲得する。こうして内政外政の両面で相対的な安定を得たハミト専制は、遍在するスルタン＝カリフの威光の下、神に「加護された領域」、すなわちオスマン帝国領の秩序維持を実現したかに見えた(2)。

だがこの体制は、既存の権力構造自体の再編制を望む「政治的」な人間には圧制と映る。そもそも、少なからぬ支持を集めていた立憲制を凍結することで成立したのがハミト専制である。タンズィマート期以来、すでにオスマン社会で地歩を築いていた立憲主義思想はハミト専制の確立とともに疎外され、有形無形の検閲が強化されることで、体制の意に沿わない政治的言論は抑圧された。ただし、政治紙や思想誌にとってハミト期は冬の時代だったとしても、絵入り雑誌や文芸誌、女性誌など、「非政治的」な出版活動全般が逼塞したわけではない。忠良な臣民と国家須要の人材とを養成すべき各級の公教育機関と同じく、これらはオスマン帝国の「近代性」の証として、君主自身の庇護をも受けながら発展した。

しかしその結果、折からの経済発展と都市化とを背景に、高等教育を受けた人や西洋学知の流動する範囲が広まると、人々の自律的な思考やその行動半径もまた着実に拡大した。それを支えたのが、この時期に叢生した、「学術」や「慈善」のための自発的結社だった。だが、これらの場や媒体を通じた読書体験は原則的に言語別に分かれており、ハミト専制の解体をもたらす一九〇八年の青年トルコ革命に至るまで、単一の多言語的な知の伝達網が存在したというよりは、多言語の出版網が、個々人の次元で相互に感応しつつも、各々自律的に併存していたと見た方が実情に近い(3)。以下その諸相を、アラビア語、ギリシア語、トルコ語の順に概観していきたい。

アラビア語

一九世紀前半以来、アラビア語出版物の中心はエジプトとシリア、とくにレバノンにあった（以下、本章における「シリア」は、すべて「歴史的シリア」を指す。これはほぼ現在のシリア、レバノン、ヨルダン、パレスチナに相当する地域である）。前者はメフメト・アリ（ムハンマド・アリー）朝の庇護下に発展した官製の出版所を嚆矢とし、後者は欧米の宣教団やそれを受けた現地キリスト教徒知識人の活動を中心とした。しかしハミト期に入ると、その出版統制から逃れるべく、シリアの知識人はしばしばエジプトに活躍の場を求めるようになる。

だがそれは、必ずしもハミト期にアラブ人全般が抑圧されていたことを意味しない。むしろこの時期には、シリアの名望家の子弟が、大挙してイスタンブルの高等教育機関、とりわけ内務官僚養成を任とした行政学院に入学するようになり、オスマン中央とシリア現地との紐帯は強まった。それはまさに、タンズィマート以来の教育改革の成果であり、とりわけ高等教育機関がオスマン権力の中枢への接近の道として広く認識されるようになったことの反映であった。

さらにアブデュルハミトは、マロン派キリスト教徒のメルハメ兄弟を商公省や農林鉱山省で重用し、ダマスカス名望家のイッゼト・パシャ・アービドの一門を宮内府書記官や駐米大使、モスル州知事として登用する。また、リファーイー系のスーフィー教団の大立者、エブルフダー・サイヤーディーを君側で寵用するなど、アブデュルハミトは、かたや大宰相府や長老府など公式の官僚機構を牽制し、かたや現地の名望家政治を直接の統制下に置くべく、シリアの実力者との非公式の絆を深めていった。このように、公教育を通じた官僚制の組織的再生産の経路と、大宰相府を迂回する個人的抜擢とがあいまって、シリア在地に自生していた宗教的社会的な紐帯は、ハミト専制に取り込まれ、いわば国家の側の柱石として機能するようになっていた(4)。

しかしそれは、現存の名望家政治に飽き足らない人々、現状の変革を求める人々にとっては桎梏に他ならない。

図 9-1　アラブ人に向けたオスマン絵入り雑誌のロシア表象。

「ロシアのモスク」、アラビア語版『マアルーマート』第 77 号。
出典：*al-Maʿlūmāt,* 77, 1898.

その種の人々を惹き付けたのが、皮肉にもイギリス占領下、その非公式帝国に組み込まれ、オスマン法制から相対的に自由だったエジプト副王領である。その代表例が、イスラーム諸学の研鑽のため、一八九七年にシリアから移住したラシード・リダーだった。彼がエジプトで刊行した『マナール』は、アブデュルハミトやサイヤーディーが現に進めているイスラーム重視の政策に反抗しつつ、自らが正しいと考える独特のイスラーム改革論を、以後も長く主張し続けていく。そして同誌に参加したシリア出身のオスマン知識人の一人が、アブデュルハミト・ゼフラーヴィーである。彼は帝都イスタンブルで学んだ後、いったんエジプトに渡って、第2章（高橋）で取り上げられたバクリー家に身を寄せるが、帰京後には著名な絵入り雑誌、『マアルーマート（知識）』のアラビア語版を担当する（図9-1）。やがて改めてエジプトに移った彼は、『マナール』や、副王に近い穏健改革派の新聞『ムアイヤド』などの主要紙で健筆を振るいつつ、後述の青年トルコ勢力とも接触するようになる。このように当時のエジプトは、オスマン領内外のアラビア語出版の一大拠点として機能していた[5]。

ギリシア語

そのエジプトはアレクサンドリアを一方の拠点として、環黒海・地中海の全域を覆う国際商業網を掌握していたのが正教徒商人だった。「オスマンの平和」の下、一八世紀に中東欧に成立した内陸商業網を前提に、ロシアの黒海進出とイギリス主導の自由貿易体制の確立とを契機として、正教徒海運網は「長い一九世紀」を通じて飛躍的に発展する。それは、南ロシアの穀倉地帯・炭鉱地帯を世界経済に繋げる回路となる一方、マケドニアおよびエーゲ海の両岸、東アナトリアからカフカスに至る黒海沿岸、そしてシリアからエジプトに至る東地中海沿岸を、一つの広域経済秩序としてまとめ上げるものだった。その過程で、サムスン、トラブゾン、バトゥーム、タガンログ、オデッサ、サロニカ、イズミル、アレクサンドリアといった各地の港湾都市が発展する。そして、海運業の成功者の多くは、その資金を元手に、徐々に金融業や製造業にも進出して、一種の総合商社と化していくことになる。

このような経済社会の発展は当然ながら帝都イスタンブルにも影響を及ぼした。そもそもイスタンブルは、黒海と地中海を繋ぐ要衝として、重要な経済拠点であったが、同時にこの街は、世界総主教という自他ともに認める正教会の長を戴く、オスマン領内外の正教徒社会の中心でもあった。この帝都で成功した海運業者は、他地域の同業者と同様にやがて銀行業にも進出するが、オスマン権力に近い彼らは、折からの国制改革や対外戦争に必要な巨額の資金を用立てることで、オスマン政官界での影響力を高めていく。オデッサやマルセイユに支店網を築き、ギリシア国籍者でありながら、スルタン＝カリフの御用銀行家となったザリフィス父子は、その代表例である。彼らは同時に、正教会の高位の聖職者たちにも資金提供を行ない、そのことを通じて、世界総主教座、とりわけヨアキム派と称された一群の総主教の事実上のパトロンとなっていった。

このような黒海・地中海各地の港湾都市の発展は、その後背地を含む労働市場の拡大を促し、雇用機会を提供したオスマン領には、多くのギリシア国籍者が引き寄せられた。オスマン帝国から独立して一八三二年に成立したギリシア王国は、全ギリシア人の「中心」を自負し、「トルコの軛」からの同胞の「解放」を掲げる領土拡張的な民族主義を国是としていたが、実際にはその人口も資源も市場も小さく、経済的にはオスマン社会に大きく後れを取っていた。とりわけ、一八七〇年代以降の工業化の趨勢の中でその格差は拡大する。ゆえに、明白な社会経済的理由から、オスマン・ギリシア両国間の人口移動は一貫して、労働力移動に基づく、後者から前者への流入という形で推移した。以上のような点で、ハミト期は、ギリシア資本の「黄金時代」と呼ばれるにふさわしい時代なのだった。(6)

とはいえ、ギリシア王国の首都アテネは、国家主導で整備された大学や各種学校がギリシア語による高等教育の機会を保障する場となったため、オスマン領から少なからぬ正教徒の知識人予備軍を惹き付けていた。彼らの多くは、卒業後、環黒海・地中海の正教徒社会内部で、港湾都市を核とする在地の人的紐帯を前提として、教師や出版人、弁護士や医師などの自由業を中心に、各職種の文脈での立身を目指すようになる。(7)ただし、そのような彼らにとり、ギリシア王国の暴力的な領土拡張による現状の破壊は必ずしも望ましいものではなく、したがって、アテネの教育機関が宣布を図ったギリシア民族主義の論理が、彼らに無批判に受容されたわけではない。

同様のことは、正教徒共同体を統轄する世界総主教座界隈の指導層にも当てはまる。正教会内部の「ギリシア支配」に抗する民族主義の文脈で、一九世紀半ば以来盛り上がったブルガリア人の教会自治に向けた動きは、結果的に一八七二年の教会分裂をもたらす。これ以降、「民族主義」の異端にして教会分裂の徒と宣告されたブルガリア人の存在は、民族の別を問わない正教の普遍主義、すなわちエキュメニズムを掲げるギリシア正教徒の指導層にとって、自らの正統性を内から掘り崩す最大の脅威となった。そしてまさにそれゆえに、世界総主教座にとり、自らの「ギリシア性」の強調もまた、必ずしも望ましいことではなかった。つまり、「世俗的」民族主義に基づくギリシア王国は、対ブルガリアの観点では貴重な味方であっても、超民族的なエキュメニズムを維持するという観点では、実はブルガリア人と同等に危険な存在なのだった。むしろ彼ら正教会指導層にとっては、やはり民族の別を問わないイスラームの普遍主義に立脚し、その観点から正教会の正統性や既得権益を保護してくれるオスマン帝国の存在こそが、貴重なものと映っていた。

カッパドキア出身のトルコ語話者のギリシア正教徒、パヴロ・カロリディは、近代歴史学という西洋学知を介して、このような正教徒主導の経済社会や正教会の利益を代弁し、それを政治の場に還元しようと試みた人物の一人であった。彼はイズミルとイスタンブル、そしてアテネに学び、さらにドイツ留学を経て、ついにはアテネ大学の歴史学教授に就任する。彼はその後、反ブルガリアの文脈で、アテネで同名の協会により刊行されていたギリシア語誌『ヘレニズム』において、ムスリム・オスマン人との協調の下でのギリシア人の経済的文化的な発展の必要を説き続けた(8)。

こうした中、一九世紀末に至ると、上述の諸港湾都市を中心に多くの定期刊行物が創刊され、オスマン領内外を結ぶギリシア語出版網が形成された(9)。この際、アブデュルハミトの出版統制に鑑みても、「外国人」であることは相対的に自由な言論活動を行なう保障となったため、これらの定期刊行物の多くが、ギリシアやイタリアの国籍を持つ、「外国人」の創刊にかかっていた。イスタンブルの二大ギリシア語紙、『プロオドス（進歩）』および『ネオロゴス（新たな言葉）』、サロニカの『アリシア（真理）』などがその好例である。このように、主権国家の枠を超えた環黒海・地中海の全域を舞台に活動する正教徒知識人にとって、国籍とは、法制や就職の面で有利か否かによって選択される二義的なものに過ぎない。その活動の舞台や内容がオスマン中心だったことと、「外国籍」を取得することとは、何ら矛盾するものではなかった。

それどころか、彼ら「外国人」こそが、ハミト期のオスマン上流社会の花形だった。自発的結社が花開いた

図9－2　正教徒女子教育の中心、ザピオン女学校（イスタンブル）

藤波伸嘉撮影（2013年）。

一九世紀後半「結社熱」時代の草分けであり、「未解放のギリシア人の教育省」とも称された、「コンスタンティノープル・ギリシア文芸協会」は、その中核的な存在だった。銀行家や出版人など、正教徒の選良たちは、政官界への影響力や国際的な商業網のみならず、文芸協会の機関誌『文芸協会雑誌』や、アテネ刊ながら環黒海・地中海の各地で読まれた女性誌の草分け『女性新聞』、そして同誌関係者の多くが通ったイスタンブルのザピオン女学校など（図9－2）、正教徒の枠に留まらずオスマン領内外にその名を轟かす旺盛な出版・教育活動を背景に、国家から自律した社会的威信を確立した。[10] 第5章（上野）で見たアルメニア人とは異なって、経済社会での立身が主目的であり、必ずしもオスマン官僚としての栄達を求めない多くの正教徒知識人にとり、臣民一律の公教育実現を望むオスマン教育官僚の意図に反し、教育面でも文化的な面でも、中心とはあくまで文芸協会（とアテネ大学）なのだった。

このように、社会的にも経済的にも、ハミト専制の下での安定から利益を得る立場にあった正教徒の指導層には、青年トルコ運動に参加して現体制を転覆すべき動機は見当たらない。反体制運動の主力を成したのはやはり、トルコ語を話すムスリム知識人だった。

トルコ語

ハミト期の出版統制を最も直接的に受けたのが、帝国の公用語たるトルコ語の刊行物である。[11] 正教徒に社会経済面での成長を妨げられ、国家の官職が栄達のほとんど唯一の途となっていたムスリム・トルコ人だが、一八九五年頃を境に、増加する一方の官僚予備軍に対して政権が提供できる官職が減少するに従い、高等教育を受けながらも順調に昇進できないムスリム知識人の間では不満が高まる。硬直化した人事、固定化された国政運営への不満は、かつて一度は実現した「文明的」政体たる立憲制への渇望として表現された。当のハミト期に拡充された高等教育機関、とくに行政学院や士官学校の学生からは多くの不満分子が輩出し、反体制運動に走った彼らは、青年トルコ人と総称された。統一進歩協会（以下、略して「統一派」）はその最大党派である。弾圧から逃れるべく国外に亡命した彼らは、本拠としたロンドンやパリ、ジュネーヴなどからオスマン領内へと秘密裡に機関紙を発送し、革命派の拡大を図る。そしてこれらの西欧諸都市と並ぶ青年トルコの重要拠点の一つとなったのが、カイロだった。

前述の通り、イギリス占領下のエジプトはハミト期の出版統制から相対的に自由であり、ゆえにカイロはアラビア語のみならず、トルコ語の出版物にとっても一大拠点となっていた。そもそも当時のカイロでは、アラビア語以上にトルコ語こそが、「アルバニア系」の出自を持つメフメト・アリ朝の貴顕を筆頭とする支配者たちの言語だった。こうした中、カイロは、次代に繋がる旺盛なトルコ語の出版・思想活動の舞台となる。たとえば、カイロのトルコ語紙『テュルク』には、後にトルコ民族主義の「正典」となるヴォルガ・タタール人ユースフ・アクチュラの論説、「三つの政治路線」が掲載され、「保守的」新聞人アリ・ケマルとの間で論争となったことで名高いが、[12] それに先立って同紙は、あるべきオスマン像をめぐり、リダーの『マナール』と論争を繰り広げてもいた。なお、自派主導のイスラーム改革に固執する『マナール』は、第7章（磯貝）で扱われたクリミア・タタール人イスマイル・ガスプリンスキーがカイロで開催を試みた世界イスラーム会議にも、批判的なまなざしを向けている[13]。他方、イスタンブルの行政学院で歴史を講じていた、ロシア領ダゲスタン出身のミザンジュ・ムラトは、一八九五年のヨーロッパ亡命後に青年トルコ運動の指導的存在となるが、彼の新聞『ミザン（秤）』もやがてカイロに移って、革命派の準機関紙として刊行される[14]。

これらの例が示す通り、世紀転換期のトルコ語出版網でロシア・ムスリムが果たした役割は大きい。ガスプリンスキーの『翻訳者《テルジュマン》』を通じた新方式教育や共通トルコ語の浸透を背景に、一八九〇年代以降、タタール人の間でも出版や教育への社会的要請が高まっていた。だが帝政ロシア当局により、ロシア・ムスリムの文化拠点の一つ、カザンを擁するヴォルガ地域でのタタール語定期刊行物の出版は基本的に禁止されていたため、いわばその代替物として、ロシア・ムスリムの知識人は積極的に国外のトルコ語・アラビア語紙を購読し、イスタンブルに進学するようになる[15]。

そして、国境を越えるムスリムの移動は、一回的なものでも一方向的なものでもない。ギリシア人がオスマン・ギリシア両国間で行なったように、ロシア・ムスリムも、学業や商売、巡礼のため、オスマン・ロシア両国間を頻繁に往来した[16]。実際、ロシアに立憲制をもたらした一九〇五年の革命を経て、国会開設や出版の自由の拡大などが実現すると、これを機にアクチュラらも、青年トルコの文脈ではなく、祖国ロシアの政治の文脈で積極的な活動を示すようになる[17]。これを受け、カザンやオレンブルグ、バクーは、急成長を遂げるタタール語出版の中心となるが、一九〇七年以降のストルイピン「反動」によりタタール人の活動に制約が課せられると、少なからぬ知識人が改めてオスマン帝国に目を向けるようになった。その彼らに新たな舞台を提供したのが、一九〇八年の青年トルコ革命だった。

第2節　新聞と立憲政

一九〇八年七月、オスマン領マケドニアの中心都市サロニカを拠点に広がった革命の前に、アブデュルハミトは立憲政復活を余儀なくされる。第二次立憲政（一九〇八〜一八年）の始まりである。

立憲政の復活は議会制や政党制など統治機構に革新をもたらした。高位聖職者や銀行家、地方名望家らが各々その属性を通じて非公開非公式に君主と直結した前代とは異なり、今やオスマン帝国の多民族多宗教的な政治主体は、民族や宗派の枠を超え、多数決原理の下、公開公式の場で直接に対峙することとなる。ハミト期においては、政治社会に存在する多元的な利害関係は、スルタン＝カリフの個人的かつ非公開な裁定の下、各々の質的相違が踏まえられながら、一種の長期多角決済の形で調整されていたのに対し、立憲政の時代となった今や、「公論」やその代理＝表象たる議席数の問題として、オスマン政治はひとしなみに量の次元で計られることになる。そしてその舞台となったのが、集会や出版、言論や投票など、前代には規制されていた市民的自由の復権を通じて拡大し可視化された公共圏である。「国民主権」の実現を支えるべき「公論」の顕現にして媒体と目された定期刊行物は、前代における「非政治的」領域への限定から解放され、帝国議会と並び一躍政治社会の中心的存在となる。革命直後には全国で数百点に及ぶ定期刊行物が創刊されたが、統一派の事実上の機関紙『タニン』や、反統一派の論陣を張ったアリ・ケマルの『イクダム』の例に象徴される通り、政治の公開化に伴って、徐々に政治と出版の連動、政党と新聞の系列化が進んでいく。

こうした中、帝国議会に一堂に会した多民族多宗教の議員たちがトルコ語で行なう討論は、各言語の新聞紙上で銘々に評論されたのみならず、それが翻訳・転載・再転載を通じて多言語間の議論の応酬に繋がることで、オスマン人の間に単一の政治言論空間をもたらした。さらに、民族の枠を越えて販路を拡大し、自らの正当性を主張すべく、議員や出版人はしばしば自言語以外でも新聞を刊行する。トルコ人議員のアラビア語紙『アラブ』、ギリシア人議員のトルコ語紙『サダー・イ・ミッレト（国民の声）』などがその好例である。そしてこうした政治言論空間は帝都に限られたものではない。民族横断的な「政治」の復権は全国各地の在来の権力構造を変え、地方政治の文脈でも新しい世代、新しい正統性が登場する。しかも多くの場合、帝国議会議員は名望家層の出身だったため、代議院議員総選挙は国政と地方政治とが交錯する契機となり、在地の名望家層内部の従来の権力闘争が帝都の政党政治と連動するようになる。この際、知識人内部の党派抗争を正統性の面から補完すべく、「国民の意志」を誇示する講演会や示威行進が各地で頻繁に組織され、そのことがやがて、名望家層の思惑や統制の範囲を超える、大衆の政治参加を実現に導いていった。

ところが、多民族多宗教的なオスマン社会においては、こうした政治言論空間に持ち出される個別具体的な事案は、特定の民族や宗派の利害に直結することが多い。そのため、視学官の権限や兵役猶予の条件、匪賊鎮撫の方法や難民入植、新聞郵送料金の規定といった個々の案件が、容易に、それに関わる民族や宗教それ自体をめぐる一般論的な論争に発展した。この際、皆が公民的なオスマン国民統合の理念を共有し、それを自らの旗印としたのは事実である。だが同時に、まさにそれゆえに、そこからの逸脱が政敵批判の論理となり、しかも前代に存在した非公開非公式の妥協の経路は革命とともに失われたために、民族・宗派間の対立は、簡単に公開の舞台での正面衝突に発展した。自らを公民的統合の信奉者、政敵を偏狭な民族主義・宗派主義の徒と見做す相互批判の論理は結局、民族や宗派を単位とする政治手法の濫用に繋がり、宗派主義的な利益配分の言説の蔓延をもたらすことにもなる。こうした中、前代には自律的に併存した各言語の出版網は、好むと好まざるとにかかわらず、他言語の刊行物が操る言論に強く影響されていく。それは、ようやく実現した単一の多言語的な知の伝達網の成果とも言えようが、他方でそれは、言論や思想の民族主義化が広まる前提条件ともなった[18]。以下その諸相を、トルコ人、アラブ人、ギリシア人の順に概観していきたい。

トルコ人

青年トルコ革命後、オスマン帝国に帰還したアクチュラら一部のロシア・ムスリム知識人は、まずは革命の根拠地サロニカ、次いで帝都イスタンブルを拠点に、『テュルク・ユルドゥ（トルコ人の祖国）』など各種の民族主義誌を創刊する。彼らはそれを媒体として、多民族多宗教的な公民的統合の理念を強く内面化していたオスマン人に、単一民族国家という代替策を提示した。だがそれは、当のオスマン・トルコ人もまた同様に公民的統合の理念を捨て、「トルコ化」政策に邁進し始めたことを必ずしも意味しない。実際には、この両者の立場や発想は大きく異なっていた[19]。

正教を基軸としつつも、イスラームなど種々の公認宗教の調和をその帝国的編制の基礎に置く信仰国家ロシアのムスリム臣民にとって、トルコ意識の醸成とは、その枠組みの下で他の臣民諸集団、とくにロシア人との同権を達成するための手段として位置付けられた。この際、主権国家オスマンの意義は、ロシアの外部で彼らの民族を代表すべき後背地としての相対的なものに留まる。ロシア帝国の内部での利益追求を図るヴォルガ・タタール人は、オスマン・トルコ人に対する自らの優越をしばしば公言し、その民族意識の欠如を批判し、さらにはその文脈で、公民的なオスマン国民統合の理念を嘲弄すらした[20]。たしかに、革命後の思想の自由化を受けてイスタンブルで創刊された『スラート・ミュスタキーム（真正の道）』などの宗教誌にはロシア出身者が関与し、ロシアのムスリム知識人にも少なからぬ影響を及ぼしてはいた。だがそれは、信仰国家ロシアにおけるムスリムの代表を自負する彼らにとり、イスラーム改革が自らの関心だったからである[21]。

要するに、ロシアの文脈に則るタタール人の主張は、オスマン帝国でトルコ人やアラブ人が直面する現実には必ずしもそぐわない。だが、オスマン・トルコ人、とくに統一派の志向は、公民的統合の推進というその主観的意図にもかかわらず、他民族からはしばしばアクチュラ的なトルコ主義と同一視された。たとえば、統一派の事実上の機関紙『タニン』は、オスマン国民の一部としてのアラブ人の尊重を事あるごとに訴えていたが、同紙が「オスマン化」と見做すものが非トルコ人には往々にして「トルコ化」と映り、その結果、アラブの「オスマン化」を求める同紙の論調こそ、実は悪しき「トルコ化」を通じてオスマン国民の利益を損なっているのだという非難をしばしば受けていた[22]。こうした論法が意味を持ったこと自体、青年トルコ革命が伴った公民的統合の理念が、オスマン輿論において正統性言説として機能していたことを裏書きしているが、同時にそれは、立憲政の時代にあって、民族や宗派を理由とする相互批判の論理が、当事者の意図を超えて影響力を及ぼしつつあることを示してもいた。そして、まさにこの観点から統一派批判を行なったアラブ人の代表的存在が、革命後に帰郷しハマ選出の代議院議員となったゼフラーヴィーだった。

アラブ人

青年トルコ革命は、ハミト専制から逃れエジプトで活動していたアラブ知識人に、前代には奪われていたオスマン「本土」での政治言論の舞台を開いた。ゆえに彼らは続々とあるいは故郷シリアに、あるいは帝都イスタンブルに向かい、新たな立憲政治に参画する。ただしこの際、「アラブ」は何ら単一の主体ではない。世界総主教という自他ともに認める正統な代表が存在したギリシア人の場合とは異なり、シリア、イラク、エジプト、ヒジャーズ、イエメン、リビア、更にイスタンブルなど、オスマン領内外に居住するアラブ人の多種多様な利害を誰がいかに代表するかは決して自明なことではなく、それ自体が、革命後の政治過程で一つの争点となった。

実際、宮廷と直結して在地の利益を寡占的に掌握し、そのことによってハミト専制の柱の一つともなっていたシリアやイラクの大名望家や部族長たちは、革命後には、中小の新興名望家層による挑戦を受けるようになる。彼ら新世代の政治家は、新たに議会の場や新聞紙上で、立憲主義を正統性言説に用い、「公論」を介した利益誘導を図る。そしてその際には、立憲的かつ多民族的なオスマン国民の公益実現の手段として、その構成要素たるアラブの個別利益を擁護するという論理がしばしば展開された。ゼフラーヴィーはこの立場からイスタンブルでアラビア語紙『ハダーラ（文明）』を創刊し、あるべきオスマン像を打ち出しつつ、自らの望む形でのアラブの意見統一を図る。[23]

他方、彼と同様に革命後に帰郷したリダーは、シリアの民衆啓蒙を志すが、これは現地の名望家政治の壁の前に挫折する。[24] そこで彼は今度は帝都に向かい、政府を通じて彼の望むイスラーム改革を実現しようとするが、これも官僚制の壁の前に挫折した。こうした中、ゼフラーヴィーやリダーが名望家や大宰相府官僚、そして統一派のそれぞれに対抗しつつ、オスマン政党政治の文脈で自らの主張を実現すべくカイロで結成したのが行政的地方分権党であり、『マナール』はその事実上の機関紙の役割を果たした。[25] つまり、ゼフラーヴィーやリダーは、アラブの代表やイスラームの改革者を自称、むしろ僭称することで、「反動的」な前代以来の名望家を非難するとともに、統一派による「トルコ化」を批判し、オスマンの国政や輿論において地歩を築くための根拠を確保したのだった。

ただし、彼らのこのような自意識が客観情勢としてどれほど裏付けられるものだったかはまた別問題である。革命後には、前代に帝都の高等教育機関を卒業した多くのアラブ人名望家の子弟が、州県知事や帝国議会議員として、改めてオスマン国政に参与する道筋が付けられた。[26] 在地の名望家政治との紐帯を保ちつつ、オスマン高級官僚として全国各地を巡礼する、ないしは議員として統一派や大宰相府官僚と渡り合う彼らにとって、シリアの、あるいはアラブの利益とは、行政を通じた利益供与として確保することが可能なものだった。そしてそれは、西欧列強によるイスラーム支配への最後の砦たるオスマン帝国の存続を目的とした、国内の諸民族の統一に向けた営為として表象される。したがって、リダーら、シリア名望家政治の後発組にしてオスマン政党政治の「敗者」が喧伝するアラブ民族主義の言語は、地元政界を牛耳り官界で栄達するこれらの同胞には、必ずしも共有されはしなかった。

しかもオスマン立憲政への関与はシリア出身者には限られず、その関与の様相も地域ごとに異なった。たとえばイギリス占領下のエジプトでは、敵の敵は味方の論理から、反英意識がしばしば親オスマン意識の形を取って表明され、ゆえにオスマン「本土」の新体制が深甚の関心を呼ぶ。とりわけ立憲制とカリフ制の両立、オスマンの国民性とアラブの民族性の関係、イスラーム改革の現況などの論点が、『ムアイヤド』など主要エジプト紙の頻繁な言及対象となった[27]。だが他方で、中央政界で失脚した政治家は、アラブ人であれトルコ人であれ、前代同様にしばしばカイロで雌伏の時を過ごしたため、エジプト在地の党派対立は、往々にしてオスマン中央の党派対立の論理と連動して表出した[28]。したがって、こうした構図に鑑みても、リダーらがシリアやエジプトそれぞれの文脈で喧伝するアラブ民族主義的なイスラーム改革論は、帝国全体の政治構造の中では、きわめて党派的な意味を持つものなのだった。

こうした中、信仰国家ロシアの国内政治の文脈で自らの「トルコ」性を誇示する必要があったロシア・ムスリムとも似て、オスマン立憲政の下のアラブ人も、自らの利益最大化のため、自らの「アラブ」性を誇示する戦略を採る。この際、それがトルコ人とアラブ人の共通の宗教だったがゆえに、その言説においてイスラームがしばしば前景化するが、実際にそこに通底したのは主権国家の論理である。だからこそたとえばゼフラーヴィーは、領土と国籍が焦点化する主権国家の論理に則り、ギリシア実効支配下にあったクレタに対するオスマンの主権の死守を訴えていた。その際の格好の批判対象となったのが、ギリシア人たちである。

ギリシア人

ハミト期の安定の中の正教徒商業網の発展が生み出した「中間層」は、革命後、それまで専制と癒着することで共同体内政治を牛耳ってきた都市名望家や高位聖職者など、旧来の支配層が築いてきた権力構造の打破に向かう。この際、革命後の新たな世代、新たな政治主体が、共同体内政治の文脈で自らの発言権を確保すべく、そのための格好の政治資源としたのが、オスマン帝国議会や定期刊行物だった。民の意志を根拠に旧支配層の寡占的支配を打破するに当たり、その際の正統性として機能した点で、立憲政の諸機構は、国政の次元のみならず、正教徒共同体内政治の次元でも一定の影響力を発揮した。そして、まさにそのゆえもあり、立憲主義を中核に据える革命後の新たな政治文化は正教徒の間でも一定の支持を得る。[29] 前代以来の二大ギリシア語紙『ネオロゴス』『プロオドス』はもちろん、宗派主義の権化たるべき世界総主教座公報『教会の真理』すら、公民的なオスマン国民統合の理念を少なくとも表面上は共有し、その中でのあるべき立憲主義の解釈をめぐって、国政と共同体内政治の双方の文脈で、ギリシア語紙相互のみならず、他言語の出版物ともしばしば論争に入っていた。それは当然に、オスマン帝国全体の政治的言説の論理が、正教徒の間にも浸透することを帰結した。そして同様に、共同体内の権力闘争の文脈で国政の諸装置が活用された結果、前代には比較的自律していた共同体内政治が、オスマン国政の次元とかつてなく緊密に連動していくことになる。

ただし、その指導層にギリシア国籍者が多い点では、コンスタンティノープル機構やその「表」組織たるギリシア憲政倶楽部に代表される革命後の新たな結社も、前代の指導層とそれほど変わらない。そして、第二次立憲政期における政治の公開化は、かえってオスマン・ギリシア両国の政治過程の連動を促すことになった。青年トルコ革命に刺激を受けたギリシア王国では、一九〇九年に青年将校主体のクーデタ、グディ事変が勃発し、ペロポネソスの地主層およびアテネの都市名望家層を代弁した前代政治家の間の党派争いに代わるものとして、クレタ出身の政治家ヴェニゼロスが首相の座に導かれる。しかし、クレタはなお名目上はオスマン主権下にあったため、この一件は、オスマン政界におけるギリシア人の立場を難しいものとした。

とはいえ、やはり前代と同様に、ギリシア王国の対外政策との同調がオスマン側の正教徒の総意だった訳では決してない。それどころか、ヴェニゼロス主導のギリシア王国が、「マケドニア問題」解決のため、旧来の宿敵ブルガリアとの同盟に舵を切ると、それは、教会分裂の徒たるブルガリア人との同盟よりトルコ人との協同の方がましだと考える少なからぬオスマン・ギリシア人の反発を買い、正教徒共同体を二分する結果となった。

こうして、オスマン帝国の政局が流動化するにつれて正教徒内部の見解の相違も際立っていく中、彼らが団結し得た数少ない論点が、従前のオスマン法制の下での既得権益保護のための、「宗教的特権」の保持だった。「世俗主義的」な立憲政の下、多数決原理の適用により自らの既得権益が失われることを恐れたギリシア人たちは、「メフメト二世以来の伝統」を論拠に、「イスラーム国家」の下でのキリスト教徒としての特権の保持を強く求める。このようなギリシア人の立場は、立憲政の時代にあって、ムスリム以上に顕著に「宗教的」だった[30]。

ところが、そのために彼らが展開する言説は、その主観的意図とは関わりなく、他民族からは、ギリシア王国の領土拡張主義、すなわち「メガリ・イデア（偉大なる理念）」の表れとして非難された。在地の利益擁護を主眼としたはずのロシア・ムスリムの言動が、内外で「汎トルコ主義」の表れと見做されたのと同様である。実際には、ロシア・ムスリムにせよオスマン・ギリシア人にせよ、共に自身が属する主権国家にある程度まで忠実だった。もちろんそれは、彼らが各帝国の公定ナショナリズムに完全に自己同一化していたがための忠誠などではなく、あくまで、現地民としての彼ら自身の利益が一定程度までそれを要請したがゆえのことであった。ロシア・

ムスリムにとってオスマン帝国が、祖国ロシアでの政治的同権獲得のための後背地と見做されていたのだとすれば、オスマン・ギリシア人にとってギリシア王国は、祖国オスマンでの経済活動のための社会関係資本補給の場であった。ゆえに、両国の対立は望ましくない。

たとえば、青年トルコ革命後、イズミル選出の代議院議員としてオスマン国政に関与したカロリディは、共通の敵ブルガリア人に抗すべく、一貫して統一派との協調の下に、一方では宗教的特権の保持を、他方ではクレタの自治権の明示化を望み、それを通じたオスマン・ギリシア両国の融和を求めていた。このような彼の立場は、本章で確認してきた、ギリシア人の跨境的な利害関心を率直に表すものだったと言えるだろう。だが、国境を跨ぐ「帝国的」な利益を事とする正教徒たちは、その指導層が前代以来、オスマン政官界に必ずしも充分に制度的に統合されていなかったためもあり、また、その中には「政治的」ならぬ「宗教的」統一を志向する者が多かったゆえもあって、領土と国籍を軸とする主権国家の論理が前景化した第二次立憲政期にはしばしば孤立し、他民族の批判を一身に浴びることになった。主観的にはオスマン国益の擁護を図るカロリディが「売国的」と罵られ、『ネオロゴス』や『プロオドス』が、その論調以上にその発行人が「外国人」であることを理由に非難されたのは、こうした言説状況の一例だった。

第３節　世界の終わり

このように青年トルコ革命後、一方では国境を越える人的・思想的な影響関係が国民国家の論理に背馳するとして政敵批判の言説となるが、他方で、まさにその交流を媒介に、民族主義や宗教改革の人的・思想的な基盤が形成された。すなわち、前代の「帝国的」統治に代わり立憲主義に則る「国民的」統治が標榜されたのだが、まさにそれが政治や言論の宗派主義化を招き、結果的に、オスマン帝国解体後の民族国家の論理が浸透する下地を提供した。

ただし、それがただちに多民族多宗教的な立憲政の不可能性を立証する訳ではない。トルコ人もアラブ人もギリシア人も、オスマン領内で活動する限り、公民的統合の言説を援用し立憲政の諸機構を活用して自らの利益最大化を図っていたのであり、専制に代わる新たな利益配分の様式としての立憲政はそれなりに定着し、それにふさわしい政治文化が浸透し始めていた。自律した多言語の出版網の併存という前代の状況が、単一の多言語的な知の伝達網へと変容しつつあったのも、その一環だったと言えよう。

だが、一九一一年にイタリアによるリビア侵略、すなわち伊土戦争が勃発すると、それを引き金に翌一二年にはバルカン諸国の侵略、すなわちバルカン戦争が始まる。これに端を発する以後一〇年間の戦争の連鎖の中、オスマン領内外で民族・宗派の線に沿った友敵関係の明確化が強要されていくことで、多民族多宗教的なオスマン立憲政の試みは中絶した。第一次世界大戦を指導した統一派政府の下では、アナトリアのムスリム・トルコ化に向けた政策が意識的に進められる。

敗戦後にその人脈を引き継ぎ、アナトリア中央部のアンカラに拠って、西欧列強およびギリシアに抗する独立戦争を指導した大国民議会政府周辺では、かつての多民族性を意識的に忘却した上で、その範囲をアナトリアに限定した、新たなトルコ民族主義が追求されていく。この間、トルコ・ギリシア両国が相互の殺戮や住民の追放ないし交換によって各々の均質性を高める一方、大戦後にオスマン領から切り離されたシリア、イラク、エジプトは、委任統治領あるいは被保護国として英仏の帝国主義支配の下に置かれ、相互の分断が進んだ。正教徒の越境的交流を担保した環黒海・地中海の商業網も、大戦中の通商途絶とソヴィエト政権の誕生とを経て、かつての意義を大幅に減ずる。同様に、ロシア革命後の内戦を経て、ソヴィエト権力の支配下に置かれたロシア・ムスリムの場合も、外部世界との間の従来の紐帯は、今や「反革命」的な「汎トルコ主義」の証と目され、弾圧や統制の、そして忘却の対象となっていく(31)。

こうして、かつての多言語的かつ越境的な知の伝達網は、オスマン帝国の崩壊とともに解体した。カイロからアテネ、サロニカ、イズミル、イスタンブル、オデッサ、カザンに及んだかつての越境的な交流も、またオスマン社会のかつての多民族多宗教性も、戦間期以降の「民族史」の下では否定の対象となる。たとえばゼフラーヴィーは大戦中に対外通牒の咎で処刑され、他方で大戦後に共産化した故国を離れたアクチュラは、以後トルコ共和国の公定歴史学確立に奉仕する。カロリディはメガリ・イデアの終焉を説くことを自らの歴史叙述の柱とするが、リダーは独立シリアの夢の挫折を経てなおイスラーム改革を説き続ける。かつてオスマン領内外の多言語的かつ越境的な知の伝達網を共有したこの人々は、以後は今日に至るまで、あるいはアラブ民族主義の、あるいはトルコ民族主義の、あるいはギリシア史学史の、あるいはイスラーム改革主義の先駆者や殉教者として、各々の「民族史」の枠組みの下、個々別々の文脈で想起されることになる。

おわりに

「長い一九世紀」の後半、トルコ語、アラビア語、ギリシア語の出版網は、オスマン、ロシア、ギリシアという主権国家の枠組みにも、オスマン、ロシア、イギリスという帝国的編制にも限定されず、しかしそのそれぞれに規定されながら併存していた。出版物、とくに定期刊行物がこれらの帝国を結ぶ媒体として機能したが、それを刊行しまた購読することでその繋がりを実現せしめていたのは、国籍もその政治的志向もさまざまな、多民族多宗教の知識人たちであった。一九世紀後半以来、彼ら知識人を養成したのは、各々が国家建設の文脈で創設されながらもその門戸を越境的に開放した、イスタンブルやアテネの教育機関だったが、本章で見たように、それらの教育機関は、必ずしも元来それが想定した国民統合の論理に忠実な卒業生ばかりを世に送り出していたわけではなかった。

もちろん、この時代のオスマン領内外を特徴付けた多言語的かつ越境的な知の伝達網は、以上に尽きるものではない。ハミト専制と青年トルコ運動との双方の中核を成し、彼ら自身が多宗教多言語的だったアルバニア人の越境的な出版活動や、[32]革命を結ぶペルシア語の出版網、[33]そして言うまでもなく、トルコ語以上にこの地域の事実上の共通語だったフランス語による言論出版活動への言及なくしては、[34]それは不充分なものに留まろう。しかし、帝国の公用語たるトルコ語、イスラームの言語たるアラビア語、そして正教の言語たるギリシア語の出版網が、その中でも基軸的な存在だったことに疑いはない。カイロ、イスタンブル、カザンを結ぶイスラーム改革論議はその賜物であり、[35]近代のタタール語やアラビア語へのオスマン・トルコ語の影響はその遺産である。[36]古典語、純正語、民衆語をめぐる近代ギリシアの言語論争におけるイスタンブルの影響力もまたその帰結である。[37]

二〇世紀初頭のオスマン帝国領内外の政治言論空間の特質を、「ムスリム・トルコ史」ならぬ、真に多民族多宗教的な視座から考察するためには、その越境的舞台を知ることが必須の前提となる。その舞台としての多言語的かつ越境的な知の伝達網を知ることは、それを共有した隣接諸国、具体的にはロシアやイラン、あるいはギリシアやブルガリアやルーマニアなどの政治社会の動向を考える上でも重要な意義をもつ。翻ってそれは、かりそめの主権国家のあいだの境界線にとらわれない広がりの中でオスマン史を理解することに資するだろう。本章が試みたのは、そのための一つの予備作業であった。

注

（1）H. Exertzoglou, "The Development of a Greek Ottoman Bourgeoisie: Investment Patterns in the Ottoman Empire, 1850–1914," in D. Gondicas and C. Issawi, eds., *Ottoman Greeks in the Age of Nationalism: Politics, Economy, and Society in the Nineteenth Century*, Princeton, 1999, pp. 89–114.

（2）以上を含め、ハミト期の統治構造全般については、F. Georgeon, *Abdülhamid II: le sultan calife*（*1876–1909*）, Paris, 2003 を参照。

（3）J. Strauss, "Who Read What in the Ottoman Empire（19th–20th Centuries）?" *Arabic Middle Eastern Literatures*, 6（1）, 2003, pp. 39–76.

（4）E.D. Akarlı, "'Abdülhamid II's Attempt to Integrate Arabs into the Ottoman System," in D. Kushner, ed., *Palestine in the Late Ottoman Period*, Leiden, 1986, pp. 74–89.

（5）A. Ayalon, *The Press in the Arab Middle East: A History*, New York, 1995.

（6）「ギリシア資本のベルエポック」として以上の過程を描く Χ. Χατζηιωσήφ, «Η μπελ επόκ του κεφαλαίου», in idem, ed., *Ιστορία της Ελλάδας του 20ού αιώνα: Οι Απαρχές 1900–1922. Α΄ τόμος, μέρος 1ο*, Αθήνα, 1999, pp. 309–349 を参照。ザリフィス父についての専論として、Χ. Εξερτζόγλου, *Προσαρμοστικότητα και πολιτική ομογενειακών κεφαλαίων. Έλληνες τραπεζίτες στην Κωνσταντινούπολη: το κατάστημα «Ζαρίφης-Ζαφειρόπουλος», 1871–1881*, Αθήνα, 1989 および M. Hulkiender, *Bir Galata Bankerinin Portresi: George Zarifi*（*1806–1884*）, İstanbul, 2003 も参照のこと。

（7）V. Kechriotis, "Educating the Nation: Migration and Acculturation on the Two Shores of the Aegean at the Turn of the Twentieth Century," in B. Kolluoğlu and M. Toksöz, eds., *Cities of the Mediterranean: From the Ottomans to the Present Day*, London, 2010, pp. 139–156.

（8）カロリディについてより詳しくは、藤波伸嘉「宗主権と正教会――世界総主教座の近代とオスマン・ギリシア人の歴史叙述」岡本隆司編『宗主権の世界史――東西アジアの近代と翻訳概念』名古屋大学出版会、二〇一四年刊行予定、同「ギリシア東方の歴史地理――オスマン正教徒の小アジア・カフカース表象」『史苑』第七四巻第二号、二〇一四年、六七〜一〇一頁を参照のこと。

（9）M. Κανδυλάκης, *Εφημεριδογραφία της Θεσσαλονίκης: Συμβολή στην Ιστορία Τύπου. Α΄ Τουρκοκρατία*, Θεσσαλονίκη, 2000; A. Arslan, *Ο ελληνικός τύπος στο Οθωμανικό κράτος: Όπως καταγράφεται από τα έγγραφα της εποχής*, Αθήνα, 2004.

（10）河瀬まり「ギリシア系教育推進協会の活動とそのネットワーク——一九世紀後半のマケドニア地域での活動を中心にして」『東欧史研究』第二七号、二〇〇五年、六九～八九頁。「文芸協会」については、X. Εξερτζόγλου, *Εθνική ταυτότητα στην Κωνσταντινούπολη τον 19ο αιώνα: Ο Ελληνικός Φιλολογικός Σύλλογος Κωνσταντινουπόλεως, 1861–1912*, Αθήνα, 1996 も参照のこと。

（11）F. Demirel, *II.Abdülhamit Döneminde Sansür*, İstanbul, 2007.

（12）新井政美『オスマン帝国はなぜ崩壊したのか』青土社、二〇〇九年、二〇七～二三二頁。

（13）この点も含め、青年トルコ革命前後のリダーの政治思想については、古林清一「ラシード・リダーの政治思想——汎イスラム主義と民族主義」『人間関係論集』第七号、一九九〇年、一七～四一頁を参照。

（14）M.Ş. Hanioğlu, *The Young Turks in Opposition*, New York, 1995; idem, *Preparation for a Revolution: The Young Turks, 1902–1908*, New York, 2001, esp. pp.70–71, 165.

（15）D.M. Usmanova, "Die tatarische Presse 1905–1918: Quellen, Entwicklungsetappen und quantitative Analyse," in M. Kemper et al., eds., *Muslim Culture in Russia and Central Asia from the 18th to the Early 20th Centuries*, Berlin, 1996, pp.239–278.

（16）J.H. Meyer, "Immigration, Return, and the Politics of Citizenship: Russian Muslims in the Ottoman Empire, 1860–1914," *International Journal of Middle East Studies*, 39(1), 2007, pp.15–32.

（17）長縄宣博「第一次ロシア革命とヴォルガ・ウラル地域のタタール人——第三回全ロシア・ムスリム大会を中心に」『年報地域文化研究』第三号、一九九九年、二五三～二七〇頁。

（18）以上についてより詳しくは、藤波伸嘉『オスマン帝国と立憲政——青年トルコ革命における政治、宗教、共同体』名古屋大学出版会、二〇一一年を参照。

（19）A.G. Soysal, "Tatarlar Arasında Türkçülük," in M.Ö. Alkan, ed., *Cumhuriyet'e Devreden Düşünce Mirası: Tanzimat ve Meşrutiyet'in Birikimi*, İstanbul, 2001, pp.196–213; 新井『オスマン帝国はなぜ崩壊したのか』二三二～二七二頁。

（20）長縄宣博「ロシア帝国のムスリムにとっての制度・地域・越境——タタール人の場合」宇山智彦編『地域認識論——多民族

空間の構造と表象』講談社、二〇〇八年、二五八〜二七九頁。

（21）V. Adam, *Rußlandmuslime in Istanbul am Vorabend des Ersten Weltkrieges: Die Berichterstattung osmanischer Periodika über Rußland und Zentralasien*, Frankfurt am Main, 2002. その具体例として、小松久男『革命の中央アジア――あるジャディードの肖像』東京大学出版会、一九九六年、第二章が紹介するフィトラトの事績を参照。

（22）統一派とアラブ反対派との関係全般については、H. Kayalı, *Arabs and Young Turks: Ottomanism, Arabism and Islamism in the Ottoman Empire, 1908–1918*, Berkeley, 1997 も参照のこと。

（23）藤波伸嘉「オスマン・アラブ人の『オスマン国民』像――アブデュルハミト・ゼフラーヴィーの『諸民族の統一』論」『アジア・アフリカ言語文化研究』第七三号、二〇〇七年、一五九〜一七六頁、同「アブデュルハミト・ゼフラーヴィーと『政治的教養』――オスマン・アラブ知識人の公民論」『イスラム世界』第七〇号、二〇〇八年、三五〜五九頁。

（24）D.D. Commins, *Islamic Reform: Politics and Social Change in Late Ottoman Syria*, Oxford, 1990, chap. 10.

（25）E. Tauber, *The Emergence of the Arab Movements*, London, 1993.

（26）C.L. Blake, "Training Arab-Ottoman Bureaucrats: Syrian Graduates of the *Mülkiye Mektebi*, 1890–1920," PhD diss., Princeton University, 1991. とくにイラクの例については、酒井啓子「イラクにおける宗派と学歴」『現代の中東』第一三号、一九九二年、七五〜九二頁もある。

（27）A. Baktıaya, "El Müeyyed'in İttihat ve Terakki'ye Cevabı Mısırlı Bir Gazetecinin Kanun-ı Esasi, İdare-i Örfiye ve Hilafet ile İlgili Görüşleri," *İstanbul Üniversitesi Siyasal Bilgiler Fakültesi Dergisi*, 38, 2008, pp. 69–87.

（28）J. Jankowski, "Egypt and Early Arab Nationalism, 1908–1922," in R. Khalidi et al., eds., *The Origins of Arab Nationalism*, New York, 1991, pp. 243–270.

（29）V. Kechriotis, "Celebration and Contestation: The People of Izmir Welcome the Second Constitutional Era in 1908," in K. *Λάππας* et al., eds., *Μνήμη Πηνελόπης Στάθη: Μελέτες Ιστορίας και Φιλολογίας*, Ηράκλειο, 2010, pp. 157–183.

（30）X. Εξερτζόγλου, «Το "προνομιακό" ζήτημα», *Τα Ιστορικά*, 16, 1992, pp. 65–84.

（31）大戦前後のオスマン帝国の政治構造の変容については、藤波伸嘉「オスマン帝国と『長い』第一次世界大戦」池田嘉郎編『第

一次世界大戦と帝国の遺産』山川出版社、二〇一四年、一六七～一九四頁を参照。

（32）N. Clayer, “La presse albanaise en Egypte au début du XXe siècle: de la contestation publique aux querelles privées,” in C. Herzog et al., eds., *Querelles privées et contestations publiques. le rôle de la presse dans la formation de l’opinion publique au proche orient*, İstanbul, 2002, pp. 183–207.

（33）F. Zarinebaf, “Alternatif Moderniteler: Osmanlı İmparatorluğu ve İran’da Meşrutiyetçilik,” *Dîvân: Disiplinlerarası Çalışmalar Dergisi*, 13 (24), 2008, pp. 47–78.

（34）G. Groc and İ. Çağlar, *La presse française de Turquie de 1795 à nos jours: histoire et catalogue*, İstanbul, 1985.

（35）J.M. Landau, *The Politics of Pan-Islam: Ideology and Organization*, Oxford, 1994; 粕谷元「イスタンブルから見た近代イスラーム改革思想」『アジア遊学』第四九号、二〇〇三年、一〇一～一〇八頁。

（36）J. Strauss, “Der Einfluss des Osmanischen auf die Herausbildung der modernen tatarischen Schriftsprache,” in J.P. Laut and K. Röhrborn, eds., *Sprach- und Kulturkontakte der türkischen Völker*, Wiesbaden, 1993, pp. 181–192; B. Lewis, “The Ottoman Legacy to Contemporary Political Arabic,” in L.C. Brown, ed., *Imperial Legacy: the Ottoman Imprint on the Balkans and the Middle East*, New York, 1996, pp. 203–213.

（37）Δ. Σταματόπουλος, «Τα όρια της «μέσης οδού»: Οικουμενικό Πατριαρχείο και Γλωσσικό Ζήτημα στις αρχές του 20ου αιώνα», in K. A. Δημάδης, ed., *Ο ελληνικός κόσμος ανάμεσα στην εποχή του Διαφωτισμού και στον εικοστό αιώνα, Τόμος Β΄*, Αθήνα, 2007, pp.287–300; idem, «Απο τον Κρατύλο στον Έρδερο: διαστάσεις του γλωσσικού ζητήματος στην Οθωμανική Αυτοκρατορία», in Α.-Φ. Χριστίδης, ed., *Γλώσσα, κοινωνία, ιστορία: τα Βαλκάνια,* Θεσσαλονίκη, 2007, pp.239–251.

終章　オスマン・ハプスブルク・ロシア
――帝国空間における知と学校の比較社会文化史への射程

橋本伸也

第1節　ヤンコヴィチ＝デ＝ミリエヴォ

ロシア帝国の学制整備とヤンコヴィチ＝デ＝ミリエヴォ

エカテリーナ二世治下の一七八二年、ひとりのセルビア人貴族がロシアの帝都サンクト・ペテルブルグの宮廷に伺候した。フョードル・イヴァノヴィチ・ヤンコヴィチ＝デ＝ミリエヴォ（セルビア風にはテオドル・ヤンコヴィチ＝ミリエフスキ）である。プロイセンのフリードリヒ大王らの後塵を拝しながらも啓蒙君主として称えられる女帝が、いまひとりの啓蒙君主、ハプスブルク皇帝ヨーゼフ二世と会見して当時最新の教育制度[1]のロシアへの導入について語りあった際に、その任を担うのにふさわしい有為の人物としてヤンコヴィチを紹介されたのが、その機縁であった。任用を命じた勅令に曰く、「[神聖]ローマ皇帝陛下の領有せられた各地ですでに民衆学校建設のために働き、われらのロシア語と正教信仰の法に知悉している[2]」というのが抜擢の理由であった。マリア＝

テレジアのもとで開始された啓蒙的教育改革を地方で実行する際に示された彼の手腕が、皇帝からも高く評価されていたわけである。[3]ちなみに、会見の行われたロシア帝国西部の都市モギリョーフは、これら三国の啓蒙君主が手を携え武力を背景に強行した第一次ポーランド分割（一七七二年）によって、ロシア領に編入されたばかりであった。

皇帝の推挙のもとロシア帝国に任官したヤンコヴィチは、一七八二年設立の国民学校設立委員会で正規委員ならざる専門官吏の立場ながらも実質上の中核的人物として活躍し、矢継ぎ早に発せられた学校制度案策定や、多数の学事関連法規の起案、各地の師範学校設立など、ロシア帝国における国家的な教育制度の企画立案に多大の貢献をもたらした。[4]一八〇二年に新帝アレクサンドル一世のもとで国民教育省が設立されると学校管理総局長として入省し、皇帝取り巻きの「若き友人たち」が主導する政策策定の中心からは外されたものの、政策を具体化する実務に従事した。[5]ロシア帝国で国家的学校制度が本格的に立ち上げられようとしていたまさにその時期に、学事の管理運営に知悉した数少ない専門家としての重責を担っていたのである。また、ボヘミアの宗教改革者にして教育者であったコメニウスの『世界図絵』の翻案も含めて教授法指南書や教科書の翻訳・編纂にも関与するとともに、正会員に選ばれたロシア・アカデミーでは『アルファベット順万《よろず》言語対照辞典』[6]の編纂にも従事して、おそらくはこの時代に特徴的な比較言語学的関心に沿いながら、アジア・ヨーロッパ・アフリカ・アメリカ各地の総計二七九言語、六万語以上の語彙対照作業を行った。これには、「赤土」「赤い」などの日本語の単語も収録されていた。

オスマン帝国を中心としたイスラーム世界の教育社会史をもくろんだ本書にとってヤンコヴィチ＝デ＝ミリエヴォが興味深いのは、ロシア帝国の学事振興にかかわる彼の獅子奮迅の活躍ぶりよりも、むしろその来歴ゆえのことである。というのも、ロシア帝国にとって第一世代の教育行政官となったこのセルビア人貴族は、オスマン帝国とハプスブルク帝国が対峙し交差する空間に一族の出自を有しただけでなく、その場で専門的教育官僚として近代的学制の普及振興に貢献して名を挙げた後にロシア帝国に赴いて、いわばこれら三つの帝国を股にかけた活躍を示したからである。以下、彼とその一族の事績を手短かにたどりながら、いま少しこの点について確認することとしよう(7)。

ヤンコヴィチ家の来歴

ヤンコヴィチ家の由緒はかならずしも詳らかにされていないが、その起源は中世セルビア最古の貴族家系のひとつにさかのぼり、現在のセルビア共和国の首都ベオグラード近郊のミリエヴォ村に領地を有したと伝えられている。だが、一三八九年のコソヴォの戦いに敗北してオスマン帝国に臣従したセルビア公国が、その後半世紀余を経て完全に併呑されて消滅するや、この一族は他のセルビア人らとともにハンガリーに逃れた。この頃、ハンガリーもまたセルビアと同様にオスマンの軍門に降ってはいたが、その後いくたびも繰り返されたハプスブルクによる反撃のなかでは、ヤンコヴィチの祖先も数々の武勲をあげたという。オーストリアは、一六八三年の第二次ウィーン包囲からの解放に続けて十数年に及んだオーストリア＝トルコ戦争（ハプスブルク＝オスマン戦争と呼ぶほうが妥当かもしれない）に勝利し、その結果締結されたカルロヴィッツ条約（一六九九年）以降の一連の条約によって旧ハンガリー王国領の回復に成功する。その際、ハプスブルクの皇帝レオポルト一世は、ヤンコヴィチ家の勲功にも褒賞をもって報いている。他方、同家の所領とされたのは、パッサロヴィッツ条約（一七一八年）でハプスブルク領となったティミシュ川右岸のテメシュヴァル・バナト地方（ティミシュ・バナト、以下「バナト」）にあるウイペーチ（ルーマニア語ではペチウ・ノウ）のルドナ村であった。この村は、ルーマニア西部のハンガリーやセルビアとの国境近くに現存するが、これは、ヤンコヴィチの伝記的記述によれば、正教徒である「イリュリア人」が暮らし正教教会も置かれた村であった。また、バナト地方は古くからオスマン支配を逃れたセルビア人が多数移住した地域であって、一七世紀末の対オスマン戦争下でも、退却するハプスブルク軍とともにセルビア総主教に率いられたセルビア人が難民としてこの地に到来した。中心都市であるウイペーチの名は、かつての総主教座であるペーチ(コソボのペヤ)に因んだ「新しいペーチ」を意味する。レオポルト一世は、これらセルビア人難民に対してみずから選出した宗教指導者のもとでの正教信仰と宗教活動を保障した特権(「セルビア特権」と呼ばれる)を付与していたのである。[8] またバナトは、ハプスブルク帝国が屯田制による対オスマン防衛線として設置した「軍政国境」地帯を大きく含んでおり、[9] 移住したセルビア人もこれに組み込まれて軍事的役割を果たした。ちなみに、これらセルビア人の一部は、約束された自治が実現されず生活条件も困難なことから反乱を試み、その失敗後にはロシア帝国領内のウクライナに再移住した。[10] ヤンコヴィチ家が領有した村やその住民は、ハプスブルクとオスマンという二つの帝国が対峙する最前線に位置し、さらにロシア帝国に向かうセルビア人の波のさなかにあったというわけなのである。

フョードル・イヴァノヴィチ・ヤンコヴィチ＝デ＝ミリエヴォ

さて、フョードル・ヤンコヴィチは、一七四一年(一説には一七四〇年とも)、現在のセルビア共和国ヴォイヴォディナ自治州の州都ノヴィ・サドの一角をなすペトロヴァラディン近郊にあるスレム・カメニツ(スレムスカ・カメニツァ)村で誕生した。ペトロヴァラディンは、一七一五年から一八年にかけて展開された、サヴォイア公オイゲン率いるハプスブルク軍によるオスマン攻撃で獲得された軍事的に枢要の地であり、ハプスブルクによる領有後には、これもまた軍政国境地帯に組み込まれていた。すでにバナトに領地を得ていたヤンコヴィチ家がこの村に赴いた経緯について彼の評伝は、大学卒業までのフョードルの足取りとともに何も記していない。分かっているのは、フョードルがウィーン大学で法学と官房学を修めたという事実にとどまる。

　ウィーン大学法学部を卒業したヤンコヴィチはまず、バナトの正教会主教で後にカルロヴツィ大主教・全イリュリア・スラヴ人府主教となったヴィケンツィア・イオアノヴィチ・ヴィダクの秘書として勤務を開始した。その際彼は、正教会聖職者と信徒に向けてハプスブルク家の君主への忠誠やカトリックとの和解の精神をしばしば説いたという。さらに一七七三年には、バナトにある民衆学校を管轄する主席教諭・学校主事のポストを得て、マリア・テレジアのもとで開始されたハプスブルク帝国の学事改革に積極的に取り組み、学校網の整備や教授書編纂など多方面で大いなる成果をあげた。その際彼に委ねられた使命は、セルビア人居住地の実情に即しながら帝国による改革課題を実行に移すことであり、その一環にはドイツ語による教師用指導書をセルビア語に翻訳して、これを実用に供することも含まれた。これら一連の功績に対してマリア・テレジアは、ヤンコヴィチに帝国貴族称号を授けるとともに、一族の故地にちなんだデ＝ミリエヴォを姓に加えることを認めた。勅書には、「朕は、わがもとに賞賛とともに伝えられた彼の優れた気立て、善良さ、気高さ、理知と才能に留意・着目し、これを承知している」[11]と書かれていたという。ヨーゼフ二世が、ロシアのための指南役としてヤンコヴィチを推挙したのは、スラヴ系の出自でかつ教育行政上の彼の手腕を高く評価したゆえのことであった。オスマン帝国とハプスブルク帝国が対峙する地域に生を受け、その最前線で学事奨励に多大の功績を挙げた人物が、ロシア帝国における改革の先導役になったというわけである。

　ロシア帝国への教育と学問をめぐる理念や制度の伝播といえば、ピョートル大帝治世については近世ドイツを代表する哲学者のライプニッツやクリスティアン・ヴォルフ、彼らの推挙でサンクト・ペテルブルグに赴いた数学者のオイラー、エカテリーナ二世治世ではフランスの啓蒙思想家であるヴォルテールやディドロらの活動とともに、ドイツ啓蒙を代表する新タイプの大学であるゲッティンゲン大学とロシアとのあいだの人的交流や、西欧各地からの「お雇い外国人教師」の存在がただちに想起されよう。[12] だが、ハプスブルク帝国で学事奨励に奮闘したセルビア人貴族という、「ロシアと西欧」という伝統的解釈枠組みが提示するものとはおよそ異なる経路の存在したことが、ここでは重要である。アレクサンドル一世による教育制度の構築に際して範型とされたのが、分割による消滅の危機にさらされていたポーランド＝リトアニアで国民教育委員会の導入した学制であったこととあわせて、オスマン・ハプスブルク・ロシアというヨーロッパ東部の三帝国を、緩やかに結合された教育文化上の一つの空間として捉える可能性が示唆されているのである。

第2節　オスマン・ハプスブルク・ロシア

対立と紛争

ヤンコヴィチ＝デ＝ミリエヴォとその一族が深い関わりを有した三つの帝国は、しばらく以前から見られた帝国論の興隆のなかで比較史的・関係史的な関心の的になってきた。[13] その最大の理由は、国民国家とは異なる政体の可能性への着目とあわせて、第一次世界大戦を機にこれら三帝国がいずれも消滅してその廃墟に数多くの民族国家が誕生し、二〇世紀のヨーロッパ東部の政治地図をおおいに塗り替えることになった点にあろうが（ソ連という「帝国」的な社会主義国家の成立もまたおおいに重要だが、これは別途論じられるべきである）、それ以外にも共通する性格を捉えることができる。以下、本書の関心に即していくつかの論点を提示してみよう。

まず、改めて言うまでもなく、これら三帝国は領土を接しつつ軍事的にも政治的にも反目・敵対・競合・共存する、相互に深い関係のなかにあった。前節の記述からも明らかなように、バルカンにおけるオスマン帝国の軍事行動とその統治の広がりは、ハプスブルク帝国にとって幾世紀にもわたって継続した最大の脅威であり、二度にわたるウィーン包囲はその最たるものであった。他方、ハプスブルクが第二次ウィーン包囲を耐え抜いて、最終的にカルロヴィッツ条約締結を克ち取ったことが状況を反転させて、バルカンにおけるオスマン統治は、一進一退を重ねつつもしだいに後退を余儀なくされていく。カルロヴィッツ条約から二世紀を隔てた、バルカンにおけるオスマン統治の衰微の最終局面で生じたのが、第8章（米岡）の扱うハプスブルクによるボスニア・ヘルツェゴヴィナの占領・統治であり、青年トルコ革命を契機としたハプスブルク帝国への併合であったことを確認しておこう。

他方、ロシア帝国とオスマン帝国との関係も度重なる戦火に彩られていた。一六世紀にイヴァン四世のもとで戦われたカザン・ハン国やリヴォニアとの戦争を皮切りに四辺への領域拡大を開始したロシアは、[14]オスマンとハプスブルクが干戈を交えていた一七世紀末に、アゾフ海領有をめぐってオスマン帝国と最初の本格的な衝突を経験した。ピョートル大帝治世初期のことである。直後に戦われた大北方戦争では、ロシアに侵攻した近世の大国スウェーデンのカール一二世が、ポルタヴァ戦役の失敗によりイスタンブルに逃れて、オスマン帝国を対ロシア戦争に引きずり込んだ。以来、オスマン・ロシア両帝国間では、クリミア・ハン国などの黒海周辺地域やカフカス（コーカサス）地域領有とギリシアやバルカンの正教徒問題をめぐって幾度もの「露土戦争」が積み重ねられた。ハプスブルク帝国がボスニアを占領してオスマンから統治権を奪取するのは、一八七七年から翌年にかけて戦われた最後の「露土戦争」の戦後処理のために開催されたベルリン会議でのことであった。これら一連のハプスブルクやロシアとの戦争を通じてオスマン帝国は、バルカンの領土と東欧への影響力を後退させられ、両帝国への領土割譲を強いられたのにとどまらず、かつてオスマン帝国に服属していた諸民族の自立化と新興国家の形成をみることとなる。

多民族・多宗派の帝国と近代化改革

三つの帝国は、それぞれの国制や社会の多大の差異にもかかわらず、共通する性格を有していた。その第一は、帝国的統治の前提をなす地域と住民の多様性であり、それに対応した国制上の複合性である。三帝国の領域内に暮らす住民の民族的・言語的多様性は言わずもがなとして、カトリックのハプスブルク、正教のロシア、イスラームのオスマンという通俗的イメージにもかかわらず、いずれも宗教的に多種多様な住民を抱えていたことを再確認しておかなくてはならない。オスマン帝国の支配を逃れたセルビア人正教徒が多くハプスブルク領内に移住したことはすでに見たが、同じく正教徒のギリシア人のハプスブルク帝国領内や帝都ウィーンにおけるプレゼンスにも無視しえないものがあった[15]。プロテスタントや、東方典礼を維持しつつローマ教皇の権威を認めた東方帰一教会などのキリスト教諸宗派の存在、さらに帝国内でのユダヤ教徒比率の高さも止目に値する。ハプスブルクによるボスニア統治・併合は、こうした多宗教性にさらにイスラーム的要素を加えるものであった。

多宗教的な空間としてのロシア帝国についてもすでに多くのことが語られてきた[16]。キリスト教徒だけでも、西方・南方への領土拡大とともにカトリック・プロテスタント（主としてルター派）に加えて、東方帰一教会やカルケドン信条を認めない単性論派の流れを汲むアルメニア教会などの諸宗派を信仰する人びとが帝国臣民に組み込まれており、正教のみでまとまっていたわけではない。東方帰一教会やアルメニア教会の信徒は、ハプスブルク帝国やオスマン帝国領内にも跨境的に居住していたが、これは先述のロシア領内に流入したセルビア人に留まらず、黒海に面する都市オデッサで相当の比重を占めたギリシア人商人ややはりオスマン帝国から到来したブルガリア人などの、ロシア正教とは異なる正教諸派の人びとの存在と並行した[17]。他方、一六世紀のカザン・ハン国にはじまり一九世紀後半の中央アジア・トルキスタンにいたる、数世紀にわたって断続的に繰り返された侵略的軍事行動と併合によって、二〇世紀初頭には総人口の一割、一六〇〇万人ほどのイスラーム教徒がロシア帝国臣民となっていた。この数は同時期のオスマン帝国のムスリム人口に匹敵する。[18] さらに、ポーランド分割は莫大な数のユダヤ教徒をロシア帝国にもたらし、シベリアやカスピ海沿岸地方への進出はチベット仏教信徒をその臣民に加えることとなった。帝都サンクト・ペテルブルグ中心部にはこれら多様な宗教・宗派の教会や寺院が林立し、帝国の多文化性を可視化させていた。近年のロシア帝国論が強調するとおり、この国家は地域・宗派毎の統治体制の差別化や別立て立法にもとづく複合的国制によって多民族性・多宗派性への対応を図り、ある意味、融通無碍とも恣意的ともいえるような形で、状況への適応を図っていたのである。[19]

オスマン帝国もまた、イスラーム教徒にとどまらず多民族多宗派に属する人びとが帝国国家に統合されつつ共存する空間であった。ギリシア人や南スラヴ系その他の正教徒やアルメニア人が宗派を単位として独自の権利・義務を付与され、[20] とくにギリシア人やアルメニア人がムスリムのトルコ人やアラブ人とならんでオスマンの国家と社会において相当のプレゼンスを占めたことは第5章（上野）や第9章（藤波）などが活写しているとおりである。加えて、ハプスブルク帝国とロシア帝国で相当の規模を示していたユダヤ教徒はオスマン帝国にも多数居住しており、総計で四〇万を数えたこのコミュニティの規模は、一九〇〇年時点でロシア・ハプスブルク両帝国とアメリカ・ドイツに次ぐ世界第五位であった。[21]

こうした多民族・多宗教性を共有した三つの帝国は、そのことに起因する共通の政策課題に直面させられていた。一九世紀を通じて進行する市民社会化の展開や国民国家・行政国家への変容、殖産興業といった近代化圧力に対応する一般的改革課題を遂行するにあたって、この世紀、とりわけその中葉以降に生成・強化された従属的諸集団の民族意識を統制しつつ帝国的な国家統合を維持するという、矛盾に満ちた舵取り困難な課題の実行を迫られたのである。それは大局的には、多民族的な帝国構造の維持・安定を前提としながらも、西欧列強に対峙しうる強固に統合された、ある意味擬似的な「国民」の形成と、擬装的かどうかはともかく国民代表制・立憲制や国民軍などを備えた、合理化された国制への転換を図るというものである。[22] だがそれは、国家統合に向かう凝集性をめざした政策展開がむしろ、支配的集団も含めて諸民族集団の「覚醒」と自立化を促進するとともに、集団間の軋轢を助長するというように、深刻な内部矛盾を不可避的に孕まざるをえないようなものであった。ハプスブルク西半部(オーストリア側)における「文化的自治」の要素を織り込んだ多民族共存の試みにもかかわらず、バデーニ言語令事件のようなチェコ人とドイツ人との民族間の軋みをもたらした言語問題、スロヴァキアをはじめとしたハプスブルク帝国東半部(ハンガリー側)でのマジャール化圧力とそれへの抵抗、ロシア帝国周縁諸地域におけるロシア化政策をめぐる対立・紛争などは、その典型的な事例である。バルカンをはじめとしたオスマン帝国支配地域における諸民族のナショナリズムの高揚と自立化もまた、周辺諸国やヨーロッパ列強も交えた国際環境による助長と抑制に制約されつつも、そうした流れに位置づけて捉えることができる。同時に、近代化・都市化のもたらす社会問題の深刻化が、各国で急進的な社会主義運動を生んだことも看過しえない。技術的進歩と民衆レベルまでのリテラシーの普及に支えられたジャーナリズムと出版活動の発展、いずれの帝国でも顕著に見られるようになった団体・協会運動やカフェなどの市民社会的で公共的な空間の形成と発展は、こうした趨勢をおおいに促進した。

帝国における教育の問題

三つの帝国が直面させられたこのような厄介な政策課題の遂行にさいして、もっとも重視された方途が近代的な教育の制度化であり、その改革であった。[23] 実際の手法や向かうべき方向性と制度設計、あるいは帰結という点では、それぞれの国家ごとにおおいに異なりながらも、またアウスグライヒ後のハプスブルク帝国では、その両半部でさえ対極的な民族教育政策が採用されたにもかかわらず、[24] 近代化された教育システムの構築と活用を通じて国家・社会の近代化と並んで民族政治的な目的を達成することが共通する課題となったのである。民族間関係における寛容と抑圧、文化的差異の承認と同化圧力、制度上の分権と集権化といった相対立する契機を交えながら、国家機能の高次化と社会の複雑化に対応する官僚・軍人・技術者・専門職者の養成を目的とした高等教育機関の整備、そのための準備教育の場としての中等教育の確立、近世的な民衆教化と紀律化からさらに進んだ国民形成のための民衆教育普及といった近代教育システムの整備が進められた。こうした展開は、国家と社会諸勢力間の、あるいは諸民族集団間の紛争の場としての学校と教育という新たな相貌を浮上させるものでもあった。

近代的教育システムの起ちあげに際してとくに注目されるべきは、それぞれの伝統社会に埋め込まれていた独自の学校制度や社会化装置との関係である。西欧の場合、近世までのキリスト教の教団・信徒団体による学校設立と近代世俗国家によるそれとのあいだの連続性のために可視化されにくいとはいえ、実際には、大革命期から第三共和政期にいたるフランスで典型的に見られたような学校設立・監督をめぐる教会や地域権力と国家とのあいだの葛藤含みの関係が、こうした局面を反映している。また、とりわけロシア帝国で顕著に観察されたように、ユダヤにせよイスラームにせよそれぞれの宗教共同体が古来構築してきた教育システム（ユダヤ教ではイェシヴァとヘデルなど、イスラームではマドラサとマクタブ）の存在が近代的制度への移行・導入にとっての阻害要因や障壁となる場合もあれば、[25]そのような葛藤や紛争が顕在化させられることなく、むしろ近代化のための知的・制度的資源として伝統的システムが全面的ないし部分的に活用される場合、あるいは新旧システムがさほどの緊張を呼ぶことなしに並存可能な例もあったであろう。むろん、そもそも紛争化するほどには伝統的システム自体が成熟していない場合もあった。ロシア帝国の場合には、正教を国制とアイデンティティの重要な要素とした国家がムスリムなどの「異教徒」を対象とした教育政策を策定する一方で、「異教徒」内部でも革新運動が生起したわけだが、これにたいしてオスマン帝国では、イスラームを奉じた国家自体が近代的学校の導入主体であったことから、イスラームの伝統的教育機関と近代的学校との関係は、前者の場合とは様相を異にした。本書を通じて論じられたように、新旧二つのシステム間の緊張や摩擦を交えつつも、両システム間の共存をはかったり、相互媒介的な変容を進める過程がみられたからである。その一方で、本書にも寄稿した藤波伸嘉の紹介するオスマン帝国末期に推進された「教育統一」政策（これ自体は、近代国家にふさわしい宗派から独立した一元化された教育制度を追求したものである）に対して、独自の学校網を有したギリシア人正教徒コミュニティの示した反発や、[26]佐原徹哉が論じたオスマン帝国統治下のブルガリアをはじめとした諸民族コミュニティの態度といった事例からは、単純な対立図式化は退けられねばならないにせよ、複雑で葛藤的な契機が確認されるように思われる。[27]第8章が描出したボスニアで、ハプスブルクの教育政策が直面した困難はこうした葛藤含みの展開の好事例とみなすこともできよう。

第3節　超境的な紐帯とネットワーク

紐帯としての「スラヴ」と「ユダヤ」

オスマン、ハプスブルク、ロシアの三帝国を、緩やかに結合された一つの教育文化上の空間的まとまりとして考える際にいまひとつ重要なのは、これら三帝国に跨境的にはりめぐらされた多元的で重畳的な関係性である。しばしば語られる「オスマンと西欧」「ロシアと西欧」といった二項的な図式の前提にある近代化・西欧化モデルが、一極化された中心の周囲に同心円的に半周縁・周縁を配置した世界イメージを固定化しかねないのにたいして、教育の制度化や学知のあり方における西欧の「規範性」をひとまずは認めながらも、それには収斂しえない、より多元的な構造を見いだそうとするのが、ここでの眼目である。

たとえばエカテリーナ二世の時代のロシアにおける近代的学知や教育システムの導入にさいして、啓蒙思想家との交流などの西欧との直接の影響関係に加えて、ほぼ同時代のハプスブルクやポーランドの経験が重要な要因として作動したことはすでに指摘した。一九世紀後半のギムナジアにおけるギリシア語・ラテン語など古典陶冶の強化に際して、ドイツのライプツィヒ大学にロシアのための古典語教員養成所を設立して、主としてチェコ人などの西スラヴ系の学生に訓練を施し、彼らをロシア帝国の中等学校教員として招聘したという事実からは、西欧由来の新人文主義的イデオロギーと並んで、いかにも擬制的とはいえ、言語的近縁性から仮想された「スラヴ」的紐帯の意識されていたことが看取される[28]。一九世紀を通じて、オスマン帝国の勢力後退とともに民族自立をめざしたセルビアやブルガリアからは、西欧諸国の大学とならんでロシアに留学する学生の姿が少なからず見られたが、スラヴという縦糸に正教という横糸を織り込んで作為的に編み上げられたこのような紐帯の存在は、バルカンにおけるロシアの地政学的戦略を合理化する機能を果たしたであろう[29]。

他方、ロシア帝国西部地域から東中欧に多数居住し、イディッシュを共通言語とした東欧ユダヤ人にもさまざまの紐帯とネットワークが存在した。ドイツを起点に一八世紀末以降、周辺の社会や文化への内発的同化を促進したユダヤ啓蒙《ハスカラー》運動は、一九世紀前半のロシア帝国の「選別的統合政策」と称されるような対ユダヤ人教育政策とも呼応しながら、ロシア・ユダヤ人の一部にもロシア的教育を通じた同化志向を喚起した。こうした近代化に向かう変化に対抗して、「聖典の学習や戒律の遵守に沈潜」することを目的としたイェシヴァの再編によるネットワークの形成もまた[30]ユダヤ教徒の超域的な社会的結合のひとつのあり方であった。他方、この世紀の末にハンガリーのブダペスト出身であるテオドール・ヘルツルが提唱して世界的に広がったシオニズム運動は、ポグロムの嵐が吹き荒れたロシア帝国でも広く受容された[31]。しかるに、ユダヤ人としてのアイデンティティを維持しながらも宗教意識を薄め、教育を通じてロシア社会に高度に統合されていたユダヤ人大学生のあいだではシオニズムへの支持は当初は高くはなかったが、第一次世界大戦期に「領土」としてのパレスティナの可視化が一気に進むとともに、シオニズム系学生団体がユダヤ人学生文化の中核に躍り出ている[32]。その一方で、シオニストによってユダヤ人の歴史的「領土」として急浮上させられたパレスティナに在来のユダヤ教徒（アシュケナジームの東欧・ロシアのユダヤ人とは異なるセファラディームである）にたいするシオニズムの影響は、実際に進展する植民と精力的な宣伝活動にもかかわらず限定的で、むしろ両者間には敵対的関係さえしばしば観察されたという[33]。そもそもシオニズムを認めない正統派ユダヤ教徒の存在とあわせて思量するなら、シオニストによってユダヤ的紐帯の結集点とされたパレスティナの仮想性・構築性は否定すべくもない。さらに東中欧地域におけるユダヤ人社会運動が、社会主義運動との共鳴も含めて、さらに多様で複雑な国際的連関のなかにあったことも確認しておきたい。三つの帝国にまたがって張り巡らされたネットワークは、けっして一元化された価値のもとに組織されていたわけではなく、内部に矛盾や対立の契機を胎蔵していたのである。

イスラーム・ネットワーク

イスラーム世界を主題とした本書にとってより重要なのは、古くから存在したイスラームのネットワークが、国境線の移動や引き直しにもかかわらず維持されて、二〇世紀にいたるまで信仰と知にかかわる強固な結びつきを担保したという事実である。マドラサとマクタブといったイスラーム世界に遍在する宗教的な教育施設、各地からの聖地巡礼、イスタンブルやカイロ（とりわけアズハル学院）への留学など、伝統的ネットワークに支えられた宗教実践の事例は多々挙げることができるであろうが、たとえば第2章（高橋）がエジプトの事例に即して検討したスーフィズムの運動もまたその一例であった。イスラーム神秘主義運動であるスーフィズムの起源は九世紀にまで遡上可能だとも言われるが、中央アジア・トルキスタンにおけるイスラームの拠点であったブハラ

（一八六八年にロシアの保護国とされ、周辺地域は併合された）では、一二世紀以来ナクシュバンディー教団などのスーフィー教団が活動して、その影響はインド洋周辺からユーラシア世界の広い範囲に伝播された。この教団の張り巡らした超境的ネットワークに依拠したヴォルガ・タタールによる自律的教育網の形成と、そこに醸成された深刻な葛藤については、別著のなかで長縄宣博が活写している通りである。(34) 他方、一八世紀から一九世紀中葉にかけてロシア支配の進んだカフカスや西トルキスタン、とりわけカフカスのダゲスタンではナクシュバンディー教団の導師たちが、長く続いたムスリムによる軍事的抵抗運動の精神的指導者となっていた。(35) ちなみに、最後までロシアへの抵抗を続けたチェルケス（アディゲ）人をはじめとしたムスリムは、敗北後に五〇万とも一〇〇万ともいわれる規模でオスマン帝国に強制移住させられた。その末裔は今もトルコ共和国のアナトリアに暮らして、往時の記憶を留めているという。(36)

第7章（磯貝）の詳述する新方式《ウスーリ・ジャディード》学校とよばれる近代的に改革されたムスリムの学校の考案者でクリミア・タタールのイスマイル・ガスプリンスキーをはじめとした、ジャディードと呼ばれるイスラーム改革派の人びともまた、超境的ネットワークのなかで活動した。新方式学校の着想と実践自体が、ロシア帝国によるムスリム教育への介入と制度化への対応という側面とあわせて、第1章（秋葉）や第3章（秋葉）で紹介されたオスマン帝国における近代化改革に触発され、これと並走したものであった。第8章が指摘するように、ボスニアの進歩的ムスリム知識人にとっては、ロシアにおける新方式学校の先導的経験は、まず何よりも最初に参照されるべき範例であった。ガスプリンスキーが創刊したロシア・ムスリムのための新聞『翻訳者《テルジュマン》』は、オスマン・トルコ語をもとに多様なテュルク系言語話者に了解可能なように簡素化された「共通トルコ語」で刊行され、その読者はイスタンブルや清朝統治下の新疆にまで及んでいた。『翻訳者』をはじめとしたロシア・ムスリムによる出版活動が世紀転換期のトルコ語出版網にもたらした多大の寄与を第9章は指摘するが、そこでは同時に、ロシア国外で刊行されるトルコ語・アラビア語新聞がヴォルガ・タタールにとって有した重要性が語られて、ムスリムの移動や情報伝播の双方向性が主張されている。

ここで重要なことは、こうした超境的ネットワークの存在がそれぞれの集団や個人の行動を一義的に規定するはずはなく、調和と共存とともに対立や葛藤の契機をはらんで張りめぐらされた幾重ものネットワークの交錯と接続のもとで、置かれた文脈や状況に応じた意図的で戦略的な選択と再編がなされていたという事実である。磯貝が別稿で伝えるロシア帝国ヴォルガ地域の改革派ウラマーの事例はそのことをよく示している。前世紀転換期前後のロシア帝国でムスリム女性のあり方について語り、女子教育振興を呼びかけたリザエッディン・ブン・ファフレッディンの議論は、イスラームの古典的婚姻論をベースとしながらも、一方では近代化されつつあったロシア帝国の家族法制や女子教育政策を通じて公認・奨励された西欧由来の「良妻賢母」的女性像や家族規範をこれに接ぎ木し、他方ではオスマン語定期刊行物から入手されたオスマン論壇からも影響を受けた、いわば「アマルガム」であった可能性が高いというのである。(37) そこに折衷や換骨奪胎、あるいは場合によっては誤認さえ含まれたであろうことは想像に難くないが、由来を異にする複数の思想や理念を組み合わせて語られた内容が、コミュニティの現実を踏まえつつ同時代的な歴史的課題に応答しようとするものであったことは間違いない。

おわりに

一八世紀後半から一九世紀初頭にかけて活躍したヤンコヴィチ＝デ＝ミリエヴォという一人の教育官僚の足取りを手がかりに、オスマン・ハプスブルク・ロシアという三つの帝国を教育文化上の緩やかなまとまりとして観察することで浮かび上がってきたことは、この地域に縦横無尽に張りめぐらされた、相互の矛盾や軋轢を孕んだ多種多様な宗教的・宗派的な、あるいは民族的なネットワークの重なり合いであり、そうした条件に制約されつつ展開された教育制度や文化上の近代化改革の姿であった。しばしば「後進性」と「西欧化」という観念に回収されて想起される非西欧地域における教育の近代化過程は、西欧中心の思想や制度の単なる一方向的で受動的な移入や模倣などというものではなくて、西欧的契機におおいに触発され媒介されながらも、むしろそれぞれの地域が周辺諸地域と取り結んでいる矛盾をはらんだ多元的な関係性やネットワークに条件付けられ、それらを地域の伝統的資源とともに活用しながら、それぞれの地域の直面した近代化課題への応答としてなされたものだったのである。「ヨーロッパ覇権」のもとで西欧発の学知や制度が、狡猾さや暴力性を伴った規範性を備えていたことを認めつつも、けっしてそれのみに塗りつぶされない近代教育の空間が形作られていたこと、本書において確認したかったことはこの点にある。同時に、本書では主題的には論じられなかったとはいえ、こうした変化が西欧内部における教育システムのダイナミックな変容過程と関連し、並走していたことにも留意しておきたい[38]。

むろん、この終章で試みたオスマン・ハプスブルク・ロシアという枠組みは、実体的な連関と相同性を想定しつつ方法的仮構として設定したものである。これら三帝国によってユーラシア大陸の相当部分がカバーされるとはいえ、そこからはさらにアラビア半島からアフリカ、イラン、インド亜大陸、東南アジアの大陸部と島嶼部、さらに中国の内陸部へとつながるイスラームの空間的広がりがあった。また、非西欧地域における近代的教育システムの成立過程の再審のためには、イスラーム世界とならんで、たとえば東アジアなどとの比較史的・関係史的論究が必要とされることも言を俟たない。そして、世界はもっと広く多様である。教育史的な課題として近現代における教育システムの構造と機能を世界規模で相互連関的に捉えようとする時、このような空間的広がりと多様性を、地域間にみられた共通性や共時性とともにすくい取るための方法論と概念装置を研ぎ澄ます必要があることは明らかであった。実は本書は、教育の社会史・文化史の方面からイスラーム地域研究の成果を総括することとあわせて、今述べたような方法意識から編まれたものでもあった。『叢書・比較教育社会史』におさめられた駒込武・橋本伸也編『帝国と学校』の巻で端緒的に着手されながら、なお不十分なままに留められていたこの課題を一歩でも二歩でも前進させること、本書がめざしたのはこのことなのである。

注

（1）マリア・テレジア以降のオーストリアにおける学校制度改革については、山之内克子「啓蒙期オーストリアにおける教育――初等学校の制度的変遷を中心に」浅野啓子・佐久間弘編『教育の社会史――ヨーロッパ中・近世』知泉書館、二〇〇六年、を参照。

（2）16.507 сентября. Об учреждения Коммисии для заведения в Россий народных училищ // Полное Собрание Законов Российской Империи. Том XXI, с 1781 по 1783. СПб., 1830. С. 663-664.

（3）R. Okey, *The Habsburg Monarchy c. 1765-1918*, New York, 2001, p. 65（ロビン・オーキー〔山之内克子・秋山晋吾監訳〕『ハプスブルク君主国一七六五～一九一八――マリア＝テレジアから第一次世界大戦まで』NTT出版、二〇一〇年、八一頁）は教育改革者としての彼の功績に言及するが、作家・翻訳家のエマヌエル・ヤンコヴィチとの誤認がある。

（4）См., *Янкович де Мириево Федор Иванович* Правила для учащихся в народных училищах: Изданные по высочайшему повелению царствующей императрицы Екатерины Вторыя. СПб., 1782. *Янкович де Мириево Федор Иванович* План к установлению народных училищ, в Российской империи. СПб., 1785. *Григорьев В. В.* Исторический Очерк русской школы. М., 1900. С.275-278.

（5）Янкович де Мириево, Федор Иванович // Русский Биографический Словарь. Яблоновский-Фемин. СПб., 1912. С.137-139.

（6）Сравнительный словарь всех языков и наречий, По азбучному порядку расположенный. В 4 части. СПб, 1790-1791.

（7）ヤンコヴィチと彼の家系に関する叙述は次の評伝に拠る。*Воронов А.* Федор Иванович Янкович де-Мириево или народные училища в России при Императрице Екатерины II-й. СПб., 1858. С.3-4.

（8）I. Marin, *Contested Frontiers in the Balkans: Habsburg and Ottoman Rivalries in Eastern Europe*, London, 2013, pp. 17-18.

（9）Ibid., pp.33-35. クロアチアの軍政国境については、カール・カーザー（越村勲他監訳）『ハプスブルク軍政国境の社会史——自由農民にして兵士』学術出版会、二〇一三年、参照。

（10）R. Barlett and B. Mitchell, "State-Sponsored Immigration into Eastern Europe in the Eighteenth and Nineteenth Centuries," in R. Barlett and K. Schönwäler, eds., *The German Lands and Eastern Europe: Essays on the History of their Social, Cultural and Political Relations*, London/New York, 1999, p. 95.

（11）*Воронов* Федор Иванович Янкович де-Мириево. С.4.

（12）ロシアと「西欧」との教育文化上の関係については橋本伸也『帝国・身分・学校——帝制期ロシアにおける教育の社会文化史』名古屋大学出版会、二〇一〇年、第一部および橋本伸也「啓蒙と専制——ロシアにおける大学の社会文化史からの展開」『ロシア史研究』第八八号、二〇一一年、を参照。

（13）たとえば、ドミニク・リーベン（松井秀和訳）『帝国の興亡』上・下、日本経済新聞社、二〇〇二年。A. Miller and A. J. Rieber, eds., *Imperial Rule*, Budapest, 2004.

（14）ロシアの領域拡大の簡便な見取り図として、以下を参照。R. Geraci, "Russia: Minority and Empire," in A. Gleason, ed., *A Companion to Russian History*, Chichester, U.K., 2009.

（15）バルカンとハプスブルク帝国領内のギリシア人と民族間関係については、萩原直「近代ヘレニズムとバルカン諸民族——バルカン社会における共生と民族的結合」『シリーズ世界史への問い４　社会的結合』岩波書店、一九八九年、を参照。

（16）ロシア帝国の多民族・多宗教性に条件づけられた教育構造と知識人に関しては橋本『帝国・身分・学校』の第三部および橋本伸也編『ロシア帝国の民族知識人——大学・学知・ネットワーク』昭和堂、二〇一四年、を参照。

（17）一八世紀末の露土戦争の結果ロシア帝国に編入された後の多民族都市オデッサの相貌については以下を参照。P. Herlihy, *Odessa : A History, 1794-1914*, Cambridge, Mass., 1986. なお、セルビア人のヤンコヴィチと同様にロシア政府に勤務したギリシア人の特筆すべき例として、ロシア帝国の外交官としてウィーン会議などでも活躍し外務次官にまで上り詰めたヨアニス・カポディストリアスがいる。彼は、ギリシア独立に際して大統領に就任する。カポディストリアスについては、池本今日子『ロシア皇帝アレクサンドル一世の外交政策――ヨーロッパ構想と憲法』風行社、二〇〇六年、が詳しい。

(18) 長縄宣博「近代帝国の統治とイスラームの連関――ロシア帝国の場合」秋田茂・桃木至朗編『グローバルヒストリーと帝国』大阪大学出版会、二〇一三年、一六〇頁。ただしクルーズは、二〇世紀初頭のムスリム人口を約二〇〇〇万人、総人口の一五パーセントとする。R. D. Crews, *For Prophet and Tsar: Islam and Empire in Russia and Central Asia*, Cambridge, Mass., 2006, p. 1.

(19) 前掲長縄論文に加えて宇山智彦「「個別主義の帝国」ロシアの中央アジア政策――正教化と兵役の問題を中心に」『スラヴ研究』第五三号、二〇〇六年、高田和夫『ロシア帝国論――一九世紀ロシアの国家・民族・歴史』平凡社、二〇一二年、などを参照。

(20) これらの非ムスリム住民は一五世紀にメフメト二世によってミッレトと呼ばれる宗派的な自治的共同体に組織されたとの理解が長く続いてきたが、近年では学説の見直しが進んでいる。詳細は、上野雅由樹「ミッレト制研究とオスマン帝国下の非ムスリム共同体」『史学雑誌』第一一九巻第一一号、二〇一〇年、を参照。

(21) A. Levy, ed., *The Jews of the Ottoman Empire*, Princeton, NJ., 1994, p. xiii; A. Levy, ed., *Jews, Turks, Ottomans: A Shared History, Fifteenth through the Twentieth Century*, Syracuse, 2002, p. xviii.

(22) 第一次革命によるロシアの諸改革についてマックス・ウェーバーが「外見的立憲制」と称したことはよく知られている（M・ウェーバー「ロシアの外見的立憲制への移行」肥前栄一他訳『ロシア革命論Ⅱ』名古屋大学出版会、一九九八年）。他方、オスマン帝国のギリシア正教徒共同体を分析対象とした藤波伸嘉『オスマン帝国と立憲政――青年トルコ革命における政治、宗教、共同体』名古屋大学出版会、二〇一一年、がある。大津留厚が「ハプスブルクの実験」として高く評価した多民族共存をめざすハプスブルク西半部の諸改革も同様の問題系への対応として理解できよう（大津留厚『増補改訂・ハプスブルクの実験――多文化共存をめざして』春風社、二〇〇七年）。

(23) 「国民形成と教育」あるいは「帝国的統治と教育」という問題群については、本叢書中の橋本伸也「ネイションとナショナリズムの教育社会史――主題と問題群」、望田幸男・橋本伸也編『ネイションとナショナリズムの教育社会史』昭和堂、二〇〇四年および駒込武「帝国と「文明の理想」――比較帝国史研究というアレーナで考える」駒込武・橋本伸也編『帝国と学校』昭和堂、二〇〇七年。

(24) ハンガリーについては「国立小学校とハンガリー化――母語の国民化をめぐって」『歴史学研究』第七九九号、二〇〇五年、などの渡邊昭子による一連の研究を、西半部については大津留厚に加えて、たとえば現在のチェコ東部であるモラヴィアを扱った「多民族帝国における多重言語能力の育成――モラヴィアにおける民族言語の相互習得をめぐる論争より」(駒込・橋本編『帝国と学校』所収)をはじめとした京極俊明の一連の研究を参照。

(25) ロシアのムスリム教育をめぐる政策と運動の概略やユダヤ教徒の事例については、橋本『帝国・身分・学校』の第一一章第四節および第一四章を参照。

(26) 藤波『オスマン帝国と立憲政』第三章、参照。

(27) 佐原徹哉『近代バルカン都市社会史――多元主義空間における宗教とエスニシティ』刀水書房、二〇〇三年、第六章、参照。

(28) 橋本伸也「ロシアと日本と月」――外国人古典語教師の顛末」橋本伸也他『近代ヨーロッパの探究 4 エリート教育』ミネルヴァ書房、二〇〇一年、三二四～三二五頁、参照。

(29) バルカン諸国から西欧に向かった留学生については、R・D・アンダーソン(安原義仁・橋本伸也監訳)『近代ヨーロッパ大学史――啓蒙期から一九四一年まで』昭和堂、二〇一二年、二六二～二六四頁に言及がある。また、一八世紀前半にすでにセルビアにロシア人教師が派遣されてロシア語文語に依拠したセルビア文章語形成が進んでおり、あるいはブルガリアからロシアの大学への大量の留学生の存在がオスマン当局者をしてロシアの汎スラヴ主義的影響を危惧させたなど、バルカンの民族教育ではロシア的要因が多様に作動した(佐原『近代バルカン都市社会史』二三六頁、四一三頁など)。また、サンクト・ペテルブルグ女子高等課程では、外国籍学生の総計四〇名の半数をブルガリア・セルビアからの留学生が占めたが、その背景としてブルガリアのタルノヴォやルセ(ルシチュク)、セルビアのベオグラードにおけるロシア語系女子ギムナジアの存在が指摘されている(オクサーナ・ヴァフロメーエヴァ〔橋本伸也訳〕「ベストゥジェフ課程における外国人女子学生」橋本編『ロシア帝国の民族知識人』第一一章、参照)。

(30) 赤尾光春「イスラエルにおける捕囚――ユダヤ教超正統派と反シオニスト・イデオロギーの変容」市川裕他編『ユダヤ人と国民国家――「政教分離」を再考する』岩波書店、二〇〇八年、二八六～二八七頁。

(31) ロシアのシオニズムについては、鶴見太郎『ロシア・シオニズムの想像力――ユダヤ人・帝国・パレスチナ』東京大学出版会、二〇一二年、が包括的な像を提示している。

(32) 橋本伸也「ロシア帝国末期のユダヤ人大学生――デルプト／ユリエフ大学の事例を中心に」橋本編『ロシア帝国の民族知識人』第五章、参照。

(33) Cf. M. U. Campos, *Ottoman Brothers: Muslims, Christians and Jews in Early Twentieth-Century Palestine*, Stanford, 2011.

(34) 長縄宣博「イスラーム教育ネットワークの形成と変容」橋本編『ロシア帝国の民族知識人』第一二章、および同「ロシア帝国のムスリムにとっての制度・地域・越境――タタール人の場合」宇山智彦編『講座スラブ・ユーラシア学 2　地域認識論――多民族空間の構造と表象』講談社、二〇〇八年、参照。

(35) T. Sanders et al., eds. and trans., *Russian–Muslim Confrontation in the Caucasus: Alternative Visions of the Conflict between Imam Shamil and the Russians, 1830-1859*, London/New York, 2004, pp. 178-182. Cf. M. Gammer, ed., *Islam and Sufism in Daghestan*, Helsinki, 2004.

(36) Sanders, *Russian–Muslim Confrontation*, p. 176. 宮澤栄治「知られざる悲劇の歴史と記憶のはざまで――チェルケス人の大追放」木村崇他編『カフカース――二つの文明が交差する境界』彩流社、二〇〇六年、も参照。

(37) 磯貝真澄「ヴォルガ・ウラル地域のテュルク系知識人と女性の啓蒙・教育」橋本編『ロシア帝国の民族知識人』一七二頁。

(38) ヨーロッパにおける近世から現代にいたる教育システムの生成・変容過程を福祉国家論的な見地から巨視的に捉えた試論として、本書を含む『叢書・比較教育社会史』展開篇の一巻である広田照幸・橋本伸也・岩下誠編『福祉国家と教育――比較教育社会史の新たな展開に向けて』昭和堂、二〇一三年、を参照。

あとがき

本書は、二〇一一年度から二〇一三年度まで継続した、日本学術振興会科学研究費助成事業による基盤研究（C）「オスマン帝国における教育の連続性と変化（一九世紀～二〇世紀初頭）」（研究代表者・秋葉淳、課題番号二三五二〇八五九）の主たる研究成果である。また、人間文化研究機構（NIHU）プログラム「イスラーム地域研究」東洋文庫拠点（第二期、二〇一一～二〇一五年度）の成果の一部でもある。同時に、この論集は比較教育社会史研究会、とくにその「イスラーム圏と教育」部会のもとに企画されたものでもある。より正確には、「イスラーム地域研究」東洋文庫拠点の「オスマン帝国史料の総合的研究」班を母体とする科研費研究のメンバーが、比較教育社会史研究会に参加することを通じて産まれたものと言うことができるだろう。

比較教育社会史研究会は、二〇〇八年の春季例会から通称「イスラーム部会」を発足させ、私（秋葉）も二〇〇九年三月の例会で報告をおこなった。こうした活動を契機として、当時研究会の世話役であった本書の共編者、橋本氏から「イスラームと教育」をテーマに論集を刊行できないかという提案をもちかけられたのが二〇一〇年の五月頃であった。

二〇一一年度に科研費が採択されたことによって出版計画は具体化しはじめ、以後、比較教育社会史研究会例会や、科研費及び東洋文庫拠点の研究会を通じて、議論を深めてきた。本書の企画においては、イスラーム圏を対象とする教育史の類書が存在しないことから、まずこの一冊を通じて近代中東・イスラーム地域の教育社会史・文化史の概要的知識を提供することを心がけた。それゆえ、各章は、個別専門的な論文というよりもむしろ、執筆者自身の研究成果を含む既存の研究を概括し、論点を提示したものという性格をもつ。普段は専門家内部で議論している事柄を、「イスラーム」と聞いただけで取っ付きにくいと感じる読者にも、いかにわかりやすく伝えるかという点に苦慮した。本書編纂にあたってとくに考慮したもう一つの点は、統一性の確保である。そのため執筆者がいったん原稿を出してからも、編者との間で何度もやり取りが交わされた。

本書の隠れたコンセプトは、若手研究者を結集して論集を世に問う、ということであった。共同研究の過程では、本書執筆者以外にも多くの研究者に関わっていただいたが、最終的な論集の執筆者は、結果的に、共編者の橋本氏を除いて皆、私より若い人たちとなった。もちろん、私自身は主観的に若手でいるつもりであっても、もはや「中堅」の部類に属しているのだろうが、いずれにせよ、およそ同世代だからこそ、互いに意見を言い合い、それを通して問題意識を共有することができたのだと思う。加えて、この「比較的若い」世代は、博士論文を書き終えて、その成果を世に問うたり、新たなテーマに取り組んだりしようとしている、まさにこれから脂がのってこようという時期にあたっている。また、日本の中東・イスラーム研究の裾野が広がり、対象が多様化したことを反映して、新しいテーマを開拓する積極性にも富んでいる。もともと日本の中東・イスラーム史研究は、現地語史料の利用に高い重要性を置くことで、国際的な学界でも通用しうる成果を出してきたが、「比較的若い」世代には、早い時期から国際的な場で成果を公表するなど、海外の研究動向を肌で感じ取る経験をもつ者も多い。本書はそうした日頃の研究活動の成果を、より広い読者層に向けて発信したものである。

もちろん、本書には足りない点、限界も数多くある。研究対象が多様化したと直前に書いたが、それでもまだ、カバーしきれなかったテーマが多く残されている。大きなところでは、女子教育を十分に扱えなかったのは残念であった。『叢書・比較教育社会史』で扱われてきた、「身体と医療」、「実業世界」、「教師」、「読書」、「保護と遺棄」といったテーマは、少なくとも日本の中東・イスラーム史研究では、ほとんど未開拓の領域に属する。ただし、海外においては最近これらのテーマについても研究が現れ始めており、本書の中で紹介しきれなかったものも少なくない。いずれにせよ、今後こうしたテーマがさらに掘り下げられれば、実りある比較研究が可能になると思われる。

また、地域的には、オスマン帝国を中心にした結果でもあるが、中央アジアやイラン、あるいはマグリブを含めることができなかった。それだけでなくイスラーム世界は、インド、東南アジア、そして中国にも広がっているので、これらの地域に視野を拡大すれば、世界的な連関を考察することもできよう。とはいえ、イスラーム世界における教育をイスラームという観点からのみ検討することには慎重であらねばならないが。

時代的には、本書は「長い一九世紀」を対象としたが、より長いスパンでこの時代を考えることも必要であろう。その意味で、本書の初校段階で刊行された論集『イスラーム　書物の歴史』（小杉泰・林佳世子編、名古屋大学出版会）は、写本文化を中心に扱っているので、本書と合わせて参照されれば、イスラーム世界の知識社会史の奥行きに触れることができるだろう。さらに、時代を下げて現代に近づけていくことも、歴史研究の側の課題であり、他方で現代のイスラーム社会を対象にする研究に歴史的パースペクティヴが加われば、両者の議論が接合されていくのではないかと思われる。ただし、そのためには大戦間期がいろいろな意味で重要になってくるが（中東における国民国家の形成、汎イスラーム主義の世界大の広がり、植民地地域におけるナショナリズム運動の展開が、同時進行する時代である）、日本における研究の蓄積は薄い。序章の冒頭に挙げたマラーラさんの事件やターリバーンと本書の議論が直接つながらないのは羊頭狗肉であったかもしれないが、それができないのは、あいだにまだ埋めるべき空白が大きいからである。

個人的な感慨を述べさせてもらえば、私が一九世紀オスマン帝国のマドラサ学生をテーマに卒業論文を書いてから、今年でちょうど二〇年が経つ。その後私の研究は、教育史から徐々に離れていったが、今回、論集を編む機会を得て、自分が研究の世界に一歩踏み出した頃からの軌跡を振り返ってまとめることができたのは、よい区切りとなった。だが、やってみるとまた欲が出てくるもので、教育社会史についてさらに探究したいテーマが出てきたように思う。もちろん、本書からヒントを得て、新しいテーマの研究に取り組む人が現れてくれれば、望外の喜びである。

本書は、当初の計画では二〇一四年度の早い時期に刊行されるはずであったが、予定から約半年遅れることになってしまったのは、ひとえに私の原稿の完成が遅れたためである。関係者、とりわけ執筆者の諸氏にはこの場を借りてお詫びするとともに、間延びしてしまったコメントにも真摯に対応してくれたことに感謝したい。当然ながら、本書はもう一人の編者である橋本氏の存在なくしては世に出ることはなかった。橋本氏には、本書の企画立案、本書全体のコンセプトの策定、そして実質的な編集作業において多くを負っている。「中東・イスラーム」の専門外ながらも、その広い視野からすべての論考について数々の鋭い指摘をいただいた。本書が専門外の読者にも理解できるものになっているとすれば、それは氏のおかげである。

また、オスマン帝国教育史を専門とする長谷部圭彦氏は、比較教育社会史研究会における「イスラーム部会」設置に尽力され、本書の企画・構想においても重要な貢献をされた。諸事情により氏の論考を収めることができなかったのはきわめて残念であるが、第三章の執筆にあたって、氏からさまざまな助言を得た。この場を借りて感謝の意を表したい。そして、中東・イスラーム地域の研究者を快く受け入れてくれた比較教育社会史研究会の皆さんにも、改めてお礼を申し述べたい。なお、本書巻頭の地図の作成にあたっては、千葉大学大学院生の家敷貴大氏に協力していただいた。

最後になったが、昨今の出版事情のなかで、中東・イスラーム地域に特化した教育社会史の論集を出すという英断を下してくださった昭和堂に謝意を表したい。編集部長の鈴木了市氏、編集実務を担当された神戸真理子氏、そして、企画立案時にお世話になった元編集部の松尾有希子氏に、心よりお礼申し上げる。

二〇一四年七月

編者を代表して　秋葉　淳

人名索引

あ

アービド、イッゼト・パシャ（Âbid, İzzet Paşa 1851-1924）　245
アイケルマン、D. F.（Eickelman, Dale F., 1942- ）　4, 8, 15, 30
アクチュラ、ユースフ（Akçura, Yusuf, 1876-1935）　171, 176, 183, 251-252, 255-256, 263
アブデュルアズィズ（スルタン）（Abdülaziz, 1830-1876）　42, 175, 178
アブデュルハミト二世（II. Abdülhamid, 1842-1918）　42, 68, 81-83, 94, 98-99, 102, 128, 130-131, 137, 148, 150, 154, 171-172, 174-178, 243, 245, 249, 253
アブドゥフ、ムハンマド（‘Abduh, Muḥammad 1849-1905）　25
アフメト・ミドハト（Ahmed Midhat, 1844-1912）　122, 172, 176
アフメロヴァ、ハディージャ（Aḥmīruvā, Khadīja, 1861-1945）　205-206
アリ・エフェンディ（Ali Efendi, 1838-1912）　119
アリ・ケマル（Ali Kemal, 1869-1922）　251, 253
アレクサンドル一世（Александр I, 1777-1825）　270, 274
イリミンスキー、ニコライ（Ильминский, Николай Иванович, 1822-1891）　195, 206, 212
ヴェフィク、アフメト（Vefik Paşa, Ahmed, 1823?-1891）　167-169, 172, 174, 183
ウシャクルギル、ハリト・ズィヤ（Uşaklıgil, Halid Ziya, 1866-1945）　145, 153, 155
エカテリーナ二世（Екатерина II, 1729-1796）　189, 269, 273, 281
エビュッズィヤー・テヴフィク（Ebüzziya Tevfik, 1849-1913）　125-126
大塚和夫（1949-2009）　7- 8
オメロヴィチ（Omerović, Mustafa,1816-1895）　221

か

カーライ（Kállay, Benjámin, 1839-1903）　220-222, 224-225, 229, 233
カサプ、テオドル（Kasap, Teodor, 1835-1897）　121, 135
ガスプリンスキー、イスマイル・ベイ（Ghaṣprīnskī, Ismā‘īl Bīk, 1851-1914）　12-13, 190-191, 195-197, 199-200, 202-203, 205-206, 208, 210, 212-213, 228, 231, 252, 283
カトコーフ、ミハイル（Катков, Михайл Никифорович, 1818-1887）　196, 212
カペタノヴィチ、メフメド（Kapetanović, Mehmed, 1839-1902）　227
カロリディ、パヴロ（Καρολίδης, Παύλος, 1849-1930）　249, 261, 263, 265
ギョカルプ、ズィヤ（Gökalp, Ziya, 1876-1924）　45, 50

キョプリュリュ、フアト(Köprülü, Mehmed Fuad, 1890-1966)　180
ケマル、ナームク(Kemal, Namık, 1840-1888)　117, 119, 126, 172, 178-180

さ

サーティウ・フスリー(Satı‘ el-Husrî, 1880-1968)　102, 179
サイヤーディー、エブルフダー(Sayyadî, Ebulhuda, 1849-1909)　245-246
サラフィム(Sarafim, 生没年不詳)　125-126, 129
ザリフィス(父子)(Ζαρίφης, Γεώργιος, 1806-1884,Ζαρίφης, Λεωνίδας, 1840-1923)　247, 265
ザルヌージー(al-Zarnūjī, Burhān al-Islām, 生没年不詳、12世紀末または13世紀初頭没)　207
ジェラーレッディン、ムスタファ(Celâleddin, Mustafa, 1826-1876)　122, 136
シナースィー、イブラヒム(Şinasi, İbrahim, 1826?-1871)　116-117
ジャビチ、アリ(Džabić, Ali, 1853-1918)　224
スアーヴィー、アリ(Su‘âvi, Ali, 1839-1878)　117, 128
スィルヒンディー、アフマド(Sirhindī, Aḥmad, 1564-1624)　23, 67
ゼフラーヴィー、アブデュルハミト(Zehravî, Abdülhamid 1871?-1916)　246, 256-258, 263, 267
セリム・サービト(Selim Sabit, 1829-1911)　35, 167, 169-172, 174-175, 183, 202-203
セリム三世(III. Selim, 1761-1808)　79, 88, 179

た

チャーチル、ウィリアム(Churchill, William 1797-1846)　116
チャウシェヴィチ、ジェマルディン(Čaušević, Džemaludin, 1870-1938)　235-238, 241
トクギョズ、アフメト・イフサン(Tokgöz, Ahmet İhsan, 1868-1942)　120
トルストイ、ドミトリー(Толстой, Дмитрий Андреевич, 1823-1889)　196, 212

な

ノラドゥンギアン、ガブリエル(Noradungian, Kapriel, 1852-1936?)　154-155

は

ハイレッディン(Hayreddin, 生没年不詳)　121, 135
バクリー、ムハンマド・タウフィーク(al-Bakrī, Muḥammad Tawfīq, 1870-1932)　68, 75
ハジチ、オスマン(Hadžić, Osman, 1869-1937)　226-227
バシャギチ、サフヴェト(Bašagić, Safvet, 1870-1934)　226-227, 229-230
ハリム・サービト(Halim Sabit [Şibay], 1883-1946)　45, 50
バンナー、ハサン(al-Bannā, Ḥasan, 1906-1949)　72
ピョートル一世(大帝)　(Пётр I, 1672-1725)　273, 275
フーコー(Foucault, Michel, 1926-1984)　3

ブリアーン（Burián, István, 1851-1922）
233
ブルデュー（Bourdieu, Pierre, 1930-2002）
3, 8

ま

マフムト二世（II. Mahmud, 1785-1839）
79-80, 88, 170, 179, 192
マリア=テレジア（Maria Theresia, 1717-1780）　269, 286
ミザンジュ・ムラト（Mizancı Murad, 1854-1917）　252
ミドハト・パシャ（Midhat Paşa, Ahmed Şefik, 1822-1884）　91
ミュテフェッリカ、イブラヒム（Müteferrika, İbrahim, 1674-1745）
113
ムザッファリーヤ、マーフルーイ（Muẓaffarīya, Māhrūy, 1873-1945）
206
レシト・パシャ、ムスタファ（Reşid Paşa, Mustafa, 1800-1858）　80-81, 125-126
ムフティチ、ムハメド（Muftić, Muhamed, 1872-1920）　231
メシチ、アデム（Mešić, Adem, 1868-1945）
226-227
メフメト・アリ（ムハンマド・アリー）（Mehmed Ali [Muḥammad ʻAlī], 1769-1849）　53-54, 59-60, 62-63, 66, 71, 79-80, 88, 115, 245, 251
メルハメ兄弟（Melhame, Selim Paşa, 1849-1937, Melhame, Necib Paşa, 1841-1911?）　245
ムハンマド・アリー（→ メフメト・アリ）

や

ヤルマン、アフメト・エミン（Yalman, Ahmet Emin, 1888-1972）　132
ヤンコヴィチ=デ=ミリエヴォ、フョードル・イヴァノヴィチ（Янкович-де-Мириево, Федор Иванович , 1740/41-1814 ）　269-274, 284, 287
ヨーゼフ二世（Joseph II, 1741-1790）
269, 273

ら

リザエッディン・ブン・ファフレッディン（Riḍā' al-Dīn b. Fakhr al-Dīn, 1858-1936）　205, 284
リダー、ラシード（Riḍā, Muḥammad Rashīd, 1865-1935）　25, 246, 251, 257-258, 263

事項索引

あ

か

さ

た

な

は

ま

や

ら

わ

米岡大輔（よねおか・だいすけ）　**第8章**
生年：1981年
所属：桃山学院大学兼任講師・大阪市立大学都市文化研究センター研究員
主な業績：「オーストリア＝ハンガリー二重帝国によるボスニア領有とイスラーム教徒移住問題」（『史学雑誌』第123編第7号、2014年）。「ハプスブルク帝国治下ボスニアの進歩的ムスリム（Napredni Muslimani）――機関紙『オグレダロ（Ogledalo）』の言説をめぐって」（百瀬亮司編・柴宜弘監修『旧ユーゴ研究の最前線』溪水社、2012年）。「ハプスブルク帝国下ボスニアにおけるイスラーム統治とその反応――レイス・ウル・ウレマー職をめぐって」（『史林』94巻2号、2011年）。

藤波伸嘉（ふじなみ・のぶよし）　**第9章**
生年：1978年
所属：津田塾大学学芸学部准教授
主な業績：『オスマン帝国と立憲政――青年トルコ革命における政治、宗教、共同体』（名古屋大学出版会、2011年）。「オスマンとローマ―近代バルカン史学史再考」（『史学雑誌』第122編第6号、2013年）。「ギリシア東方の歴史地理―オスマン正教徒の小アジア・カフカース表象」（『史苑』第74巻第2号、2014年）。

主な業績：『オスマン憲政への道』（東京大学出版会、2014年）。「ナームク・ケマル『祖国あるいはスィリストレ——19世紀オスマン帝国の愛国的戯曲をめぐって』」（柳橋博之編『イスラーム 知の遺産』東京大学出版会、2014年）。「新オスマン人運動の形成とクレタ問題——『報道者 *Muhbir*』紙の募金活動を中心として」（『アジア・アフリカ言語文化研究』第79号、2010年）。

上野雅由樹（うえの・まさゆき） 第5章

生年：1979年

所属：大阪市立大学大学院文学研究科講師

主な業績："'For the Fatherland and the State': Armenians Negotiate the Tanzimat Reforms," *International Journal of Middle East Studies*, 45 (1), 2013.「非ムスリムのオスマン官界への参入——ハゴプ・グルジギアン（1806-65）の事例から」（鈴木董編『オスマン帝国史の諸相』山川出版社、2012年）。「ミッレト制研究とオスマン帝国下の非ムスリム共同体」（『史学雑誌』第119編第11号、2010年）。

小笠原弘幸（おがさわら・ひろゆき） 第6章

生年：1974年

所属：九州大学大学院人文科学研究院准教授

主な業績：『イスラーム世界における王朝起源論の生成と変容——古典期オスマン帝国の系譜伝承をめぐって』（刀水書房、2014年）。「トルコ共和国公定歴史学における「過去」の再構成——高校用教科書『歴史』（1931年刊）の位置づけ」（『東洋文化』第91号、2011年）。「王家の由緒から国民の由緒へ——近代オスマン帝国におけるナショナル・ヒストリー形成の一側面」（歴史学研究会編『由緒の比較史』青木書店、2010年）。

磯貝真澄（いそがい・ますみ） 第7章

生年：1976年

所属：京都外国語大学国際言語平和研究所嘱託研究員

主な業績：「ヴォルガ・ウラル地域におけるムスリムの遺産分割」（堀川徹他編『シャリーアとロシア帝国——近代中央ユーラシアの法と社会』臨川書店、2014年）。「19世紀後半ロシア帝国ヴォルガ・ウラル地域のマドラサ教育」（『西南アジア研究』第76号、2012年）。«'Ильм-и ахлак» Ризаэддина б. Фахреддина (1858-1936) и история понятий «ахлак» и «адаб» // *Наганава Н., Усманова Д.М., Хамамото М.* ред. Волго-Уральский регион в имперском пространстве XVIII – XX вв. М., 2011.

編者紹介

秋葉淳（あきば・じゅん）　序章・第1章・第3章・各部イントロダクション

生年：1970年

所属：千葉大学文学部准教授

主な業績：「オスマン帝国における近代国家形成と教育・福祉・慈善」（広田照幸・橋本伸也・岩下誠編『福祉国家と教育——比較教育社会史の新たな展開に向けて』昭和堂、2013年）。「タンズィマート以前のオスマン社会における女子学校と女性教師——18世紀末～19世紀初頭イスタンブルの事例から」（『オリエント』第56巻第1号、2013年）。「オスマン帝国の制定法裁判所制度——ウラマーの役割を中心に」（鈴木董編『オスマン帝国史の諸相』山川出版社、2012年）。

橋本伸也（はしもと・のぶや）　終章

生年：1959年

所属：関西学院大学文学部教授

主な業績：『帝国・身分・学校——帝制期ロシアにおける教育の社会文化史』（名古屋大学出版会、2010年）。『ロシア帝国の民族知識人——大学・学知・ネットワーク』（編著、昭和堂、2014年）。『保護と遺棄の子ども史』（共編著、昭和堂、2014年）。

執筆者紹介

高橋圭（たかはし・けい）　第2章

生年：1974年

所属：上智大学アジア文化研究所客員所員

主な業績：『スーフィー教団——民衆イスラームの伝統と再生』（山川出版社、2014年）。“Revaluating *Ṭarīqas* for the Nation of Egypt: Muḥammad Tawfīq al-Bakrī and the *Ṭarīqa* Reform 1895-1905,” *Orient*, 46, 2011.「近代エジプトにおけるタリーカ批判の転換点——1881年ダウサ禁止をめぐる議論から」（『オリエント』第53巻第1号、2010年）。

佐々木紳（ささき・しん）　第4章

生年：1976年

所属：成蹊大学文学部助教

叢書・比較教育社会史　近代・イスラームの教育社会史――オスマン帝国からの展望

2014年11月25日　初版第1刷発行

編　者　秋葉　淳
　　　　橋本伸也

発行者　齊藤万壽子

〒606-8224　京都市左京区北白川京大農学部前
発行所　株式会社　昭和堂
振替口座　01060-5-9347
TEL（075）706-8818／FAX（075）706-8878

印刷　亜細亜印刷

ISBN978-4-8122-1417-6
＊乱丁・落丁本はお取り替えいたします。
Printed in Japan

叢書・比較教育社会史（全7巻）

望田幸男・田村栄子 編　身体と医療の教育社会史　本体三八〇〇円＋税

望田幸男・橋本伸也 編　ネイションとナショナリズムの教育社会史　本体三八〇〇円＋税

望田幸男・広田照幸 編　実業世界の教育社会史　本体四〇〇〇円＋税

松塚俊三・安原義仁 編　国家・共同体・教師の戦略――教師の比較社会史　本体四〇〇〇円＋税

駒込武・橋本伸也 編　帝国と学校　本体四二〇〇円＋税

香川せつ子・河村貞枝 編　女性と高等教育――機会拡張と社会的相克　本体四二〇〇円＋税

松塚俊三・八鍬友広 編　識字と読書――リテラシーの比較社会史　本体四二〇〇円＋税

（展開篇・全3巻）

広田照幸・橋本伸也・岩下誠 編　福祉国家と教育――比較教育社会史の新たな展開に向けて　本体四二〇〇円＋税

橋本伸也・沢山美果子 編　保護と遺棄の子ども史　本体四二〇〇円＋税

秋葉淳・橋本伸也 編　近代・イスラームの教育社会史――オスマン帝国からの展望　本体四二〇〇円＋税

昭和堂刊

昭和堂の HP は http://www.showado-kyoto.jp です。